奥赛经典

解题金钥匙系列

信 息 学

主编/吴耀斌 向期中 曹利国

编者/李明威 刘 涛 朱全民 詹青松 谢秋峰 戴胜军 肖建华

审订/陈松乔

湖南师范大学出版社

您身边的金牌教练

沈文选	教　授	金牌教练	湖南师范大学
唐立华	特级教师	金牌教练	华东师范大学附中
冯志刚	特级教师	金牌教练	上海中学
冯跃峰	特级教师	金牌教练	深圳高级中学
王树国	高级教师	金牌教练	湖南师范大学附中
黄生训	教　授	金牌教练	湖南师范大学
武建谋	特级教师	金牌教练	长沙市一中
刘旭华	高级教师	金牌教练	湖南师范大学附中
黄洪才	高级教师	金牌教练	长沙市一中
彭大斌	特级教师	金牌教练	长沙市一中
邓立新	特级教师	金牌教练	长沙市一中
陈云莎	特级教师	金牌教练	湖南师范大学附中
肖鹏飞	特级教师	金牌教练	湖南师范大学附中
高建军	特级教师	金牌教练	长沙市一中
黄国强	特级教师	金牌教练	湖南师范大学附中
汪训贤	特级教师	金牌教练	湖南师范大学附中
吴耀斌	副教授	金牌教练	中南大学
向期中	高级教师	金牌教练	长郡中学
曹利国	高级教师	金牌教练	长沙市一中

丛书告白

《奥赛经典》丛书是我社十几年来畅销不衰的品牌图书，在读者中享有盛誉。

目标　学会科学的解题方法，总结正确的解题规律，可以起到举一反三、事半功倍的效果。"解题金钥匙系列"主要针对各学科奥林匹克竞赛中常用的解题技巧，归纳、总结具有代表性的解题方法。学会运用这些解题方法，不但能帮助你在奥林匹克初赛和复赛中一展身手，更能帮助你在中考和高考中实现自己的梦想！

作者　作者全部为各学科奥林匹克国际竞赛金牌选手教练，他们培养的选手屡次在国内和国际大赛中获得奖牌，这套系列图书是他们多年心血的结晶和经验的总结。

内容　以"学会科学的解题方法，总结正确的解题规律"为宗旨，以新教学大纲为指导，以"突出方法讲解、培养解题技能、拓展创新思维"为重点，各学科按照新教材的全部知识点和联赛的测试范围分初中部分和高中部分编写。

体例　**学习目标**→以简短的篇幅介绍本节要学习哪些内容，达到什么目标。

解题钥匙→列举几个经典、新颖的例题，解析并归纳解题的方法和技巧。

解题尝试→相似题型实战演练，附答案。

普及信息技术

提高青少年

科学素质

祝《奥赛经典丛书》出版

陈火旺

▲陈火旺：中国科学院院士

内容提要

　　全国青少年信息学奥林匹克竞赛（NOI）和联赛（NOIP）是由教育部、中国科协批准，中国计算机学会举办的面向全国青少年在校学生举行的一项重大赛事，每年在全国各省、市、自治区举行。它与国际信息学奥林匹克竞赛（IOI）直接接轨。该项赛事已成为我国校外计算机活动中最有代表性的形式，每年都吸引着数以万计的青少年投身到这一活动当中，同时也成为各学校的品牌形象之一。

　　NOI和NOIP在试题难度上有一个层次关系，NOI注重提高，人数相对少一点，而NOIP注重普及，每年参加的人数较多，普及面相对较广。由于NOI竞赛的内容多，而且目前使用的信息技术教材内容与竞赛不完全适应，为此湖南师范大学出版社和湖南省青少年信息学奥林匹克竞赛组织委员会组织多年从事信息学奥林匹克竞赛命题、培训等工作的专家、教授、博士和湖南省信息学奥林匹克竞赛优秀辅导教师编写了《信息学奥林匹克教程》（包括语言篇、基础篇、提高篇）以及《信息学奥林匹克典型试题剖析》。在此基础上针对目前NOIP普及面逐步扩大，基础培训教材较少的情况，以NOIP大纲为基础，总结本书作者十几年来培养学生参加国际、国内信息学奥林匹克竞赛的经验和对历年NOIP试题的分析，编写了这本**信息学联赛的基础解题培训教材**。

　　本书重点根据NOIP纲的要求，兼顾与NOI接轨，以算法为主线，以习题分析为载体，深入浅出，既有各个算法设计基本思路的讲解及对求解问题的分析，注重了算法引导分析与不同算法的比较，又给出了具体的编程思路与参考程序，各章按照学习目标、解题钥匙和解题尝试进行编写。程序采用信息学竞赛目前最新规定的Free Pascal语言编写，并注重结构化与可读性。

　　该书是中学生参加NOIP竞赛的培训教材，同时也为参加IOI和NOI打下基础，也可作为大、中学生学习和研究算法设计的参考用书。

序

　　从 1989 年到 2004 年，国际信息学奥林匹克 16 年赛事的健康发展得益于联合国教科文组织（UNESCO）为这项赛事所做的准确定位：通过竞赛形式对有才华的青少年起到激励作用，促其能力得以发展；让青少年彼此建立联系，推动经验交流，给学校这一类课程增加活力；建立起教育工作者与专家档次上的国际联系，推进学术思想交流。概括起来说就是：启迪思路，激励英才，发展学科，促进交流。

　　学科奥林匹克是智力与能力的竞赛，注重考查全面素质与创新能力。从这个意义上讲，信息学奥林匹克活动是素质教育的一个大课堂。在我国，每年国家集训队都要将"怎样做人，怎样做事，怎样求知和怎样健体"的指导思想纳入培训计划。16 年来中国队共派出参赛选手 63 人次，累计获金牌 34 枚、银牌 17 枚、铜牌 12 枚，届届名列前茅。取得如此令人骄傲的成绩，正是因为坚持了全面素质教育的指导思想，把造就高素质、有创造精神的人才作为活动的定位目标。

　　回顾 16 年赛事可以看出，参加高手云集的这种世界大赛是有相当难度的：第一，没有大纲，赛题范围没有界定，谁也无法去猜测每年的主办国会出什么类型的难题；第二，计算机科学与技术发展很快，层出不穷的新思路和新成果会反映到试题中来；第三，所要解决的试题往往涉及图论、组合数学、人工智能等大学开设的课程知识；第四，比较短的给定解题时间与习难的测试数据让选手必须拿出高超和精巧的解法，无论在时间上还是空间上只有优化的解法才能取得高分。有许多赛题没有固定的现成的解法，选手要在比赛现场凭借实力，理出思路，构建数学模型，写出算法，编出程序，运行并验证整个构思是否正确，出解的时间是否能达到题目的要求，等等。可以看出，在这一过程中最重要的是创造能力。我们为激发创新精神，培养创造能力，需要树立新的教育观念和教学方法，还要利用现代化的教学手段，引导学生学用电脑，在使用中帮助开发人脑，这可能是信息学奥林匹克活动的最重要的一个特点。我认为在这项活动中应该培养学生的四种能力，即自学能力、实践动手能力、创新能力和上网获取知识并能区分有用知识和无用知识的能力。这样做的结果使许多选手不但有能力在世界赛场上拿金牌，也有能力在学校的学习中名列前茅。

　　信息学奥林匹克 20 余年涌现出一大批出类拔萃的计算机后备人才，在他们的带动下，我国的青少年在普及计算机的大潮中阔步前进，取得了可喜的成绩。历史已

○解题金钥匙系列·信息学

雄辩地证明：计算机的普及就是要从娃娃做起，这是"科教兴国"、中华崛起的需要。为了提高普及的层次，编写竞赛辅导教材是十分必要的，也是广大青少年电脑爱好者所盼望的。《奥赛经典丛书·解题金钥匙系列·信息学》紧扣 NOIP 大纲，以算法为主线，综合试题阐述基本算法设计策略，搜索优化算法，图论和动态规划算法等内容，为了跟踪国际比赛的发展趋势，程序采用信息学竞赛目前最新规定的 Free Pascal 语言编写。该书是由多年在这一领域辛勤耕耘，有着丰富经验的专家、教授编写的。全书在系统性、入门性和实用性上的特色，将会使任何有兴趣学习计算机知识的读者都可通过此书打下一个较为扎实和比较全面的基础，其意义已经远远超过了竞赛本身。该书适合广大青少年计算机爱好者阅读，也可作为他们参与信息学奥林匹克活动的培训教材。我相信这一定会对信息技术的普及起到推动作用。

　　青少年是国家的希望，不断提高青少年的科学素养是中华民族永远昂首屹立在世界东方的根基所在。"精心育桃李，切望青胜蓝"是我，也是吴耀斌等编写这本教材的老师们的共同心愿。

国际信息学奥林匹克竞赛中国队总教练
全国信息学奥林匹克竞赛科学委员会主席
清华大学计算机科学系博士生导师、教授
2005 年 8 月

前　言

　　江泽民在第 12 届国际青少年信息学奥林匹克竞赛的贺信中指出："在人类即将进入新世纪之际，以信息科技和生命科技为核心的科技进步与创新，正在深刻地改变着人类的生产和生活方式，推动着世界文明的发展。青年是人类的未来，也是世界科技发展的未来。"国际信息学奥林匹克竞赛活动，对年轻一代了解和掌握现代科学技术，养成创新精神，具有重要作用。

　　国际信息学奥林匹克竞赛（IOI）是计算机知识在世界范围青少年中普及的产物。它始于 1989 年，是继数学、物理和化学之后的又一门国际（中学生）学科奥林匹克竞赛。在国际学科奥林匹克竞赛中，我国只有信息学是在 1989 年首次 IOI 中就具有参赛资格的，而且首届竞赛的试题原型是由我国提供的。

　　早在 20 年前，邓小平同志在视察青少年校外计算机活动时指出："计算机的普及要从娃娃抓起。"从此，全国性的青少年计算机竞赛活动每年都吸引着数以万计的青少年投身到这一活动当中，也成为我国校外计算机活动中最有代表性的形式。竞赛是青少年喜闻乐见的课外活动形式，但竞赛不是目的，只是推广、普及的一种手段，而普及计算机知识则是我国的国策，也是世界发展的趋势。培养高素质的信息技术人才，才是竞赛的最终目的。

　　为了进一步推广、普及计算机技术，提高竞赛水平，湖南师范大学出版社和湖南省青少年信息学奥林匹克竞赛组织委员会组织多年从事信息学奥林匹克竞赛命题、培训等工作的专家、教授、博士和湖南省信息学奥赛优秀辅导教师编写了这本"信息学解题金钥匙"教材。

　　该书总结了本书作者十几年来培养学生参加国际、国内信息学奥林匹克竞赛的经验和对历年 NOIP 试题的分析。重点根据 NOIP 大纲的要求，兼顾与 NOI 的接轨，以算法为主线，以习题分析为载体，深入浅出，既有各个算法设计基本思路的讲解及对求解问题的分析，注重了算法引导分析与不同算法的比较，又给出了具体的编程思路与参考程序，各章按照学习目标、解题钥匙和解题尝试进行编写。程序采用信息学竞赛目前最新规定的 Free Pascal 语言编写，并注重结构化与可读性。

　　本书是中学生参加 NOIP 竞赛的培训教材，同时也为参加 IOI 和 NOI 打下基础，也可作为大、中学生学习和研究算法设计的参考用书。

　　本书由吴耀斌主编和统稿，吴耀斌、向期中、曹利国、李明威、刘涛、朱全民、

詹青松、谢秋峰、戴胜军、肖建华等编写，由湖南省政府信息化工作领导小组专家组组长、湖南省青少年信息学奥林匹克竞赛组织委员会主任、中南大学计算机科学与技术专业首席教授、博士生导师陈松乔教授审订。中国工程院院士陈火旺教授为本系列教材题词，国际信息学奥林匹克竞赛中国队总教练、全国信息学奥林匹克竞赛科学委员会主席、清华大学博士生导师吴文虎教授为本系列教材作序。

　　本书在编写过程中，所引用的试题凝聚了国内外多年来积极参与青少年信息学奥林匹克竞赛命题工作的专家、教授的心血和劳动，许多参赛选手的解题思想、方法和技巧给予了我们极大的启发和借鉴。本书得到了湖南省科协、湖南省教育厅、湖南省计算机学会和全国信息学联赛湖南赛区各地市特派员的大力支持和帮助，在此一并表示衷心的谢意！

　　由于水平和时间有限，不妥之处在所难免，敬请读者批评指正。

编　者

2005 年 8 月

目　　录

1　绪论 ··· (1)
　1.1　竞赛形式和成绩评定 ·· (2)
　1.2　试题形式 ··· (3)
　1.3　试题的知识范围 ·· (3)
　1.4　学习指导 ··· (5)
2　计算机基础知识 ··· (9)
　2.1　数值计算 ··· (10)
　2.2　计算机基础知识 ·· (14)
　2.3　计算机网络知识 ·· (21)
3　基本算法设计 ··· (27)
　3.1　枚举策略 ··· (27)
　3.2　归纳策略 ··· (36)
　3.3　分治策略 ··· (43)
　3.4　贪心策略 ··· (52)
　3.5　模拟策略 ··· (59)
4　数值问题 ··· (67)
　4.1　基础数值问题 ·· (67)
　4.2　高精度算法 ·· (73)
　4.3　排列组合问题 ·· (84)
　4.4　递归问题 ·· (94)
5　排序算法 ··· (98)
　5.1　排序的基本概念 ·· (98)
　5.2　插入排序 ·· (99)
　5.3　选择排序 ·· (102)
　5.4　交换排序 ·· (106)
　5.5　归并排序 ·· (110)
　5.6　排序方法的比较 ··· (112)
6　深度与广度优先搜索 ·· (124)
　6.1　简单的搜索回溯 ··· (124)
　6.2　产生式系统 ·· (132)
　6.3　深度优先搜索 ·· (142)

6.4　广度优先搜索 ………………………………………………………（153）

7　搜索优化策略 …………………………………………………………（169）
7.1　搜索剪枝 ……………………………………………………………（169）
7.2　搜索与其他算法的结合 ……………………………………………（186）

8　图论算法 ………………………………………………………………（193）
8.1　图的基本概念 ………………………………………………………（193）
8.2　图的表示法及存储结构 ……………………………………………（195）
8.3　图的遍历法 …………………………………………………………（198）
8.4　图的基本算法 ………………………………………………………（205）
8.5　图的应用 ……………………………………………………………（222）

9　动态规划 ………………………………………………………………（229）
9.1　动态规划的本质 ……………………………………………………（229）
9.2　动态规划算法的基本步骤 …………………………………………（236）
9.3　动态规划的应用 ……………………………………………………（245）
9.4　动态规划的优化技巧 ………………………………………………（256）

附录：解题尝试答案及解题提示 …………………………………………（269）

1 绪　　论

　　我国在 20 世纪 70 年代末就在几所大学的附属中学开设了计算机选修课，我国青少年计算机普及教育从此起步。1984 年初邓小平同志在视察青少年校外计算机活动时指出："计算机的普及要从娃娃抓起。"为了激励青少年学习计算机科学技术的兴趣，1984 年，就在小平同志重要指示半年后，中国科协和国家教育部联合委托中国计算机学会举办了首届全国青少年计算机程序设计竞赛，全国 8000 名青少年踊跃参加。在颁奖大会上，时任国家副主席王震同志代表党中央出席并讲话，他肯定了竞赛活动"又为青少年办了一件很有意义、很有远见的好事"。从此，全国性的青少年计算机竞赛活动每年都吸引着数以万计的青少年投身到这一活动当中，也成为我国校外计算机活动中最有代表性的形式。

　　1985 年和 1996 年分别在天津和北京举行全国青少年计算机程序设计竞赛，1986 年 1 月，中国科协再次发文明确"委托中国计算机学会主办 1996 年及今后各届全国青少年计算机程序设计竞赛活动"，中国计算机学会聘请有关专家组成竞赛委员会，制定了《全国青少年计算机程序设计竞赛条例》。从 1986 年起，全国性竞赛活动采用两年一个循环的方法交替进行，即一年举办计算机程序设计竞赛，一年举办计算机软件评比交流活动。然后 1987 年在山东举行全国青少年计算机软件评比交流会，1988 年在北京举行全国青少年计算机程序设计竞赛，1989 年在广东举行全国青少年计算机冬令营活动，主要包括计算机软件设计竞赛、中西文录入竞赛、中小学计算机教育教师优秀论文评选等内容，1990 年全国青少年计算机竞赛采用通讯赛的方式进行。

　　1987 年，保加利亚的 Sendov 教授在联合国教科文组织（UNESCO）第 24 届全体会议上提出了举办国际信息学奥林匹克竞赛（International Olympiad Informatics，简称 IOI）的倡议，从此信息学（计算机）奥林匹克竞赛成为继数学、物理和化学之后的又一门国际（中学生）学科奥林匹克竞赛。在国际学科奥林匹克竞赛中，我国只有信息学是在 1989 年首次 IOI 中就具有参赛资格的，而且首届竞赛的试题原型是由我国提供的。为了与国际竞赛接轨，从 1991 年起全国青少年计算机竞赛更名为全国青少年信息学（计算机）奥林匹克竞赛（简称 NOI），并在福建举行了第 8 届全国青少年信息学（计算机）奥林匹克竞赛。中国计算机学会重新制定和颁布了《全国青少年信息学（计算机）奥林匹克竞赛条例》，在比赛组织、命题等方面参照国际竞赛办法。此后，1992 年至 2004 年，我国分别在北京、太原、南京、上海、香港、杭州、澳门、西安、天津、上海和长沙等地举行第 9 届至第 21 届 NOI 竞赛，同时每年从上一年度 NOI 的获奖选手中，通过全国冬令营集训和选拔赛，选拔参加 IOI 的选手。

　　为了进一步推动信息技术知识的普及，经教育部、中国科协批准，中国计算机学会从 1995 年开始举办全国青少年信息学奥林匹克联赛（NOIP）。NOI 和 NOIP 是一项面向全国青少年的信息学竞赛和普及活动，旨在向那些在中学阶段学习的青少年普及计算机科学知识，给学校的信息技术教育课程提供动力和新的思路，给那些有才华的学生提供相互交流和学习的机会，通过竞赛和相关的活动培养和选拔优秀的计算机人才。

　　NOI 和 NOIP 是同一项活动的两个方面，NOI 注重于提高，NOIP 则是为了在更高层次上推动普及。NOIP 遵循开放性原则，任何有条件和有兴趣的学校和个人都可以在业余时间自愿参加。本活动不和现行的学校教学相冲突，也不列入教学计划，是课外性质的因材施教活动。参加者可为初、高中学生或其他中等专业学校的青少年。

普及的内容涉及计算机的基本组成、计算机工作的基本原理、计算机程序设计的基本方法、至少一门高级程序设计语言、程序设计中常用的数据结构等。

普及的重点是根据中学生的特点，培养学生学习计算机的兴趣，使得他们对信息技术的一些本质和核心的东西有更多的了解，提高他们创造性地运用程序设计知识解决实际问题的能力。对学生的能力培养注重想象力与创造力、对问题的理解和分析能力、数学能力和逻辑思维能力、对客观问题和主观思维的口头和书面表达能力和人文精神，包括与人的沟通和理解能力，团队精神与合作能力，恒心和毅力，审美能力等。

1.1　竞赛形式和成绩评定

联赛分两个年龄组：普及组（初中组）和提高组（高中组）。每组竞赛分两轮：初试和复试。

（1）初试形式为笔试，侧重考察学生的计算机基础知识和编程的基本能力，并对知识面的广度进行测试。程序设计的描述语言采用 Pascal 或 C 语言。各省区初试成绩在本赛区前 10% ~ 15% 的学生进入复赛，其分数不计入复赛的成绩。初赛时间为每年 10 月的第三个星期六下午 2：30 ~ 4：30 举行。

（2）复试形式为上机，侧重考察学生对问题的分析理解能力、数学抽象能力、驾驭编程语言的能力和编程技巧、想象力和创造性等。程序设计语言可采用 Pascal、C/C＋＋。各省区竞赛的等级奖在复试的优胜者中产生。时间为 3 小时。只进行一试，在每年的 11 月的第三个周六进行。

（3）评卷与测试

初赛试卷的评阅由各省赛区组织有关专家进行评阅，复赛程序在考试结束一周内，由各省赛区进行测试（初评），然后按照当前中国计算机学会制定的实施细则，按本省赛区的获奖名额的比例，提交中国计算机学会 NOI 科学委员会进行终评。

（4）公示与申诉

考试结束二周后，中国计算机学会向各省发放终评结果，由各省特派员将成绩进行公示，中国计算机学会开始接受并处理申诉，申诉时间为发放终评结果次日算起 5 个工作日之内。

申诉程序如下：

考试结束当天，在 www. NOI. cn 网页上发布与申诉有关的内容，包括申诉表格、申诉期限、有关规定等。

申诉者按照规定填写申诉表格，在有效时间内申诉。申诉可以是特派员，也可以是选手个人或其监护人，但必须署真实姓名及联系方式，非上述人员申诉属申诉无效。

如填写申诉表格不完整或不符合申诉条件，属无效申诉，但主办单位会告知申诉者不受理的原因。主办单位对任何有效申诉都会处理，处理意见通过（只通过）E－mail 反馈给申诉人。

申诉期过后的申诉属无效申诉。主办单位不受理任何无效申诉。

（5）公布成绩与 NOIP 复赛提高组一等奖指标分配办法

每年 12 月中旬，中国计算机学会公布获奖名单。因 NOIP 复赛提高组一等奖目前享受国家有关高考保送或加分政策，为此中国计算机学会将在每年复赛前公布各省赛区的一等奖指标。其基本规定为：NOIP 复赛提高组获奖选手必须满足最低的分数线；各省区最多一等奖得奖名额为 50

人，最少名额为 5 人；具体指标数与当年各省赛区的报名参加人数有非常紧密的联系。

1.2　试题形式

每年联赛的试题分四组：普及组初试赛题，普及组复试赛题，提高组初试赛题，提高组复试赛题。其中，普及组初试赛题和提高组初试赛题类型相同，普及组复试赛题和提高组复试赛题类型相同，但普及组和提高组的题目不完全相同，提高组难度略高，以体现年龄特点和层次要求。

初试：初试全部为笔试，满分 100 分。试题由四部分组成：

（1）选择题：共 20 题，每题 1.5 分，共 30 分。每题有 5 个备选方案；前 10 个题为单选题（即每题有且只有一个正确答案），后 10 题为复选题（即每题有 1～5 个正确答案，只有全部选对才得分）。试题内容包括计算机基本组成与原理、计算机基本操作、信息科技与人类社会发展的关系等。

（2）问题求解题：共 2 题，每题 5 分，共 10 分。试题给出一个叙述较为简单的问题，要求学生对问题进行分析，找到一个合适的算法，并推算出问题的解。答案以字符串方式给出，考生给出的答案与标准答案的字符串相同，则得分，否则不得分。

（3）程序阅读理解题：共 4 题，每题 8 分，共 32 分。题目给出一段程序（没有关于程序功能的说明），有时也会给出程序的输入，要求考生通过阅读理解该段程序，给出程序的输出。输出以字符串的形式给出，如果与标准答案一致，则得分，否则不得分。

（4）程序完善题：共 2 题，每题 14 分，共 28 分。题目给出一段关于程序功能的文字说明，然后给出一段程序代码，在代码中略去了若干个语句并在这些位置给出空格，要求考生根据程序的功能说明和代码的上下文，填出被略去的语句。填对的，则得分，否则不得分。

复试：复试的题型和形式向全国信息学奥赛（NOI）靠拢，全部为上机编程题，但难度略低。复试为决出竞赛成绩的最后一个环节。题目包括 4 道题，每题 100 分，共计 400 分。难度有易有难，既考虑普及面，又考虑选拔的梯度要求。每一道试题包括：题目、问题描述、样例说明（输入、输出及必要的说明）。测试时，测试程序为每道题提供了 10 组测试数据，考生程序每答对一组得 10 分；累计分即为该道题的得分。

1.3　试题的知识范围

考试内容主要包括：计算机发展史、计算机组成、计算机基本原理、计算机程序设计、计算机日常应用等。要求考生掌握至少一门高级程序设计语言。为了保持竞赛内容的相对连续性，试题涵盖的知识点和题型至少 60% 应出现在普及类的参考书目中，其余内容可能超出该范围。

为了考核学生的基础知识、综合应用能力，激发学生的求知欲和创新思维，体现"与时俱进"的特点，竞赛题型在保持大纲相对稳定、优秀学生可能接受和理解的基础上，按照下述趋势适当变化：

（1）增大与课内知识结合的紧密度；

（2）增大解题方法的多样性和灵活程度；

（3）增大开放性试题的比例。

NOIP 初赛知识范围包括：计算机的基本常识、计算机的基本操作和程序设计的基本知识等三部分。其中：

计算机的基本常识部分包括：

（1）计算机和信息社会（信息社会的主要特征、计算机的主要特征、数字通信网络的主要特征、数字化）；

（2）信息输入输出基本原理（信息交换环境、文字图形多媒体信息的输入输出方式）；

（3）信息的表示与处理（信息编码、微处理部件 MPU、内存储结构、指令、程序和存储程序原理、程序的三种基本控制结构）；

（4）信息的存储、组织与管理（存储介质、存储器结构、文件管理、数据库管理）；

（5）信息系统组成及互联网的基本知识（计算机构成原理、槽和端口的部件间可扩展互联方式、层次式的互连结构、互联网络、TCP/IP 协议、HTTP 协议、WEB 应用的主要方式和特点）；

（6）人机交互界面的基本概念（窗口系统、人和计算机交流信息的途径（文本及交互操作））；

（7）信息技术的新发展、新特点、新应用等。

计算机的基本操作部分包括：

（1）Windows 和 LINUX 的基本操作知识；

（2）互联网的基本使用常识（网上浏览、搜索和查询等）；

（3）常用的工具软件使用（文字编辑、电子邮件收发等）。

程序设计的基本知识部分包括：

1. 数据结构

（1）程序语言中基本数据类型（字符、整数、长整数、浮点）；

（2）浮点运算中的精度和数值比较；

（3）一维数组（串）与线性表；

（4）记录类型（Pascal）／结构类型（C）。

2. 程序设计

（1）结构化程序设计的基本概念；

（2）阅读理解程序的基本能力；

（3）具有将简单问题抽象成适合计算机解决的模型的基本能力；

（4）具有针对模型设计简单算法的基本能力；

（5）程序流程描述（自然语言/伪码/NS 图/其他）；

（6）程序设计语言（Pascal/C）。

3. 基本算法处理

（1）初等算法（计数、统计、数学运算等）；

（2）排序算法（冒泡法、插入排序、合并排序、快速排序）；

（3）查找（顺序查找、二分法）；

（4）回溯算法。

NOIP 复赛知识范围在初赛的内容上，在程序设计基本知识的数据结构、程序设计和算法处理等方面增加以下内容：

1. 数据结构方面

（1）指针类型；

（2）多维数组；

（3）单链表及循环链表；

（4）二叉树；

（5）文件操作（从文本文件中读入数据，并输出到文本文件中）。

2. 程序设计方面

（1）算法的实现能力；

（2）程序调试基本能力；

（3）设计测试数据的基本能力；

（4）程序的时间复杂度和空间复杂度的估计。

3. 算法处理方面

（1）离散数学知识的应用（如排列组合、简单图论、数理逻辑）；

（2）分治思想；

（3）模拟法；

（4）贪心法；

（5）简单搜索算法（深度优先、广度优先）搜索中的剪枝；

（6）动态规划的思想及基本算法。

1.4　学习指导

信息学奥林匹克活动的一个重点是训练思维能力，而训练思维能力旨在开发智力。按照心理学的观点，能力不是知识和技能本身，尽管能力与技能都需要在活动中形成，但两者是有区别的。技能只是完成某种任务的一种活动方式，而能力属于人的个性心理特点，这种心理特点要符合相应活动的要求，是完成活动的条件。如果说技能是活动方式的具体概括，那么能力则是调节技能行动的心理活动的概括。用电脑帮助开发人脑是开展信息学奥林匹克的一个特色。心理学的研究和信息学奥林匹克竞赛活动的实践表明，培养能力纸上谈兵不行，要靠活动来锤炼，活动愈是丰富多彩、锐意求新，能力发展的可能性就愈大。这种活动当然愈能够吸引学生，使之能保持积极参与情绪，形成稳定的兴趣，让他们始终处在一种探索、刻意求新、奋发创造的生动活泼的学习实践环境之中。必须要给学生们创造良好的实践环境，实践是能力赖以生长的土壤，既要让他们动脑，又要让他们动手，养成理论联系实际的优良学风，牢记真知灼见必须从实践中获取，并且还要通过实践检验。

实践表明，整体发展的教学思想需要课内课外同步实施，信息学奥林匹克是属于课外活动中的一种，这项活动的重点是培养选手的能力和全面素质。智力活动的核心是思维，思维是人脑的主要功能，思维能力在所谓观察力、记忆力、想象力、注意力和思维力中居于核心地位，控制和制约着其他能力的发展，是拓展其他各种能力的基础，思维的广阔性、敏锐性、灵活性、深刻性和创造性的程度是衡量一个人能力发展水平的重要标志。

信息学奥林匹克强调创造性。心理学家认为要培养具有发明创造能力的人才，不仅要让学生学习学科的基本结构，还要发展学生对待学习的探索性的态度，倡导发现法，使活动尽可能是探索性的和创造性的，使选手始终处在一种探索、追求、刻意求新、奋发创造的精神状态之下。为此，须使活动预定的目标始终都要略超过学生个人现有的智力水平。

根据信息学奥林匹克活动的宗旨、目标和特点，则要求在活动的教师指导和学生学习两个方面统一协调。

1. 教师指导

○解题金钥匙系列·信息学

（1）教学目标。定位在培养高素质全面发展的复合型人才，信息学奥林匹克的发展不仅要求选手精通计算机专业知识，更需要具有良好的思想品德和科学作风，具有开阔思维、广博的知识面、较强的自学能力和动手能力，同时还要求具有团队精神和协作精神，善于向别人学习、与他人合作。因此信息学奥林匹克始终应坚持全面发展的原则，以普及计算机知识、培养具备全面素质的人为最终目的。实践证明，也只有德智体美全面发展的学生才可能在最高层次的信息学奥林匹克竞赛中崭露头角。

特别强调坚持业余训练的原则，明确竞赛活动属于课外活动，不允许偏科，不允许影响正常课内学习，要求全面发展。这项要求敦促学生不断提高学习效率，改进学习方法，挤出时间来参加活动。越是具有全面素质发展的学生，将来的适应能力和所能发挥的作用就会越大。

要始终都将预定目标定在稍微超出选手现有智力水平上。选手不经一番努力是不可能轻易达到目标的。

（2）教学内容。培训内容除了计算机基础知识、程序设计知识、算法知识，包括数据结构、图论、组合数学、动态规划、运筹学等知识以外，教学的核心内容应放在启发思维和培养能力上。思维是智力活动的核心，信息学奥林匹克的重点是训练思维，通过利用计算机认识、分析和解决问题来训练学生的洞察力、想象力和创造力，培养学生的直觉和灵感。在教学过程中，要着重培养学生理解问题的能力、分析和抽象问题的能力、全面考虑问题的能力、优化程序和测试程序的能力以及自学的能力。教与学的过程都必须坚持马克思主义认识论"认识—实践—再认识—再实践"的原则，一方面注意基本理论、基本方法和基本技能的传授，另一方面要让学生多实践，在实践中再认识、升华。要以思维教学法替代以算法为主的教学方法。所谓思维教学法，就是以开阔学生的思维方法为核心，教师每讲一个理论、一道试题都要引导学生思考其思维来源，总结思维的特点，让学生学到最本质的内容。应特别注意其算法的来源、思路、特点等，并加以总结，抓住分析问题的实质，以不变应万变。对于分析问题的常见思维方式（谋略）通常为：观察—猜想—验证、分而治之、枚举与试探、发散思维（逆向、双向、多向思考）和筛选等。

同时注意因材施教，鼓励学生冒尖。不要求"一刀切"，必要的时候可以开"小灶"，加强个别指导。同时鼓励自学，培养独立获取知识和运用知识的能力。

（3）教学方法。计算机技术是一门实践性很强的学科，特别是信息学奥林匹克竞赛的方式，只顾书本理论，不分析实际问题，不亲自上机编程是掌握不好的，也不会在竞赛中出好成绩。因此，与其他学科相比，信息学奥林匹克竞赛更需要学生发挥主动作用。只有学生感兴趣，主动投入并充分发挥其主观能动性，才可能培养出高质量的人才。这是因为培养创造力是信息学奥林匹克竞赛的核心，而创造力的培养必须建立在学生主观能动性得到极大发挥的基础上。

教学方法上要注意把培养学生的独立创造性贯穿整个教学活动中，要充分鼓励学生独立思考、讨论、实践，在实践中发现问题、解决问题，在此基础上对学生加以引导和点拨；不要将学生的思维限制在某种特定的模式上，要鼓励学生另辟捷径，形成"没有最好，只有更好"的意识，提倡"一题多解"。

（4）教学环节。在竞赛培训过程中，要注重三个环节。第一注重理论教学，讲清原理，提高兴趣，提倡自学，注意引导，鼓励创新。第二注重实践，掌握技能，讲究方法，上机实践，加强讨论，鼓励学生自己动手去解决问题，养成理论联系实际的习惯。第三注重非智力因素的培养，锻炼学生良好的心理素质是教学中的重要环节。

最后教师、学生、家长乃至学校都应该端正参与竞赛的目的，淡泊名利思想，把培养人才、提高素质、普及计算机知识作为真正的目的。其次要注意培养学生坚强的毅力和韧性、严谨求实的科学作风、踏实认真的良好习惯、健康的体魄。教育学生正确对待成功与失败，做到"胜不骄败不馁"。特别是大赛前，各级教练员、教师、学校和家长要配合做好学生的思想工作，让学生放下包袱，以"热情如火、坚韧如钢、平静如水"的良好竞技状态去迎接每一个挑战。

2. 学生学习

作为一名参加竞赛活动的学生，首先要根据教师的培训指导思想、要求和方法，制定自己参加培训的计划，各门正课不但要求要上，而且还要求上好、学好，打下良好的文化课基础十分重要，一生受用。培训计划中还应坚持各种适合自己条件的体育锻炼，以增强体质。总之，德智体美要全面发展。高质量的人才，不仅要看智力因素，还要看非智力因素，特别是在竞赛中，非智力因素非常重要。坚忍不拔的意志品质，严谨求实的科学作风，力争上游的奋进精神，胜不骄败不馁的良好心态，以及团结互助、善于协同的集体主义思想等，都能够在奥林匹克竞赛活动中得到培养。《信息学（计算机）奥林匹克竞赛与科学教育改革》课题研究的实践证明，由于有明确的要求和目标，使近年来涌现出的一大批信息学奥林匹克竞赛选手，进入大学后绝大多数成为品学兼优、名列前茅又有特长的好学生。

信息学奥林匹克竞赛活动为学有余力的学生们提供了一个难得的实践环境。实践是能力赖以生长的土壤，能力是在教育和实践中形成和发展的。提高能力与全面素质培养是信息学奥林匹克竞赛活动的重点，而信息学奥林匹克又有助于科学素养的提高和多方面能力的培养。信息学奥林匹克竞赛活动培训主要包括：

（1）观察和理解能力。这是认识世界和改造世界的前提。

（2）分析与归纳能力。要求通过观察，经过缜密的分析，抽象问题，找出规律性或找出求解问题的切入点。

（3）构建数学模型和算法能力。全面考虑问题，注意边界情况。

（4）运用计算机语言和一定的数据结构知识编程调试的能力。包括设计、优化和测试程序的能力。

（5）依照题目要求设计测试数据，对所编程序进行正确性和完善性测试的能力。

（6）总结与文字表达能力，以及自学的能力。

回顾历年 NOIP 试题，目前的竞赛除在初赛中涉及计算机基础知识以外，主要以算法为考核要点，人工智能搜索算法，动态规划、图论、组合数学等为命题方向，突出能力的考核。具体内容主要包括以下几个方面：

（1）程序设计知识。熟练地使用一门计算机程序设计语言（Pascal 或 C）编写程序解决一些问题；熟悉常用的基本算法，如：穷举算法、排序算法：冒泡法、典型选取最大元素法等，查表算法：顺序查表法、二分查表法等，字串处理：字串的查找、插入和删除等，表达式处理：表达式的计算、展开、化简等，搜索算法：简单搜索、宽度和深度优先法等，回溯法和递归算法的各种方法和技巧设计、排列组合的应用、结构化程序设计知识和其他数学知识，极大、极小问题等。

（2）数据结构知识。简单变量、数组（一维数组、二维数组）等、队列和栈、串、记录、指针和链表、树（包括二叉树）、图和文件等。

（3）调试程序技能。调试与查错的能力、设计测试数据的能力、运行时间和占用空间的估计能力和编写程序文档的能力。

（4）结构化程序设计风格。程序的结构应符合结构化程序设计的规范，程序格式组织呈锯齿

形，变量、过程与函数名的引用要尽可能确切，同时要在程序中包含必要的说明。

　　在培训中必须有扎实的算法知识和聪明才智相结合。要想较好地完成试题，首先必须有深厚的基本功；若没有严格的基础训练，要想完成试题是不可能的。根据培训经验，培养一个达到全国优秀水平的选手，一般要经过 5 年左右时间的严格训练。实际上，优秀选手差不多都是从小学高年级开始培养、训练的，到高中一、二年级才能成熟。

　　另外光有良好的基本知识还不够，还必须有一定的才智。信息学奥林匹克竞赛试题中有一些智力题，这些题当中就包含了许多的策略，策略靠人来设计，这就要发挥每个人的聪明才智了。

　　同时要注意题型由搜索为主转向多样化的题型变化。包括：树与图的处理，例如，无根树问题向求树的最大深度问题变化。表达式处理（逻辑表达式）的处理，其中有表达式的化简、表达式的计算等。拼图问题，由基本图形中的最少的块数拼成给出的任意图形。以及其他杂题。

　　也要注意算法的变化，即以某种策略为基础。但是，在计算的过程中如果不进行必要的处理，必然引起数据的爆炸，以至于搜索无法进行下去，因而，在算法上必须考虑加上某些特殊的处理。

　　最后是测试数据的设计。测试数据设计方面要注意有特殊数据的边界情况或不可能的情况以及数据文件的应用。要保证快速地完成大量的测试工作，采用将大量试题的原始数据、说明放在数据文件中，测试数据的输入与程序运行后结果的输出，均要使用数据文件。由此看来，数据文件的使用已成了必备的知识。

　　只有对信息学奥林匹克活动感兴趣，通过扎实的培训，在学校、辅导教师、社会各界的支持帮助下，努力培养自己的综合能力，才可能不但有能力在赛场上夺金牌，也有能力在学校的学习中名列前茅，成为国家出类拔萃的信息技术后备人才。

2　计算机基础知识

根据 NOIP 大纲，计算机基础知识包括计算机的基本常识和计算机的基本操作两个部分，涉及面非常广，但基本内容都在目前中学阶段的教科书中学过，这些方面的参考教材也非常多，包括大学、中专开设的计算机基础、计算机应用基础、计算机文化基础等课程。

【学习目标】

归纳计算机基础的内容，主要涉及：

（1）计算机基础知识

计算机的发展，计算机各发展阶段的主要特征（时间、人物、硬件、软件），计算机的分类，计算机的应用领域，计算机的基本概念，包括二进制、八进制、十进制、十六进制的转换和运算，数据的长度，原码、补码、反码的概念和运算，ASCII、汉字编码、汉字点阵码、逻辑运算（注意各种教材中的表示方式），计算机系统的主要技术指标，计算机的安全，计算机病毒知识（概念和特征、预防），计算机道德（含有关政策、规定等）和数学集合运算等。

（2）计算机结构及硬件知识

冯·诺依曼提出的计算机体系结构，计算机系统的硬件组成，各主要部件的功能、工作方式（包括总线结构和存储介质），个人计算机组成及各部件的用途，多媒体计算机的组成、各部件的功能，多媒体信息的计算机处理等。

（3）计算机软件知识

计算机软件概念和分类，指令，程序和存储程序原理，程序的三种基本控制结构，计算机语言等。

（4）操作系统及软件使用知识

Windows 和 Linux 的基本操作知识，文件管理、数据库管理操作知识，常用的工具软件（文字处理）使用等。

（5）网络知识及使用

计算机网络的概念，网络的功能和分类，网络的拓扑结构，网络设备及传输介质，开放式互连结构、Internet 网络的发展、概念，IP 地址和域名系统，连接方式及设备用途，TCP/IP 协议、HTTP 协议、WEB 应用的主要方式和特点，互联网的基本使用常识（网上浏览、搜索和查询等），电子邮件收发等。

（6）信息技术的新发展、新特点、新应用等。

【解题钥匙】

计算机基础知识的内容考核全部在初试的选择题中体现：根据 NOIP 大纲，本题共 20 小题，每题 1.5 分，每题有 5 个备选答案。前 10 题为单选题，后 10 题为复选题。共 30 分，占初赛试卷的 30%。根据历年试题的分析，这 20 个小题当中，涉及算法知识、数学集合运算等试题又占 30%

（即 5~7 个小题），计算机基础知识的内容只有 21 分左右。

对于知识面广，分数又少，但在整个试卷中属于送分必得的内容，主要采取如下的解题思路：

（1）注意平时学校信息技术课程的学习，掌握计算机基础知识中的基本概念、基本操作。

（2）掌握数值计算方法，即二进制、八进制、十进制、十六进制的转换和运算，原码、补码、反码的概念和运算，ASCII、汉字编码、汉字点阵码运算，逻辑运算和数学集合运算。

（3）熟悉和掌握计算机结构、硬件知识，计算机软件知识和网络知识，并注重在平时培训中加深理解。

（4）试卷题目中包含有单选题和多选题两种，一定要看清试题。

（5）在考试中主要采取排除法来完成试题，特别是多选题。

2.1　数值计算

1. 数值转换和计算

分析：该类试题主要掌握二进制、八进制、十进制和十六进制的转换和计算，在各种计算中，可以将不常用的八进制、十六进制转换为熟悉的二进制或十进制进行计算，在计算中熟记八进制和十六进制与二进制的对应关系表，如表 2 – 1 所示。同时注意各进制的表示方法，如下标字母（B、O、D、H）表示和数字（2、8、10、16）表示。

表 2 – 1　八进制和十六进制与二进制的对应关系表

二进制	000	001	010	011	100	101	110	111
八进制	0	1	2	3	4	5	6	7

二进制	0000	0001	0010	0011	0100	0101	0110	0111
十六进制	0	1	2	3	4	5	6	7

二进制	1000	1001	1010	1011	1100	1101	1110	1111
十六进制	8	9	A	B	C	D	E	F

例题一

（1）下列无符号数中，最小的数是（　　　）。

A．$(11011001)_2$　　　　B．$(75)_{10}$　　　　C．$(37)_8$　　　　　　D．$(2A)_{16}$

方法：将四个数转化成相对应同一进制数，再进行比较大小。$(11011001)_2 = (217)_{10}$，$(75)_{10}$，$(37)_8 = (31)_{10}$，$(2A)_{16} = (42)_{10}$。答案为 C。

（2）十进制数 100.625 等值于二进制数（　　　）。

A．1001100.101　　　　　B．1100100.101　　　　C．1100100.011

D．1001100.11　　　　　E．1001100.01

方法：整数部分"除 2 取余"，小数部分"乘 2 取整"，然后再进行组合。答案为 B。

（3）小张用十六进制、八进制和十进制写了如下的一个等式：52 – 19 = 33，其中式中三个数是各不相同进位制的数，试问 52、19、33 分别为(　　)。

    A. 八进制，十进制，十六进制　　　　　B. 十进制，十六进制，八进制

    C. 八进制，十六进制，十进制　　　　　D. 十进制，八进制，十六进制

    方法：将三个数转化成相对应同一进制数再进行比较计算。答案为 B。

    (4) $(2004)_{10} + (32)_{16}$ 的结果是(　　)。

    A. $(2036)_{16}$　　　　　　B. $(2054)_{10}$　　　　　　C. $(4006)_8$

    D. $(100000000110)_2$　　E. $(2036)_{10}$

    方法：这是一道多选题，将两个加数转化成相对应同一进制数后计算得出结果，再与各选项比较得到正确答案。答案为 BCD。

    (5) 算式 $(2047)_{10} - (3FF)_{16} + (2000)_8$ 的结果是(　　)。

    A. $(2048)_{10}$　　　　B. $(2049)_{10}$　　　　C. $(3746)_8$　　　　D. $(1AF7)_{16}$

    方法：将三个数转化成相对应同一进制数后计算得出结果，再与各选项比较得到正确答案。答案为 B。

    2. 原码、反码和补码的计算

    分析：该类试题主要掌握计算机内数的表示方法，包括机器数、机器数的真值，以及机器数常用的表示方法，即原码、反码和补码。在原码、反码和补码的表示方法中，要注意掌握它们的定义以及其中"0"的表示方法。

    另外，由于正数的反码与原码表示形式相同，因此反码的表示实质上是对负数而言的。由负数的反码求真值的方法是：反码→原码→真值。由负数的补码求负数的原码的方法有两种：一是将负数的补码除符号位外，其余各位求反再加 1；二是将负数的补码先减 1，除符号外，其余各位再反。求真值只能由原码才能计算出，不能由补码和反码直接按数位计算负数的真值。

    例题二

    (1) [x] 补码 =10011000，其原码为(　　)。

    A. 011001111　　　　B. 11101000　　　　　C. 11100110　　　　D. 01100101

    方法：补码的补码就是原码，所以 10011000 取反后为 11100111，再取补得 11101000。答案为 B。

    (2) $[64]_{补} + [-9]_{补}$ 的值为(　　)。

    A. 00110111　　　　B. 10110110　　　　　C. 00010111　　　　D. 00110101

    方法：$[64]_{补} =01000000$，$[9]_{原}=00001001$，$[-9]_{补}=11110111$，则 $[64]_{补} + [-9]_{补} =$ 01000000 + 11110111 = 100110111，首位 1 自然流失。答案为 A。

    (3) 已知，$N_1 =1011$，$N_2 = -10110$，试分别求出在 8 位机中它们的原码、反码和补码表示。

    方法：

	原码	反码	补码
N_1	00001011	00001011	00001011
N_2	10010110	11101001	11101010

    (4) 用八位补码计算 [-33] +14 的值。

    方法：[-33] 的原码为 10100001

反码为 11011110

补码为 11011111

[14] 的原码、反码和补码都为 00001110

所以 [-33] + [14] = 11011111

　　　　　　　　　+00001110

　　　　　　　　11101101　即　-19 的补码

3. 逻辑运算和集合运算

分析：该类试题主要掌握计算机内数的表示方法，包括机器数、机器数的真值，以及机器数常用的表示方法，即原码、反码和补码。在原码、反码和补码的表示方法中，要注意掌握它们的定义以及其中"0"的表示方法。

例题三

（1）设全集 $I = \{a, b, c, d, e, f, g\}$，集合 $A = \{a, b, c\}$，$B = \{b, d, e\}$，$C = \{e, f, g\}$，那么集合 $(A - B) \cup (\sim C \cap B)$ 为（　　）。

A. $\{a, b, c, d\}$　　　　B. $\{a, b, d, e\}$　　　　C. $\{b, d, e\}$

D. $\{b, c, d, e\}$　　　　E. $\{d, f, g\}$

方法：画图法。答案为 A。

（2）由 3 个 a，5 个 b 和 2 个 c 构成的所有字符串中，包含子串"abc"的共有（　　）个。

A. 40320　　　　　　　B. 39600　　　　　　　C. 840

D. 780　　　　　　　　E. 60

方法：把"abc"看作一个元素后，加上 2 个 a，4 个 c 和 1 个 c，共有 8 个"元素"，所以包含子串"abc"的共有 8! = 40320 个。答案为 A。

（3）假设 A = true，B = false，C = ture，D = ture，逻辑运算表达式 A∧B∨C∧D 的值是（　　）。

A. ture　　　　　　　　B. false　　　　　　　　C. 0

D. 1　　　　　　　　　E. null

答案为 A。

（4）已知 A = 35H，A∧05H∨A∧30H 的结果是：（　　）。

A. 30H　　　　　　　　B. 05H　　　　　　　　C. 35H　　　　　　　　D. 53H

答案为 A。

（5）表达式（4 MOD（-3））与（-4 MOD 3）的值为：（　　）。

A. -1，-1　　　　　　B. 1，-1　　　　　　C. -1，1　　　　　　D. 1，1

答案为 B。

（6）设全集 $E = \{1, 2, 3, 4, 5\}$，集合 $A = \{1, 4\}$，$B = \{1, 2, 5\}$，$C = \{2, 4\}$，则集合 $(A \cap B) \cup \sim C$ 为（　　）。

A. 空集　　　　　　　　B. $\{1\}$　　　　　　　　C. $\{3, 5\}$

D. $\{1, 5\}$　　　　　　E. $\{1, 3, 5\}$

方法：画图法。答案为 E。

4. 数据编码运算

分析：该类试题主要掌握 ASCII 编码标准和目前的汉字编码、点阵字模法。

ASCII 码是计算机中最普遍采用的字符编码，ASCII 的每个字符用 7 位二进制表示，其次序为 $d_6d_5d_4d_3d_2d_1d_0$，d_6 为高位，d_0 为低位。一般用 8 位一个字符，最高位 d_7 为 "0"，需要时可用于存放奇偶效验的值，称为奇偶效验位。

ASCII 码用 8 位二进制中的低 7 位表示，共可表示 $2^7 = 128$ 个字符，其排列次序为相应的列（高位码 $d_6d_5d_4$）和行（低位码 $d_3d_2d_1d_0$），其中：编码值 0～31（0000000～0011111）为控制符，用于计算机通信控制或对计算机设备的功能控制；32（0100000）为空格字符 SP，3～126（0100001～0100001）为常见可印刷字符，27（1111111）为删除控制码 DEL。

ASCII 码中 0～9 这 10 数字字符的高三位编码为 011，低四位为 0000～1001，去掉高三位的值时，低四位正好是二进制的 0～9，这种排序满足正常排列，又有利于 ASCII 码与二进制码的转换。

英文字母的编码值满足正常字母排列，且大小写字母的对应关系简单，其差别仅表现在 d5 位的值为 0 或 1，有利于大小写字母的转换。

根据 1981 年国家颁布的标准 GB2312 - 80，字国标区位码分为 94 区（两位表示），每个区有 94 个位（两位表示），即四位数字表示一个汉字。其中：1～15 区表示字母、数字、符号及制表符等。16～87 区表示汉字，16～55 区为一级常用汉字，按汉语拼音字母排序，56～87 区为二级常用汉字，按笔画排序。

点阵字模是指在一个 N＊N 的方格中，将汉字字形描述出来，有墨迹的方格用 1 表示，没有墨迹的方格用 0 表示，这样就可用一组数据来表示汉字的字形，这组字模数据就称为点阵字模码。这一组数据的集合就称为点阵字库。另外，前在计算机汉字处理系统中，一般用两个字节来存放一个汉字的内码。

例题四

（1）在计算中机，字符编码通常采用（　　　）。

A. 原码　　　　　　B. 反码　　　　　　C. ASCII 码　　　　　　D. 补码

答案为 D。

（2）已知小写字母 "m" 的十六进制的 ASCⅡ码值是 6D，则小写字母 "c" 的十六进制数的 ASCⅡ 码值是（　　　）。

A. 98　　　　　　B. 62　　　　　　C. 99　　　　　　D. 63

方法：c 在 m 前 10 个的位置，所以 c 的 ASCII 码是 6DH － 0AH = 63H = 99。答案为 C。

（3）在计算机内部，用来传送、存贮、加工处理的数据或指令（命令）都是以（　　　）形式进行的。

A. 十进制码　　　　B. 智能拼音码　　　　C. 二进制码　　　　D. 五笔字型码

答案为 C。

（4）已知 ASCII 码表中的大写字母后有 6 个其他字符，接着便是小写字母。现已知：A 字母的 ASCII 码为（41）16 ｛表示 16 进制数 41｝，试写出如下字母用十进制表示的 ASCII 码：

G → （　　　）10　　　　b → （　　　）10　　　　t → （　　　）10

方法：B 的 ASCII 码为 42H，42H = 01000010B，把 d_5 位改为 1，则得出 b 的 ASCII 码为 01100010B = 98D，而 t 又在 b 的后面 18 个位置，所以 t 字母的 ASCII 码为 98D + 18D = 116D。

（5）一个汉字的机内码目前通常用两个字节来表示：第一个字节是区位码的区号加（160）$_{10}$，第二个字节是区位码的位码加（160）$_{10}$。

已知：汉字"却"的区位码是4020，试写出机内码两个字节的二进制的代码：

方法：160D＝0A0H，第一个字节是区位码的区号加（160）$_{10}$，即40H＋0A0H＝0E0H＝11100000B，第二个字节是区位码的位码加（160）$_{10}$，即20H＋0A0H＝0C0H＝11000000B。

（6）在24*24点阵的字库中，汉字"一"与"编"的字模占用字节数分别是（　　）。

A. 32.32　　　　　　　　B. 32.72　　　　　　　　C. 72.72　　　　　　　　D. 72.32

答案为B。

（7）组成"教授"（jiao shou）、"副教授"（fu jiao shou）与"讲师"（jiang shi）这三个词的汉字，在GB2312－80字符集中都是一级汉字，对这三个词排序的结果是（　　）。

A. 教授、副教授、讲师　　　　　　　　B. 副教授、教授、讲师

C. 讲师、副教授、教授　　　　　　　　D. 副教授、讲师、教授

答案为D。

2.2　计算机基础知识

1. 基本常识

分析：该类试题涉及知识面较为广泛，主要靠平时在信息技术课程中的学习和收集有关参考资料。对于不熟悉或不清楚的试题宜采取排除法来答题。

例题一

（1）图灵（Alan Turing）是（　　）人。

A. 美国　　　　B. 英国　　　　C. 德国　　　　D. 匈牙利人　　　　E. 法国

答案为B。

（2）第一个给计算机写程序的人是（　　）。

A. Alan Mathison Turing　　　B. Ada Lovelace　　　C. John von Neumann

D. John Mc－Carthy　　　　E. Edsger Wybe Dijkstra

答案为C。

（3）美籍匈牙利数学家冯·诺依曼对计算机科学发展所做出的贡献包括（　　）。

A. 提出理想计算机的数学模型，成为计算机科学的理论基础。

B. 提出存储程序工作原理，对现代电子计算机的发展产生深远影响。

C. 设计出第一台具有存储程序功能的计算机EDVAC。

D. 采用集成电路作为计算机的主要功能部件。

E. 指出计算机性能将以每两年翻一番的速度向前发展。

答案为BC。

（4）微型计算机的问世是由于（　　）的出现。

A. 中小规模集成电路　　　　　　　　B. 晶体管电路

C. （超）大规模集成电路　　　　　　　D. 电子管电路

答案为C。

（5）微机内的存储器的地址是以（　　）编址的。

A. 二进制位　　　　B. 字长　　　　C. 字节　　　　D. 微处理器的型号

答案为 C。

(6) 下列诸因素中，对微机工作影响最小的是(　　)。

A. 尘土　　　　　　　B. 噪声　　　　　　　C. 温度　　　　　　　D. 湿度

答案为 B。

(7) 下列说法中，错误的是(　　)。

A. 程序是指令的序列，它有三种结构：顺序、分支和循环。

B. 数据总线决定了中央处理器 CPU 所能访问的最大内存空间的大小。

C. 中央处理器 CPU 内部有寄存器组，用来储存数据。

D. 不同厂家生产的 CPU 所能处理的指令集是相同的。

E. 数据传输过程中可能会出错，奇偶校验法可以检测出数据中那一位在传输中出了差错。

答案为 DE。

(8) 计算机的运算速度取决于给定的时间内，它的处理器所能处理的数据量。处理器一次能处理的数据量叫字长。已知 64 位的奔腾处理器一次能处理 64 个信息位，相当于(　　)字节。

A. 8 个　　　　　　　B. 1 个　　　　　　　C. 16 个　　　　　　　D. 2 个

方法：1 字节占 8 个信息位。答案为 A。

(9) 某种计算机的内存容量是 640K，这里的 640K 容量是指(　　)个字节。

A. 640　　　　　　　B. 640 ∗ 1000　　　　　　　C. 640 ∗ 1024　　　　　　　D. 640 ∗ 1024 ∗ 1024

方法：1K 等于 1024 个字节。答案为 C。

(10) 计算机能直接执行的指令包括两部分，它们是(　　)。

A. 源操作数与目标操作数　　　　　　　　B. 操作码与操作数

C. ASCⅡ码与汉字代码　　　　　　　　D. 数字与字符

答案为 B。

(11) 在微机中，通用寄存器的位数是(　　)。

A. 8 位　　　　　　　B. 16 位　　　　　　　C. 计算机字长　　　　　　　D. 32 位

答案为 D。

(12) 计算机病毒传染的必要条件是(　　)。

A. 在内存中运行病毒程序　　　　　　　　B. 对磁盘进行读写操作

C. 在内存中运行含有病毒的可执行的程序　　　D. 复制文件

答案为 C。

(13) 计算机病毒是(　　)。

A. 通过计算机传播的危害人体健康的一种病毒

B. 人为制造的能够侵入计算机系统并给计算机带来故障的程序或指令集合

C. 一种由于计算机元器件老化而产生的对生态环境有害的物质

D. 利用计算机的海量高速运算能力而研制出来的用于疾病预防的新型病毒

答案为 B。

(14) 计算机病毒的特点是(　　)。

A. 传播性、潜伏性、易读性与隐蔽性　　　　B. 破坏性、传播性、潜伏性与安全性

C. 传播性、潜伏性、破坏性与隐蔽性　　　　D. 传播性、潜伏性、破坏性与易读性

答案为 C。

（15）计算机中的数有浮点与定点数两种，其中用浮点数表示的数，通常由（　　）这两部分组成。

A. 指数与基数　　　　　B. 尾数与小数　　　　C. 阶码与尾数　　　　D. 整数与小数

答案为 C。

（16）计算机软件保护法是用来保护软件（　　）的。

A. 编写权　　　　　　　B. 复制权　　　　　　C. 使用权　　　　　　D. 著作权

答案为 D。

2. 计算机结构以及硬件知识

分析：该类试题主要掌握冯·诺依曼提出的"存储程序"工作原理，计算机（微型机）硬件组成，工作原理，以及 CPU、总线结构、存储设备、外部设备等。该类试题变化性较大，但万变不离其宗。

例题二

（1）计算机主机是由 CPU 与（　　）构成的。

A. 控制器　　　　　　　B. 输入、输出设备　　C. 运算器　　　　　　D. 内存储器

答案为 D。

（2）下列是 64 位处理器的是（　　）。

A. Intel Itanium　　　　　B. Intel Pentium III　　　C. AMD Athlon64

D. AMD Opteron　　　　　E. IBM Power 5

答案为 CDE。

（3）微型计算机中，（　　）的存取速度最慢。

A. 高速缓存　　　　　　B. 外存储器　　　　　　C. 寄存器　　　　　　D. 内存储器

答案为 B。

（4）若我们说一个微机的 CPU 是用的 PII300，此处的 300 确切指的是（　　）。

A. CPU 的主时钟频率　　　　　　　　　B. CPU 产品的系列号

C. 每秒执行 300 百万条指令　　　　　　D. 此种 CPU 允许最大内存容量

答案为 A。

（5）计算机系统总线上传送的信号有（　　）。

A. 地址信号与控制信号　　　　　　　　B. 数据信号、控制信号与地址信号

C. 控制信号与数据信号　　　　　　　　D. 数据信号与地址信号

答案为 B。

（6）中央处理器 CPU 能访问的最大存储器容量取决于（　　）。

A. 地址总线　　　　　　B. 数据总线　　　　　　C. 控制总线　　　　　D. 内存容量

答案为 A。

（7）在计算机硬件系统中，cache 是（　　）存储器。

A. 只读　　　　　　　　　　　　　　　B. 可编程只读

C. 可擦除可编程只读　　　　　　　　　D. 高速缓冲

答案为 D。

（8）下列说法中正确的有（　　）。

A. CPU 的基本功能就是执行指令。

B. CPU 的主频是指 CPU 在 1 秒内完成的指令周期数，主频越快的 CPU 速度一定越快。

C. 内部构造不同的 CPU 运行相同的机器语言程序，一定会产生不同的结果。

D. 在一台计算机内部，一个内存地址编码对应惟一的一个内存单元。

E. 数据总线的宽度决定了一次传递数据量的大小，是影响计算机性能的因素之一。

答案为 ADE。

(9) 彩色显示器所显示的五彩斑斓的色彩，是由(　　)三色混合而成的。

A. 红　　　　　　B. 白　　　　　　C. 蓝　　　　　　D. 绿　　　　　　E. 橙

答案为 ACD。

(10) 在外部设备中，绘图仪属于(　　)。

A. 输入设备　　　　　B. 输出设备　　　　　C. 辅（外）存储器　　D. 主（内）存储器

答案为 B。

(11) 下列设备不是计算机输入设备的是 (　　)。

A. 鼠标　　　　　　B. 扫描仪　　　　　　C. 数字化仪　　　　　D. 绘图仪

答案为 D。

(12) 下列不是计算机的存储设备的是(　　)。

A. 文件管理器　　　B. 内存　　　C. 显卡　　　D. 硬盘　　　　　E. U 盘

答案为 AC。

(13) CPU 访问内存的速度比访问(　　)存储设备要慢。

A. 寄存器　　　B. 硬盘　　　　C. 软盘　　　　D. 高速缓存　　　E. 光盘

答案为 AD。

(14) 下列(　　)不是个人计算机的硬件组成部分。

A. 主板　　　B. 虚拟内存　　　C. 电源　　　D. 硬盘　　　　E. 总线

答案为 B。

(15) 下列分辨率的显示器显示出的图像，最清晰的是(　　)。

A. 800 * 600　　　　　　B. 1024 * 768　　　　　　C. 640 * 480

D. 1280 * 1024　　　　　E. 800 * 1000

答案为 B。

(16) 下列计算机设备，既是输入设备，又是输出设备的是(　　)。

A. 键盘　　　　　　B. 触摸屏　　　　　　C. 扫描仪

D. 投影仪　　　　　E. 数字化仪

答案为 B。

(17) 下面(　　)部件对于个人桌面电脑的正常运行不是必需的。

A. CPU　　　B. 图形卡（显卡）　　　C. 光驱　　　　　D. 主板　　　E. 内存

答案为 C。

(18) 用静电吸附墨粉后转移到纸张上，是(　　)输出设备的工作方式。

A. 针式打印机　　　　　B. 喷墨打印机　　　　　C. 激光打印机

D. 笔式绘图仪　　　　　E. 喷墨绘图仪

答案为 C。

(19) 多媒体计算机是指(　　)计算机。

A. 专供家庭使用的　　　　　　　　　　B. 装有 CD – ROM 的

C. 连接在网络上的高级　　　　　　　　D. 具有处理文字、图形、声音、影像等信息的

答案为 D。

(20) 设数组 A [10..100,20..100] 以行优先的方式顺序存储，每个元素占 4 个字节，且已知 A [10，20] 的地址为 1000，则 A [50，90] 的地址是_____。

方法：1000 + [（100 – 20 + 1）× （50 – 10）+ 70] ×4。答案为 14564。

(21) 已知数组 A 中，每个元素 A [I，J] 在存贮时要占 3 个字节，设 I 从 1 变化到 8，J 从 1 变化到 10，分配内存时是从地址 SA 开始连续按行存贮分配的。试问：A [5，8] 的起始地址为（　）。

A. SA + 141　　　　　B. SA + 180　　　　　C. SA + 222　　　　　D. SA + 225

方法：[10 * （5 – 1）+ （8 – 1）] = 47，而每个元素 A [I，J] 在存贮时要占 3 个字节，所以 47 * 3 = 141。答案为 A。

(22) 一个文本屏幕有 25 列及 80 行，屏幕的左上角以 （1，1）表示，而右下角则以 （80，25）表示，屏幕上每一个字符占用两字节 （byte），整个屏幕则以线性方式存储在电脑的存储器内，由屏幕左上角开始，位移为 0，然后逐列逐列存储。求位于屏幕 （X，Y）的第一个字节的位移是（　）。

A. （Y * 80 + X）* 2 – 1　　　　　　　B. （（Y – 1）* 80 + X – 1）* 2

C. （Y * 80 + X – 1）* 2　　　　　　　D. （（Y – 1）* 80 + X）* 2 – 1

方法：在 （X，Y）之前，共有 （Y – 1）* 80 + X – 1 个字符，每一个字符占用两字节 （byte），所以位于屏幕 （X，Y）的第一个字节的位移是 （（Y – 1）* 80 + X – 1）* 2。答案为 B。

(23) 64KB 的存储器用十六进制表示，它的最大的地址码是（　）。

A. 10000　　　　　B. FFFF　　　　　C. 1FFFF　　　　　D. EFFFF

方法：64KB = 64 * 1024 = 2 的 16 次方，地址码从 0X0000H 到 0XFFFFH。答案为 B。

(24) 2KB 的内存能存储（　）个汉字的机内码。

A. 1024　　　　　B. 516　　　　　C. 2048　　　　　D. 218

答案为 A。

(25) 将 DOS 系统盘插入 A 驱动器启动机器，随后使用一批应用软件，在此过程中，DOS 系统盘（　）。

A. 必须始终插入在 A 驱动器中　　　　　B. 不必再用

C. 可能有时要插入 A 驱动器中　　　　　D. 可能有时要插入 B 驱动器中

答案为 B。

3. 计算机软件知识

分析：该类试题主要掌握软件、指令、程序、语言的概念，程序的分类和三种控制结构。熟悉当前操作系统的操作，文件及文件夹的管理，以及一些常用工具软件的使用，用文字回答有关操作方面的题目，在平时操作时除了掌握操作要领，还要注意留意使用什么工具、菜单、按钮等，会出现什么提示和屏幕显示。

例题三

(1) 操作系统是一类重要的系统软件，下面几个软件中不属于操作系统的是（　）。

A. MS – DOS　　　　　　B. UCDOS　　　　　C. PASCAL　　　　　D. Windows 2000

答案为 C。

（2）计算机的软件系统通常分为（　　　）。

A. 系统软件与应用软件　　　　　　　　　B. 高级软件与一般软件

C. 军用软件与民用软件　　　　　　　　　D. 管理软件与控制软件

答案为 Λ。

（3）不同的计算机，其指令系统也不相同，这主要取决于（　　　）。

A. 所用的操作系统　　　　　　　　　　　B. 系统的总体结构

C. 所用的 CPU　　　　　　　　　　　　　D. 所用的程序设计语言

答案为 C。

（4）Windows 9X 是一种（　　　）操作系统。

A. 单任务字符方式　　B. 单任务图形方式　　C. 多任务字符方式　　D. 多任务图形方式

答案为 D。

（5）在树型目录结构中，不允许两个文件名相同主要指的是（　　　）。

A. 同一个磁盘的不同目录下　　　　　　　B. 不同磁盘的同一个目录下

C. 不同磁盘的不同目录下　　　　　　　　C. 同一个磁盘的同一个目录下

答案为 C。

（6）以下对 Windows 的叙述中，正确的是（　　　）。

A. 从软盘上删除的文件和文件夹，不送到回收站

B. 在同一个文件夹中，可以创建两个同类、同名的文件

C. 删除了某个应用程序的快捷方式，将删除该应用程序对应的文件

D. 不能打开两个写字板应用程序

答案为 B。

（7）在磁盘上建立子目录有许多优点，下列描述中不属于建立子目录优点的是（　　　）。

A. 便于文件管理　　　　　　　　　　　　B. 解决根目录中目录项个数有限问题

C. 加快文件查找速度　　　　　　　　　　D. 节省磁盘使用空间

答案为 D。

（8）资源管理器的目录前图标中增加"＋"号，这个符号的意思是（　　　）。

A. 该目录下的子目录已经展开　　　　　　B. 该目录下还有子目录未展开

C. 该目录下没有子目录　　　　　　　　　D. 该目录为空目录

答案为 B。

（9）在 Word 文档编辑中实现图文混合排版时，关于文本框的下列叙述正确的是（　　　）。

A. 文本框中的图形没有办法和文档中输入文字叠加在一起，只能在文档的不同位置

B. 文本框中的图形不可以衬于文档中输入的文字的下方

C. 通过文本框，可以实现图形和文档中输入的文字的叠加，也可以实现文字环绕

D. 将图形放入文本框后，文档中输入的文字不能环绕图形

答案为 C。

（10）数字图像文件可以用下列（　　　）软件来编辑。

A. 画笔（Paintbrush）　　B. 记事簿（Notepad）　　C. Photoshop

D. WinRAR E. Midisoft

答案为 C。

(11) 下列( )软件不是操作系统软件的名字。

A. Windows XP B. DOS C. Linux

D. OS/2 E. Arch/Info

答案为 E。

(12) 下列( )不是数据库软件的名称。

A. My SQL B. SQL Server C. Oracle

D. Outlook E. Foxpro

答案为 D。

(13) 下列( )软件属于操作系统软件。

A. Microsoft Word B. Windows XP C. Foxmail

D. 金山影霸 E. Red Hat Linux

答案为 BE。

(14) 下列( )程序设计语言支持面向对象程序设计方法。

A. C++ B. Object Pascal C. C

D. Smalltalk E. Java

答案为 ABCD。

(15) 电线上停着两种鸟（A，B），可以看出两只相邻的鸟就将电线分为了一个线段。这些线段可分为两类：一类是两端的小鸟相同，另一类则是两端的小鸟不相同。已知：电线两个顶点上正好停着相同的小鸟，试问两端为不同小鸟的线段数目一定是( )。

A. 奇数 B. 偶数 C. 可奇可偶 D. 数目固定

答案为 B。

(16) 下面关于算法的错误说法是( )。

A. 算法必须有输出 B. 算法必须在计算机上用某种语言实现

C. 算法不一定有输入 D. 算法必须在有限步执行后能结束

答案为 AB。

(17) IPv4 地址是由( )位二进制数码表示的。

A. 16 B. 32 C. 24 D. 8

答案为 B。

(18) 在 Windows 中要更改当前计算机的日期和时间，可以( )。

A. 双击任务栏上的时间 B. 使用"控制面板"的"区域设置"

C. 使用附件 D. 使用"控制面板"的"日期/时间"

答案为 AD。

(19) 在 Windows 中，要移动窗口的位置应利用鼠标拖动窗口的( )。

A. 工作区 B. 标题栏 C. 菜单栏 D. 边框

答案为 B。

(20) 用键盘实现全角和半角切换的操作是( )。

A. Ctrl + Shift B. Shift + 空格键 C. Ctrl + 空格键 D. Ctrl + Tab

答案为 B。

（21）在 Windows 中，使用删除命令删除硬盘中的文件后，（　　）。

A. 文件确实被删除，无法恢复

B. 文件被放入"回收站"，但无法恢复

C. 文件被放入"回收站"，可以通过"回收站"操作恢复

D. 文件被放入"回收站"，即使清空"回收站"也可以恢复

答案为 C。

（22）以下 DOS 命令中，有可能在磁盘上建立子目录的是（　　）。

A. TYPE　　　　　　B. DIR　　　　　　C. XCOPY　　　　　　D. CD

答案为 C。

（23）在 CONFIG.SYS 文件中，装入特定可安装设备驱动程序的命令是（　　）。

A. BUFFER　　　　　B. FILES　　　　　C. DRIVER　　　　　D. DEVICE

答案为 D。

（24）当一个应用程序窗口被最小化以后，该应用程序将（　　）。

A. 转入后台执行　　　B. 继续在前台执行　　C. 被终止执行　　　　D. 被暂停执行

答案为 A。

（25）在 Windows 中，"控制面板"的作用是（　　）。

A. 控制所有程序的执行　　　　　　　　　B. 对系统进行有关的设置

C. 设置"开始"菜单　　　　　　　　　　D. 设置硬件接口

答案为 B。

（26）下列文件名中，属于 DOS 中的保留设备名的为（　　）。

A. AUX　　　　　　B. COM　　　　　　C. CON1　　　　　　D. PRN1

答案为 C。

（27）启动计算机引导 DOS 是将操作系统（　　）。

A. 从磁盘调入中央处理器　　　　　　　B. 从内存储器调入高速缓冲存储器

C. 从软盘调入硬盘　　　　　　　　　　D. 从系统盘调入内存储器

答案为 D。

（28）对具有隐含属性（H）的当前目录下的文件 AB.TXT，能成功执行的 DOS 命令是（　　）。

A. TYPE AB.TXT　　　　　　　　　　B. COPY AB.TXT XY.TXT

C. DIR AB.TXT　　　　　　　　　　　D. REN AB.TXT XY.TXT

答案为 A。

2.3　计算机网络知识

分析：该类试题主要掌握计算机网络的定义、功能和分类，了解网络拓扑结构以及 OSI 标准模型（七层结构），掌握主要传输介质和互联设备的名称和作用。

主要掌握 Internet（互联网）的定义、功能和发展，掌握 IP 地址的表示、域名系统和 Internet 入网方式，熟悉 IE、Outlook 等软件的使用。

例题一

（1）计算机网络是一个（　　）系统。

A. 管理信息系统　　　　　　　　　　　　B. 管理数据系统

C. 编译系统　　　　　　　　　　　　　　D. 在协议控制下的多机互连系统

答案为 D。

（2）下面（　　）计算机网络不是按覆盖地域划分的。

A. 局域网　　　　　　B. 都市网　　　　　　C. 广域网　　　　　　D. 星型网

答案为 D。

（3）一台计算机如果要利用电话线上网，就必须配置能够对数字信号和模拟信号进行相互转换的设备，这种设备是（　　）。

A. 调制解调器　　　　　B. 路由器　　　　　C. 网卡

D. 网关　　　　　　　　E. 网桥

答案为 A。

（4）Internet 的规范译名应为（　　）。

A. 英特尔网　　　　　　B. 因特网　　　　　　C. 万维网　　　　　　D. 以太网

答案为 A。

（5）TCP/IP 协议共有（　　）层协议。

A. 3　　　　　　　　　B. 4　　　　　　　　C. 5　　　　　　　　D. 6

方法：TCP/IP 协议包括网络接口、网络层、传输层和应用层。答案为 B。

（6）在使用 E－mail 前，需要对 Outlook 进行设置，其中 ISP 接收电子邮件的服务器称为（　　）服务器。

A. POP3　　　　　　　B. SMTP　　　　　　C. DNS　　　　　　　D. FTP

答案为 A。

（7）下列电子邮件地址，正确的是（　　）。

A. wang@ hotmail. com　　　　　　　　　B. cai@ jcc. pc. tool. rf. edu. jp

C. 162. 105. 111. 22　　　　　　　　　　D. ccf. edu. cn

E. http：//www. sina. com

答案为 AB。

（8）下列网络上常用的名字缩写错误的是（　　）。

A. WWW（World Wide Web）　　　　　　B. URL（Uniform Resource Locator）

C. HTTP（Hypertext Transfer Protocol）　　D. FTP（Fast Transfer Protocol）

E. TCP（Transfer Control Protocol）。

方法：FTP：File Transfer Protocol。答案为 D。

【解题尝试】

第一题：选择题

1. 二进制数 10110 转化为十进制数是（　　）。

A. 19　　　　　　　　B. 26　　　　　　　　C. 22　　　　　　　　D. 25

2. 下列四个不同进制的数中，其值最小的是（　　）。

A. 十六进制数 CA　　　　　　　　　　　　B. 八进制数 310

C. 十进制数 201　　　　　　　　　　　　　　D. 二进制数 11001011

3. 与十进制数 254 等值的二进制数是(　　　)。

A. 11111110　　　　　B. 11101111　　　　　C. 11111011　　　　　D. 11101110

4. 运算式 $(2047)_{10} - (3FF)_{16} + (2000)_8$ 的结果是(　　　)。

A. $(2048)_{10}$　　　　B. $(2049)_{10}$　　　　C. $(3746)_8$　　　　D. $(1AF7)_{16}$

5. 将十进制数 53 转换为二进制整数的结果是(　　　)。

A. 110111　　　　　B. 101101　　　　　C. 111100　　　　　D. 110101

6. 十进制数 - 103 的补码是(　　　)。

A. 10011001　　　　B. 11100111　　　　C. 10110011　　　　D. 00011001

7. 十进制数 - 5 的原码是 10000101，则 - 5 的反码是(　　　)。

A. 11111010　　　　B. 11111011　　　　C. 11110010　　　　D. 01111010

8. 16 位二进制可表示非负整数值范围为(　　　)。

A. 0 ~ 65535　　　　B. 1 ~ 32768　　　　C. 0 ~ 65536　　　　D. 0 ~ 32767

9. 微处理器处理的数据基本单位为字。一个字的长度通常是(　　　)。

A. 16 个二进制位　　　　　B. 32 个二进制位

C. 64 个二进制位　　　　　D. 与微处理器芯片的型号有关

10. 以存储程序和程序控制为基础和计算机结构是(　　　)提出的。

A. 图灵　　　　　B. 冯·诺依曼　　　　　C. 帕斯卡尔　　　　　D. 布尔

11. 某种计算机的内存容量是 640K，这里的 640K 容量是指(　　　)个字节。

A. 640　　　　B. 640 * 1000　　　　C. 640 * 1024　　　　D. 640 * 1024 * 1024

12. 若我们说一个微机的 CPU 是用的 PII300，此处的 300 确切指的是(　　　)。

A. CPU 的主时钟频率　　　　　B. CPU 产品的系列号

C. 每秒执行 300 百万条指令　　　　D. 此种 CPU 允许最大内存容量

13. 微型计算机硬件系统中最核心的部件是(　　　)。

A. 主板　　　　　B. CPU　　　　　C. 内存储器　　　　　D. I/O 设备

14. 在计算机硬件系统中，cache 是(　　　)存储器。

A. 只读　　　　　B. 可编程只读　　　　　C. 可擦除可编程只读　　D. 高速缓冲

15. 某计算机的硬盘容量为 80G，这里 80G 容量是(　　　)字节。

A. 80　　　B. 80 * 1000　　　C. 80 * 1024 * 1024　　　D. 80 * 1024 * 1024 * 1024

16. 鼠标器的形状表示机器的不同工作状态，如鼠标器呈漏斗形表示机器是(　　　)。

A. 空闲　　　　　B. 忙碌　　　　　C. 死机　　　　　D. 可以链接

17. 为解决某一特定问题而设计的指令序列称为(　　　)。

A. 文档　　　　　B. 语言　　　　　C. 程序　　　　　D. 系统

18. 下列几种存储器中，存取周期最短的是(　　　)。

A. 内存储器　　　　　　　　　　　B. 光盘存储器

C. 硬盘存储器　　　　　　　　　　D. 软件盘存储器

19. 在解决计算机主机与打印机之间速度不匹配时通常设置一个打印数据缓冲区，主机将要输出打印的数据依次写入该缓冲区，而打印机从该缓冲区中取出数据打印。该缓冲区应该是一个(　　　)结构。

A. 堆栈　　　　　　　B. 队列　　　　　　　C. 数组　　　　　　　D. 线性表

20. 在计算机中，媒体是指(　　)。

A. 各种信息的编码　　　　　　　　　　B. 计算机输入输出信息

C. 计算机屏幕显示信息　　　　　　　　D. 表示传播信息的载体

21. CMOS 启动后，能自动执行的批处理文件是(　　)。

A. Setup. bat　　　B. Auto set. bat　　　C. comp. bat　　　D. Auto exec. bat

22. 操作系统是一组(　　)。

A. 系统软件的结合　　　　　　　　　　B. 应用软件的集合

C. 一组程序的集合　　　　　　　　　　D. 文件的集合

23. 操作系统是对计算机软件、硬件资源进行(　　)的程序。

A. 管理和控制　　　B. 汇编和执行　　　C. 输入和输出　　　D. 编译操作

24. 文件名中使用通配符的作用是(　　)。

A. 便于给一个文件命名　　　　　　　　B. 便于一次处理多个文件

C. 便于识别一个文件　　　　　　　　　D. 便于保存一个文件

25. 在资源管理器中，选择连续多个文件的办法是用鼠标加(　　)。

A. DEL 键　　　　　B. SHIFT 键　　　　C. CTRL 键　　　　D. ALT 键

26. Linux 是一种(　　)。

A. 网页制作软件　　B. 文字处理软件　　C. 操作系统　　　　D. 程序设计语言

27. 为了提高软件测试的效率，应该(　　)。

A. 随机地选取测试数据　　　　　　　　B. 取一切可能的输入数据作为测试数据

C. 在完成编码后制定软件的测试计划　　D. 选择发现错误的可能性大的测试数据

28. 计算机病毒是(　　)。

A. 机械故障　　　　B. 电路故障　　　　C. 破坏性程序　　　D. 磁盘霉变

29. OFFICE 软件的运行环境是(　　)。

A. DOS　　　　　　B. WPS　　　　　　C. Windows　　　　D. 高级语言

30. 在 Excel 中，将某一单元格内容为"星期一"拖放填充 6 个单元格，其内容为(　　)。

A. Sheet1 中 A2 单元格的数据相加，结果放在 Sheet1 中 A2 单元格中

B. 连续 6 个"星期一"

C. 星期二、星期三、星期四、星期五、星期六、星期日

D. 以上都不对

31. Word 的"文件"命令菜单底部显示的文件名所对应的文件是(　　)。

A. 当前被操作的文件　　　　　　　　　B. 当前已经打开的所有文件

C. 最近被操作过的文件　　　　　　　　D. 扩展名是 . doc 的所有文件

32. PowerPoint 中若要改变超级链接文字的颜色，应该在(　　)菜单命令中设置。

A. 格式/字体　　　　　　　　　　　　　B. 格式/幻灯片版面设置

C. 格式幻灯片配色方案　　　　　　　　D. 格式/应用设计模板

33. E – mail 邮件本质上是一个(　　)。

A. 文件　　　　　　B. 电报　　　　　　C. 电话　　　　　　D. 传真

34. 下面(　　)是正确的邮件地址。

A. www. cqioc. edu. cn　　　　　　　　B. ABC@ cqioc. edu. cn

C. 202，201，44，168　　　　　　　　D. xyz@ cqioc，edu，cn

35. 下面(　　)计算机网络不是按覆盖地域划分的。

A. 局域网　　　　　　B. 都市网　　　　　　C. 广域网　　　　　　D. 星型网

36. 从逻辑功能上看，一个计算机网络可以分成资源子网和(　　)。

A. 交换系统　　　　　B. 通信子网　　　　　C. 路由系统　　　　　D. 网络中心

37. 在 Internet 相连的计算机，不管是大型的还是小型的，都称为(　　)。

A. 工作站　　　　　　B. 主机　　　　　　　C. 服务器　　　　　　D. 客户机

38. 计算机网络是指用(　　)将不同位置的若干计算机系统互相连接起来。

A. 通信线路和通信设备　　　　　　　　　B. 电话线

C. 国际互联网　　　　　　　　　　　　　D. 数模/模数转换器

39. http 是指(　　)。

A. 网址　　　　　　　B. 路径　　　　　　　C. 超文本传输协议　　D. 域名

40. http//www. 163. com 中，http 代表(　　)。

A. 主机　　　　　　　B. 地址　　　　　　　C. 协议　　　　　　　D. TCP/IP

41. (　　)不是 Internet 的基本工作原理。

A. HTML　　　　　　　B. C/S　　　　　　　C. 分组交换　　　　　D. TCP/IP

42. URL 的形式中错误的是(　　)存放资源主机域名/路径/资源文件名。

A. http：//　　　　　B. ftp：//　　　　　C. file：//　　　　　D. www：//

43. 下面(　　)术语是对磁盘使用的。

A. 容量　　　　　　　B. 字库　　　　　　　C. 磁道

D. 格式化　　　　　　E. 扇区

44. 计算机安全包括(　　)。

A. 实体安全　　　　　B. 信息安全　　　　　C. 运行安全

D. 人员安全　　　　　E. 外部设备安全

45. 微机的中央处理器至少应包括(　　)部分。

A. ROM　　　　　　　B. 运算器　　　　　　C. 输出设备

D. 控制器　　　　　　E. RAM

46. 和内存相比，外存储器的主要优点是(　　)。

A. 存储容量大　　　　B. 信息可长期保存　　C. 存取速度快

D. 不容易感染病毒　　E. 存储单位信息量的价格便宜

47. 常见的网络拓扑结构有(　　)。

A. 总线结构　　　　　B. 环形结构　　　　　C. 星型结构

D. 关系型结构　　　　E. 树型结构

第二题：填空题

1. 0. 5MB = (　　) KB。

2. 十进制数 37. 25 转换为二进制数是(　　)。

3. 计算机本身能直接识别的语言是(　　)语言。

4. 计算机程序的执行方式有编译和(　　)执行。

5. 显示器的分辨率指的是水平分辨率和(　　)的乘积 。

6. 设置机器硬件资源属性可在(　　)窗口实现。

7. 输出设备能将计算机中的(　　)信息转换成人们需要的信息形式。

8. DOS 命令可分为(　　)命令和(　　)命令。

9. 文件管理系统是计算机系统与(　　)间的高层接口。

10. 在 Windows 中,"回收站"是(　　)中的一块区域。

11. Windows 可以同时打开多个窗口,但任意时刻只能有(　　)当前窗口。

12. 为了使 Word 文档中的图形被文字所包围,可以设置该图形的(　　)方式。

13. 在 Word 中,保存当前文档的快捷键是(　　)。

14. 计算机网络协议由语义、语法和(　　)三个要素组成。

15. 由于(　　)技术的快速普及,使得计算机病毒的传播速度越来越快,新型病毒可以在几天之内传遍全世界。

3　基本算法设计

计算机科学家 D. E. Knuth 给算法作了如下的定义："一个算法是一组有限规则的集合，其中的规则规定了一个解决某一特定问题的解答。"而程序中的算法就是利用程序设计语言中的各种语句规则构成的各种逻辑组合，来解决各种特定的问题。在这个过程中，无论是形成解题思路还是编写程序，都是在实施某种算法，前者是推理实现的算法，后者是操作实现的算法。

计算机解题的核心是算法设计。一个算法应该具有以下五个重要特征：

（1）有穷性　一个算法必须保证执行有限步之后结束；

（2）确切性　算法的每一步骤必须确切定义；

（3）输入　一个算法有 0 个或多个输入，以刻画运算对象的初始情况，所谓 0 个输入是指算法本身定出了初始条件；

（4）输出　一个算法有一个或多个输出，以反映对输入数据加工后的结果，没有输出的算法是毫无意义的；

（5）能行性　算法原则上能够精确地运行，而且人们用笔和纸做有限次即可完成。

在本章中，我们将介绍一些程序设计中最常用的算法，并通过一些例题来加深读者对这些最基本算法的理解。这些算法有：枚举，归纳，分治，贪心，模拟。下面，我们对构成算法所依据的一些基本方法（公式、方案、原则），即解题思路展开讨论，了解一些基本的常用的算法设计思路。

3.1　枚举策略

【学习目标】

所谓枚举法，又称之为穷举法，指在一个有穷的可能的解的集合中，一一枚举出集合中的每一个元素，用题目给定的检验条件来判断该元素是否符合条件。若满足条件，则该元素即为问题的一个解，否则，该元素就不是该问题的解。

枚举法的基本思想是根据提出的问题，枚举所有可能情况，并用问题中给出的条件检验哪些是需要的，哪些是不需要的。因此，枚举法常用于解决"是否存在"或"有多少种可能"等类型的问题。例如，求解不定方程的数学问题就可以采用枚举法。

枚举法的特点是算法比较简单，但当需要枚举的可能情况较多时，执行枚举算法的工作量将会很大。因此，在用枚举法设计算法时，应该重点注意使方案优化，尽量减少运算工作量。通常，只要对实际问题作详细的分析，将与问题有关的知识条理化、完备化、系统化，从中找出规律，或对所有可能的情况进行分类，引出一些有用的信息，枚举量是可以减少的。

【解题钥匙】

例题一　模式识别的"中心"问题。

问题描述: 模式识别的一个关键问题是判别图形的"中心",当图形经过扫描仪扫描后,得到一个实数矩阵,我们首先要找到该图形的"中心",然后才能开始识别。设实数矩阵由 m 行 n 列组成($1 \le 100$,$n \le 100$),所谓的中心 (i, j) 是使第 i 行上边元素(不包括第 i 行)的总和与第 i 行下边元素(不包括第 i 行)的总和之差的绝对值最小,而且第 j 列左边元素(不包括第 j 列)的总和与第 j 列右边元素(不包括第 j 列)的总和之差的绝对值最小。

现已知一扫描所得的实数矩阵,求其"中心"。若有多个"中心",给出任意一个"中心"即可。

输入格式

从键盘输入一个文本文件的文件名。该文件第一行有两个数 m、n,以下 m 行是实数矩阵,每行各有 n 个实数。在每一行中,数据之间只有一个空格。每行的行首、行末无多余空格。

输出格式:

结果输出到屏幕上:

Center = (xxx, yyy),xxx、yyy 分别表示中心的行和列。

输入输出举例:

SAMPLEl. DAT

5 5

0. 2 0. 3 0. 2 0. 3 0. 2

0. 2 0. 3 0. 4 0. 2 0. 2

0. 3 0. 4 0. 2 0. 2 0. 4

0. 5 0. 2 0. 2 0. 2 0. 3

0. 3 0. 3 0. 4 0. 4 0. 2

在屏幕上输出:

Center = $-$ $(3, 3)$

解析: 求矩阵的中心,即确定矩阵中心的行和列坐标,考虑到矩阵的对称性,行坐标和列坐标的求法是类同的。下面是求矩阵中心行坐标的算法,求列坐标的算法就不再重复。

求行坐标采用枚举法,枚举出所有可能的行坐标 line,计算出 line 行上边元素和与下边元素和之差的绝对值 difference,difference 最小的行即为中心所在行。

枚举过程可以描述为:

min: = $+\infty$;

for line: = 1 to m do

    begin

    求出 line 行上面元素与下面元素绝对值之差 difference;

    if min > difference then

      begin

        min: = difference;

        保存 line 作为矩阵中心所在行;

      end;

    end;

例如,原题例子给出矩阵如下:

5 5

0. 2 0. 3 0. 2 0. 3 0. 2

0. 2 0. 3 0. 4 0. 2 0. 2

0. 3 0. 4 0. 2 0. 2 0. 4

0. 5 0. 2 0. 2 0. 2 0. 3

0. 3 0. 3 0. 4 0. 4 0. 2

对该矩阵进行枚举可得：

line	1	2	3	4	5
difference	5. 8	3. 3	0. 5	2. 4	5. 4

difference 最小的第 3 行即为中心所在行。

源程序：

```
{SN +}
program ex11;
const error = - (1e -6);          {允许误差}
var
n, m: integer;                    {原实数矩阵的行和列}
cofl, cofc: integer;             { center of line, center_ of_ column 所求中心的行和列}
i, j, line, column: integer;
suml, sumc: array [1..100] of extended;      {记录各行（列）的实数总和}
InputFile, OutputFile: text;
FileName: String;
r, min, difference: extended;
begin
{ = = = = = = = = = = = = = 从文件读入数据 = = = = = = = = = = = = = = = = = }
write ( 'Input File Name:');
readln (FileName);
assign (InputFile, FileName);
reset (InputFile);
readln (InputFile, m, n);
filichar (suml, sizeof (suml), 0);
filichar (sumc, sizeof (sumc), 0);
for i: =1 to m do
  for j: =1 to n do
    begin
        read (InputFile, r);
        suml [i]: = suml [i] +r;
        sumc [j]: = sumc [j] +r;
    end;
close (InputFile);
```

```
{ = = = = = = = = = = = = = 确定中心的行坐标 = = = = = = = = = = = = = }
min：=1e10；
for 1ine：=1 to m do
begin
      { 求出 line 行上面元素与下面元素绝对值之差 }
      difference：=0 ；
      for j：=1 to line－1 do difference：= difference + suml［j］；
      for j：= line + 1 to m do difference：= difference － suml［j］；
      difference：= abs（difference）；
      { 判断 line 行是否为中心所在行 }
      if min > difference + error then
        begin
            min：= difference；
            cofl：= line；
        end；
end；
{ = = = = = = = = = = = = = 确定中心的列坐标 = = = = = = = = = = = = = }
min：=1e10；
for column：=1 to n do
      begin
            { 求出 column 列左边元素与右边元素绝对值之差 }
            difference：=0；
            for j：=1 to column－1 do difference：= difference + sumc［j］；
            for j：= column + 1 to n do difference：= difference － sumc［j］；
            difference：= abs（difference）；
            { 判断 column 列是否为中心所在列 }
            if min > difference + error then
              begin
                  min：= difference；
                  cofc：= column；
              end；
      end；
{ = = = = = = = = = = = = = 输出中心坐标 = = = = = = = = = = = = = }
writeln（'Center =（'，cofl，'，'，cofc，'）'）；
end.
```

方法与技巧：

枚举的思想往往是最容易想到的一种解题策略，枚举方法从本质上说，它是一种搜索算法，即对问题的所有可能解的状态集合进行一次扫描或遍历。但是它与隐式图的搜索有所不同，因为适用于枚举法求解的问题必须满足两个条件：

（1）可预先确定解的个数 n；

（2）解变量 A_1，A_2，$\cdots$，A_n 的值的可能变化范围预先确定。

因此，在问题的可能解的规模（个数）不是特别大，且解变量的值的变化具有一定的规律性时，枚举法也就常常被选做问题的求解方法，在具体的程序实现过程中，可以通过循环和条件判断语句来完成。

例题二 二进制数的分类。

若将一个正整数化为二进制数，在此二进制数中，我们将数字 1 的个数多于数字 0 的个数的这类二进制数称为 A 类数，否则就称其为 B 类数。

例如：

$(13)_{10} = (1101)_2$

其中 1 的个数为 3，0 的个数为 1，则称此数为 A 类数；

$(10)_{10} = (1010)_2$

其中 1 的个数为 2，0 的个数也为 2，称此数为 B 类数；

$(24)_{10} = (11000)_2$

其中 1 的个数为 2，0 的个数为 3，则称此数为 B 类数；

程序要求：求出 1～1000 之中（包括 1 与 1000），全部 A、B 两类数的个数。

解析：此题是一道统计类题目。解决统计问题的一个常用方法是枚举法：逐一枚举所有情况，同时进行统计，枚举结束时，统计也完成，得到结果。

具体对本题而言，采用枚举法的正确性与可行性是显然的，而本题的数据规模又仅为 1～1000，所以采用逐一枚举方法进行统计的时间复杂度是完全可以接受的。

源程序：

程序分析：

```
program ex12;
const n = 1000;                    {数据规模：n = 1000}
type settype = set of 0..15;
var i,                             {枚举变量}
    a,                             {记录 A 类数个数}
    b: word;                       {记录 B 类数个数}
    s: settype absolute i;         {集合对应变量 i，便于统计 i 中 1 的个数}
function judgea: boolean;          {判断 i 是否为 A 类数}
    var i, j,                      {循环变量}
        t: word;                   {记录 1 的个数}
    begin
        j: = 16;
        repeat dec (j) until j in s; {判断 i 的二进制长度}
        t: = 0;
        for i: = j downto 0 do
        if i in s then inc (t);     {记录 i 中 1 的个数}
        if t > (j + 1) div 2         {判断 1 的个数是否较多}
```

```
                then judgea：= true
                else judgea：= false
        end；
｛＝＝＝＝＝＝＝＝＝＝＝＝＝＝主程序（枚举）＝＝＝＝＝＝＝＝＝＝＝＝＝＝｝
begin
        a：=0；b：=0；              ｛初始化｝
        for i：=1 to n do          ｛通过循环枚举 i｝
            if judgea              ｛判断语句：判断 i 是否为 A 类数｝
                then inc（a）
                else inc（b）；
        writeln（a，' '，b）        ｛输出｝
end.
```

方法与技巧：

枚举法的特点是算法十分简单，但它又是一种比较笨拙、原始的方法，枚举量大是其最大的缺陷。显然，本题中如果给定的范围很大，那枚举的效率将十分低下（提示：本题中当数据规模大幅度增大时，可以考虑归纳法）。不过，对于枚举法不要过于悲观，很多情况从全局观点使用枚举法，计算量容易过大。但是，如果能够排除那些明显不属于解集的元素，在局部地方使用枚举法，其效果会十分显著。

找数字。

例题三

设有下列的算式：

```
              2 0 8
    □□）□□□□
         □□
         —————
         □□□
         □□□
         —————
              1
```

程序要求：求出□中的数字，并打印出完整的算式来。

解析：阅读完题目，找不到很好的方法，于是我们考虑枚举法。粗略看来，本题中，待填数字的空格共有 14 个，每个格子中都可填 0..9 这 10 个数字。固然，我们可以考虑对这 14 个格子都进行 0..9 十个数字逐一枚举，直到找到答案。从理论上来说，这种方法完全正确。但是，这种朴素的枚举算法时间复杂度高达 $O(10^n)$，全部 14 个格子的枚举量也就是 10^{14}，如此高的算法时间复杂度是不可能在指定的时间内得出结果的。那是否本题不能采用枚举而得另想他法呢？

其实不然，很多情况下用枚举法解题的关键就在于"减少枚举量，提高枚举效率"，即：找出适当的元素进行枚举，从而得到我们需要的解。

由数学知识知道，除法由四部分构成的：被除数、除数、商和余数，在已知任意三部分的情况下都可以求得第四部分。本题的算式中已经给出了商和余数，那么只要知道被除数或除数，整个算式也就确定下来了。而被除数和除数，根据题目给出的条件，分别是 4 位数和 2 位数。显然，我们只需枚举除数（除数比被除数少两位，枚举量较小），逐一判断是否满足题目要求即可。这样，枚举量降为 $10^2 = 100$，这个时间复杂度是完全可以承受的。

程序分析：

```
program ex13;
var x, y: integer;                    {除数 & 被除数}
function right: boolean;              {判断除数 x 是否满足要求}
    begin
        if (y > 999) and (y < 10000)
            then right: = true
            else right: = false
    end;
procedure print;          {输出}
    begin
    writeln ('208');
    writeln ('——————');
    writeln (x, ')', y);
    writeln ('       ', 2 * x);
    writeln ('——————');
    writeln ('       ', y – 200 * x);
    writeln ('       ', 8 * x);
    writeln ('——————');
    writeln ('1')
    end;
{ = = = = = = = = = = = = = = = main = = = = = = = = = = = = = = = = = = }
begin
    for x: = 10 to 99 do                {枚举除数 x}
        begin
            y: = 208 * x + 1;            {根据除数 x 计算得被除数 y}
            if y > 9999 then break;      {如果 y 超过 4 位数，则退出}
            if right then print          {如果除数 x 满足要求，则输出}
        end;
end.
```

方法与技巧：

上例是非常简单的一个问题，但是充分体现了如何减少问题的枚举总量的思想。应尽可能排除那些明显冗余或不可能属于问题解的状态，在复杂问题的处理方法上这一思想同样适用，但同时也应该注意，在寻求减少枚举量的同时，必须保证不至于遗漏问题的解的可能状态（遗漏问题的解的可能状态有可能导致问题的漏解）。

【解题尝试】

第一题 破碎的项链（Broken Necklace）。

你有一条由 N 个红色的、白色的或蓝色的珠子组成的项链（$3 \leqslant N \leqslant 350$），珠子是随意安排的。这里是 $n = 29$ 的两个例子，如图 3 - 1 所示。

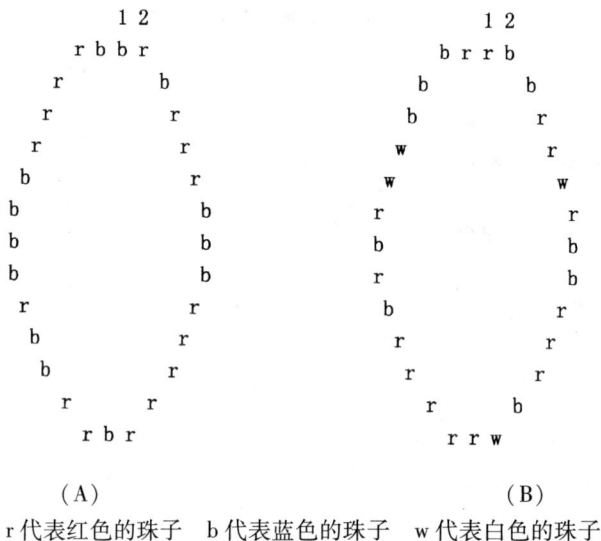

```
              1 2                              1 2
            r b b r                          b r r b
         r          b                     b          b
        r            r                   b            r
       r              r                 r              r
       b              r                 w              w
       b              b                 r              r
       b              b                 r              r
       r              r                 b              r
        r            r                   r            r
         b          r                     r          r
          b        r                       r        r
           r      r                         r      b
            r b r                            r r w
```

(A)	(B)

r 代表红色的珠子　b 代表蓝色的珠子　w 代表白色的珠子

图 3 - 1　项链

说明：

第一和第二个珠子在图中已经被做记号。

图 3 - 1（A）中的项链可以用下面的字符串表示：

brbrrrbbbrrrrrbrrbbrbbbbrrrrb

假如你要在一些点打破项链，展开成一条直线，然后从一端开始收集同颜色的珠子直到你遇到一个不同的颜色珠子，在另一端做同样的事（颜色可能与在这之前收集的不同）。确定应该在哪里打破项链来收集到最大多数的数目的珠子。

例：图 3 - 1（A）中的项链，可以收集到 8 个珠子，在珠子 9 和珠子 10 或珠子 24 和珠子 25 之间打断项链。

注意：如果项链中包括有白色的珠子（如图 3 - 1（B）），当收集珠子的时候，遇到的白色珠子可以被当做红色也可以被当做蓝色。表示项链的字符串将会包括三种符号 r、b 和 w。

请你写一个程序来确定从一条给定的项链最大可以被收集珠子数目。

输入：

两行

第 1 行：N，为珠子的数目

第 2 行：一串度为 N 的字符串，每个字符是 r、b 或 w。

输出：

给定的项链可以被收集的珠子数目的最大值。

输入样例：

29

wwwbbrwrbrbrrbrbrwrwwwrbwrwrrb

输出样例：

11

第二题　等差数列（Arithmetic Progressions）。

一个等差数列是一个能表示成 a，$a+b$，$a+2b$，…，$a+nb$（$n=0$，1，2，3，…）的数列。在本题中 a 是一个非负整数，b 是正整数。请你写一个程序来找出在双平方数集合 S 中长度为 n 的等差数列。

注：双平方数集合是所有能表示成 p^2+q^2 的数的集合。

输入：

第一行：N（$3 \leqslant N \leqslant 25$），要找的等差数列的长度。

第二行：M（$1 \leqslant M \leqslant 250$），双平方数的上界（$0 \leqslant p$，$q \leqslant M$）。

输出：

如果没有找到数列，输出"NONE"。

如果找到了，输出所有数列，每行为一种，由两个整数组成：a，b。

这些行的输出先按 b 排序再按 a 排序（不会有多于 10 000 个等差数列的可能）。

输入样例：

5

7

输出样例：

1 4

37 4

2 8

29 8

1 12

5 12

13 12

17 12

5 20

2 24

第三题　环行公路。

设在一环行公路上有 N 个汽车站，每一站存有若干数量的汽油（其中有的站可能不存）。现在使一辆原来没有油的汽车从某站依反时针方向沿公路行驶，车站编号为反时针，每到一站即把该站的汽油全部带上（出发的站也如此）。

试求：从哪几站出发可以使汽车从该站出发环行一周，不致在中途因缺油而停车。

输入：

输入文件第一行有一个 N（站点数 $N < 1000$），第二行有 N 个数字 $m_1 m_2 \cdots m_n$，数字间用空格作分隔符（m_i 描述第 I 站的存油数，$m_i \leqslant 100$），第三行有 N 个数字 $w_1 w_2 \cdots w_n$，数字间用空格作分

隔符（w_i 描述第 i 站至第 $i+1$ 站汽车耗油量，w_n 描述第 n 站至第 $n+1$ 站的耗油量，$w_i \leqslant 100$）。

输出：

在一行中按站点编号由小到大输出可出发站点编号。若不存在可出发站点，则输出"NO RE-SULT"。

输入输出示例：

INPUT2. TXT   OUTPUT2. TXT

5   3

2 3 4 5

3 2 1 5 4

3.2　归纳策略

【学习目标】

　　枚举算法具有结构简单的优点，但有两个主要缺点：一是对于某些实际问题，枚举法的效率太低，特别是当枚举量大到不能容忍且无法减少时，枚举法就不适用了；二是在很多实际问题中，枚举量为无限，此时的枚举算法是无效的。因此，枚举法只适用于枚举量为有限且不太大的情况。

　　归纳法的基本思想是通过列举少量的特殊情况，经过分行，最后找出一般的关系。显然，归纳法要比枚举法更能反映问题的本质。但是，要从一个实际问题中总结归纳出一般的关系，并不是一件容易的事情，尤其是要归纳出一个数学模型就更为困难，而且，归纳过程通常也没有一定的规则可供遵循。从本质上讲，归纳就是通过观察一些简单而特殊的情况，最后总结出有用的结论或解决问题的有效途径。通常归纳的过程分为以下四个步骤：

　　（1）细心的观察；

　　（2）丰富的联想；

　　（3）继续尝试；

　　（4）总结归纳出结论。

　　归纳是一种抽象，即从特殊现象中找出一般关系。由于在归纳的过程中不可能对所有的可能情况进行枚举，因而最后得到的结论还只是一种猜测（即归纳假设），所以，严格说来对于归纳假设还必须加以严格的证明。

【解题钥匙】

　　例题一　求前 n 个自然数的平方之和：$S = 1^2 + 2^2 + 3^2 + \cdots + n^2$。

　　解析：这本是一道很简单的题目，但如果能找出 S 值与 n 的关系，则此题将进一步得到简化，下面不妨试一试。

　　首先，列举 S 的一些值：

$$S_1 = 1^2 = 1$$

$$S_2 = 1^2 + 2^2 = 5$$

$$S_3 = 1^2 + 2^2 + 3^2 = 14$$

$$S_4 = 1^2 + 2^2 + 3^2 + 4^2 = 30$$

$S_5 = 1^2 + 2^2 + 3^2 + 4^2 + 5^2 = 55$

$S_6 = 1^2 + 2^2 + 3^2 + 4^2 + 5^2 + 6^2 = 91$

由上述几个值还不能明显地看出 S_n 与 n 之间的关系，G. Polya 曾经提出如下表所示的归纳公式。

n	1	2	3	4	5	6	…
$1 + 2 + 3 + \cdots + n$	1	3	6	10	15	21	…
$1^2 + 2^2 + 3^2 + \cdots + n^2$	1	5	14	30	55	91	…
$\dfrac{1 + 2 + 3 + \cdots + n}{1^2 + 2^2 + 3^2 + \cdots + n^2}$	$\dfrac{3}{3}$	$\dfrac{5}{3}$	$\dfrac{7}{3}$	$\dfrac{9}{3}$	$\dfrac{11}{3}$	$\dfrac{13}{3}$	……

由表中很容易看出其中的规律性，由此可以做出如下猜测：

$(1 + 2 + 3 + \cdots + n) / (1^2 + 2^2 + 3^2 + \cdots + n^2) = (2n+1) / 3$

又由于 $1 + 2 + 3 + \cdots + n = n(n+1)/2$，因此得到：

$1^2 + 2^2 + 3^2 + \cdots + n^2 = n(n+1)(2n+1)/6$

但这只是通过总结归纳而得到的一种猜测，是否正确还需证明，对归纳假设的证明通常采用数学归纳法。

本题的猜测即可用数学归纳法证明其正确性（证略）。

方法与技巧：

上述例题的求解方法正是归纳策略的一般步骤：从简单情况入手，寻找规律、提出猜想和验证猜想。同时，运用归纳的策略求解问题应注意下面两点情况：

（1）从问题的简单具体状态分析入手，目的是去寻求可以推广的一般性规律，因此应考虑简单状态与一般性状态之间的联系。

（2）从简单状态中分析出来的规律特征应能够被验证是正确的，不能想当然或任意地提出猜想，否则归纳出来的结论是错误的，必然导致整个问题的解是错解。

例题二　若干个正整数之和为 n，其中 $n < 2000$，试求它们乘积的最大值以及该最大值的位数 k。

解析：根据数学规律可知，若要使和固定的数的乘积最大，必须使这些数尽可能地多为 3，于是可推得以下规律：

当 $N \bmod 3 = 1$ 时，N 可分解为一个 4 和若干个 3 的和；

当 $N \bmod 3 = 2$ 时，N 可分解为一个 2 和若干个 3 的和；

当 $N \bmod 3 = 0$ 时，N 直接分解为若干个 3 的和。

按照这一分解方法，所有因数的乘积必定最大。

注意：因 N 的最大值可达 2000，乘积将超过长整型数据范围，所以需用高精度运算。

源程序：

```
program ex22;
const inputname = 'input1. txt';
type arr = array [0..1000] of integer;
var n : integer;
```

```pascal
  a：arr；
procedure init；
begin
  clrscr；
  assign（input，inputname）；
  reset（input）；
  readln（input，n）；
  close（input）；a[0]：=1；a[1]：=1；          {第一个乘数为1}
end；
procedure chen（var a：arr；b：integer）；              {高精度数A乘以低精度数B的过程}
var x，i：integer；
begin
  x：=0；
  for i：=1 to a[0] do begin
    x：=a[i]*b+x；
    a[i]：=x mod 10；
    x：=x div 10；
  end；
  while x>0 do begin
    inc（a[0]）；a[a[0]]：=x mod 10；x：=x div 10；
  end；
end；
procedure main；        {按N MOD 3的不同余数分情况解题}
var
  i：integer；
begin
  if n=1 then exit                {N=1时，无需计算}
    else if n mod 3=0
        then for i：=1 to n div 3 do chen（a，3）
        else if n mod 3=1
            then begin
                for i：=1 to（n-4）div 3 do chen（a，3）；
                chen（a，2）；chen（a，2）；
              end
          else begin
                for i：=1 to（n-2）div 3 do chen（a，3）；
                chen（a，2）；
              end；
end；
```

```
procedure out; ｛输出过程｝
var i : integer; begin   writeln ('k=', a [0]);
   for i：= a [0] downto 1 do write (a [i]);
   writeln;
end;
｛＝＝＝＝＝＝＝＝＝＝＝＝＝｛主程序｝＝＝＝＝＝＝＝＝＝＝＝＝＝＝＝｝
begin
   init;
   main;
   out;
end.
```

方法与技巧：

有时候，刚拿到一个问题之后，可能感觉到有些无从下手，这时就可以先人工地研究或推算问题的一些简单的具体状态，从中寻求问题的一些可以推广的规律特征，进而提出解决问题的一般性状态的规律或猜想，验证这一规律或猜想的正确性而得到问题的解决办法。

就本题而言，我们就了解到：实际解答过程中，一开始就想到数学规律的同学很少，基本是在左思右想，不得其解时，才开始尝试从小 n 值推算，得到基本规律后再进行验证从而得到此问题的解决方法。

例题三 极值问题（最高时限 15s）。

已知 m、n 为整数，且满足下列两个条件：

① m、$n \in 1, 2, \cdots, k$（$1 \leqslant k \leqslant 10^9$）；

② $(n^2 - mn - m^2)^2 = 1$。

编一程序，由键盘输入 k，求一组满足上述两个条件的 m、n，并且使 $m^2 + n^2$ 的值最大。例如，若 $k = 1995$，则 $m = 987$，$n = 1597$，则 m、n 满足条件，且可使 $m^2 + n^2$ 的值最大。

输入：

k

输出：

输出有两行：

第一行为 m 的值；

第二行为 n 的值。

解析：这是一道典型的数学题，如果读者仅从初等数学的角度考虑，通常会得出这样一种算法：

由条件②$(n^2 - mn - m^2)^2 = 1$ 得出：

$n^2 - mn - m^2 + 1 = 0$

$n^2 - mn - m^2 - 1 = 0$

根据求根公式：$n_{1,2} = (m + \Delta_{1,2})/2$，$n_{3,4} = (m - \Delta_{1,2})/2$，

其中：$\Delta_1 = \text{sqrt}(5 * m^2 + 4)$，$\Delta_2 = \text{sqrt}(5 * m^2 - 4)$。

下面再来考虑条件①。由于 $n > 1$，因此排除了 n_3 和 n_4 存在的可能性，即

$n = n_1 = (m + \Delta_1)/2$ 或者 $n = n_2 = (m + \Delta_2)/2$

又由于 n 和 m 是整数，因此 Δ_1 和 Δ_2 应为整数。同样，$(m+\Delta_1)/2$ 和 $(m+\Delta_2)/2$ 也应为整数。

有了上述条件限制和 m 与 n 的函数关系式，使得求 m^2+n^2 值最大的一组 m 和 n 就比较方便了。由于 m^2+n^2 单调递增，因此我们从 $m=k$ 出发，按递减方向将 m 值代入 n 的求根公式。

只要 Δ_1（或 Δ_2）为整数，n_1（或 n_2）为整数且小于 k，则得出的一组 m 和 n 一定使 m^2+n^2 的值最大。

算法描述如下：

```
m←k;
while m≥i do
    begin
            求 Δ₁
            if Δ₁ 为整数
                then begin
                        求 n1;
                        if (n1 为整数) and (n1≤k)
                            then begin 输出 m 和 n1; halt; end
                    end; {then}
            求 Δ₂;
            if Δ₂ 为整数
                then begin
                        求 n2;
                        if (n2 为整数) and (n2≤k)
                        then begin 输出 m 和 n2; halt; end
                    end; {then}
            m←m-1;
        end; {while}
```

上述算法从数学意义上来说，是一定可以得出正确解的。但是该算法疏漏了一个重要条件：$1\le k\le 10^9$！一般说，如果 k 值超过 10^5，上述算法不可能在限定的 15 秒内出解。

如何才能找出更高效的算法？我们不妨先来看一看当 k 值较小时，关于方程 m，n 的解：

k	2	3	5	8	13	21	34
m	2	3	5	8	13	21	34
n	1	2	3	5	8	13	21

很显然，这是我们很熟悉的 Fibomacci 数列。但是，当 k 值进一步增大时，这个规律是否仍然成立呢？试着推导证明：

因为：$(n^2-mn-m^2)^2=1$

故：$(m^2+mn-n^2)^2=1$

又：$m^2 + mn - n^2 = (m+n)^2 - mn - 2n^2 = (m+n)^2 - (m+n)n - n^2$

故：$(m^2 + mn - n^2)^2 = [(m+n)^2 - (m+n)n - n^2]^2$

即：$(n^2 - mn - m^2)^2 = [(m+n)^2 - (m+n)n - n^2]^2$

由上述数学变换式可以得出，如果 m 和 n 为一组满足条件①和条件②的解，设 $n' = m+n$，$m' = n$，那么 n'，m' 也是一组满足条件①和条件②的一组解。

另外 $m = 1$，$n = 1$ 满足条件①和条件②，因此，我们可以将所有满足条件①和条件②的 m 和 n 按递增顺序排成一个 Fibomacci 数列：$\{1, 1, 2, 3, 5, 8, \cdots\}$

数列中小于 k 的最大两个相邻数即为试题所要求的一组 m 和 n。

至此，我们得到一种较先前更优的算法：

利用 Fibomacci 数列顺推 m，n，求出在条件范围内的 m，n 最大值，此时 $m^2 + n^2$ 的值最大。

源程序：

```
program ex23;
var
k, m, n, t : Longint;
begin
    Write ( 'k = ' );  {输入 k}
    Readln ( k );
    If ( k < 1 ) or ( k > 1000000000 ) then halt;  {如果 k 值超过范围则终止}
    m : = 1; n : = 1;              {确定 Fibomacci 数列的头两项数}
    Repeat                         {顺推数列中小于 k 的最大两个相邻数}
        t : = m + n;
        if t < = k
            then begin
                    m : = n;
                    n : = t
                 end  { then }
    until t > k;
    writeln ( m );         {这两个相邻数作为试题所要求的一组 m 和 n 输出}
    writeln ( n );
end.  {main}
```

方法与技巧：

在具体的程序设计中，如果能够运用归纳策略寻找出问题的一般规律，比起普通的搜索求解问题，往往能够大大地提高算法的时间效率，因此归纳法经常作为高效解决问题的一个重要思考策略。

最后必须指出：不是每个通过精心观察而提出的归纳假设都能得到严谨的证明，或者最后证明提出的归纳假设是错误的情况也是常有的。

【解题尝试】

第一题　二进制数的分类（请尝试用归纳法解决）。

若将一个正整数化为二进制数，在此二进制数中，我们将数字 1 的个数多于数字 0 的个数的这类二进制数称为 A 类数，否则就称其为 B 类数。

例如：

(13)　(10)$_{10}$ = (1101)$_2$

其中 1 的个数为 3，0 的个数为 1，则称此数为 A 类数；

(10)$_{10}$ = (1010)$_2$

其中 1 的个数为 2，0 的个数也为 2，称此数为 B 类数；

(24)$_{10}$ = (11000)$_2$

其中 1 的个数为 2，0 的个数为 3，则称此数为 B 类数；

程序要求：求出 1～1000 之中（包括 1 与 1000），全部 A、B 两类数的个数。

第二题　"王"棋子遍历问题。

给定一个 $n \times n$ 格（$2 \leq n \leq 20$）的棋盘，将这个棋盘中的方格按下图所示方式进行编号，一只"王"棋子放在该棋盘中的一个任意编号位置上，现规定"王"棋子只能往其上、下、左、右相邻方格移动且每次均只能移动一步，现要求编制一个程序，让"王"棋子走 $\Sigma^n - 1$ 步，就能走遍棋盘上的每一个方格（如果这种走法存在），要求每个方格均只能被访问一次，从棋子的起始位置编号开始，输出一种走法步骤的编号序列。当 $n = 4$ 时编号情况如下：

10	9	8	7
11	16	15	6
12	13	14	5
1	2	3	4

输入：

N M（N 表示棋盘规格，M 表示"王"棋子起始位置编号）。

输出：

输出一条走法路径，或输出无解信息。

第三题　棋盘游戏（Shuttle Puzzle）。

大小为 3 的棋盘游戏里有 3 个白色棋子，3 个黑色棋子，和一个有 7 个格子一线排开的木盒子。3 个白棋子被放在一头，3 个黑棋子被放在另一头，中间的格子空着。

初始状态：WWW_ BBB

目标状态：BBB_ WWW

在这个游戏里有两种移动方法是允许的：

（1）你可以把一个棋子移到与它相邻的空格；

（2）你可以把一个棋子跳过一个（仅一个）与它不同色的棋子到达空格。

以下是 3 - 棋盘游戏的解，包括初始状态、中间状态和目标状态：

WWW BBB

WW WBBB

WWBW BB

```
WWBWB B
WWB BWB
W BWBWB
WBWBWB
BW WBWB
BWBW WB
BWBWBW
BWBWB W
BWB BWW
B BWBWW
BB WBWW
BBBW WW
BBB WWW
```

一般化：大小为 N 的棋盘游戏包括 N 个白棋子，N 个黑棋子，还有 $2N+1$ 个格子的木盒子。N 个白棋子被放在一头，N 个黑棋子被放在另一头，中间的格子空着。

请编一个程序解大小为 N 的棋盘游戏（$1 \leqslant N \leqslant 12$）。要求用最少的移动步数实现。

输入：

一个整数 N。

输出：

用空格在棋盘的位置（位置从左到右依次为 $1, 2, \cdots, 2^N+1$）表示棋盘的状态。输出棋盘的状态变换序列，每行 20 个数（除了最后一行）。

输出的解还应当有最小的字典顺序（即如果有多组移动步数最小的解，输出第一个数最小的解；如果还有多组，输出第二个数最小的解……）。

输入样例：

3

输出样例：

3 5 6 4 2 1 3 5 7 6 4 2 3 5 4

3.3 分治策略

【学习目标】

当我们要求解一个输入规模为 n 且它的取值又相当大的问题时，直接求解往往是非常困难的，有些问题的解甚至根本没法直接求出。正确的方法是，每当遇到这类问题时，首先应仔细分析问题本身所具有的特性，然后根据这些特性选择适当的设计策略来设计求解。如果在将这 n 个输入分成 k 个不同子集合的情况下，能得到 k 个不同的可分别求解的子问题，其中 $1 < k \leqslant n$，而且在求出了这些子问题的解之后，还可找到适当的方法把它们合并成整个问题的解，那么，具备上述特性的问题可考虑使用分治策略设计求解。这种设计求解的思想就是将整个问题分成若干个小问题后分而治之，如图 3 – 2 所示。

分治（divide – and – conquer）就是"分而治之"的意思，它是算法设计中用得很多的有效方

法。其实质就是将原问题分成 n 个规模较小而结构与原问题相似的子问题，然后递归地解这些子问题，最后合并其结果就得到原问题的解。其三个步骤如下：

分解（Divide）：将原问题分成一系列子问题。

解决（Conquer）：递归地解各子问题。若子问题足够小，则可直接求解。

合并（Combine）：将子问题的结果合并成原问题的解。

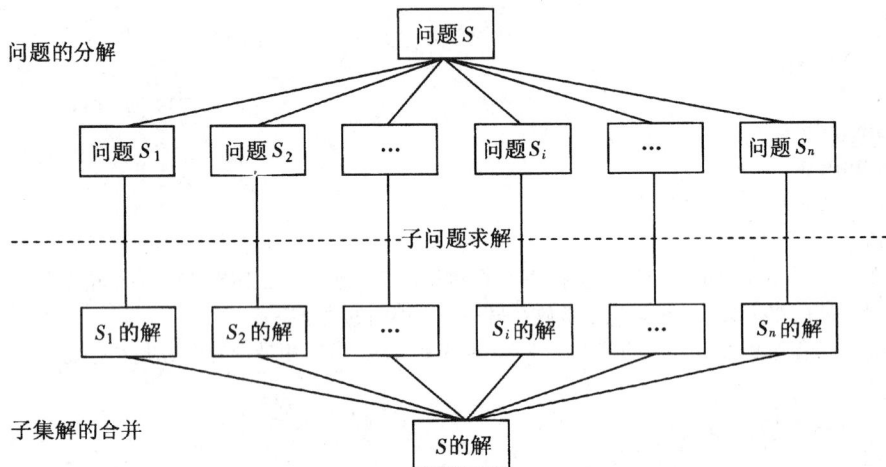

图 3 - 2　分治法算法设计过程图

通常，由分治法所得到的子问题与原问题具有相同的类型。如果得到的子问题相对来说还太大，则可反复使用分治策略将这些子问题分成更小的同类型子问题，直至产生出不用进一步细分就可求解的子问题。由此可知，分治求解很自然地可用一个递归过程来表示。

要使分治算法效率高，关键在于如何分割。一般地，出于一种平衡原则，总是把大问题分成 k 个规模尽可能相等的子问题（一般 $k=2$，因为 k 增大，就要增加分析子问题和合成子问题结果的复杂度），但也有例外，如求表的最大最小元问题的算法，当 $n=6$ 时，等分定量成两个规模为 3 的子表 L_1 和 L_2，则不是最佳分割。

【解题钥匙】

例题一　一元三次方程求解。

问题描述：有形如 $ax^3+bx^2+cx+d=0$ 这样的一个一元三次方程。给出该方程中各项的系数（a，b，c，d 均为实数），并约定该方程存在三个不同实根（根的范围在 $-100 \sim 100$），且根与根之差的绝对值大于或等于 1。要求由小到大依次在同一行输出这三个实根（根与根之间留有空格），并精确到小数点后 4 位。

提示：记方程 $f(x)=0$，若存在 2 个数 x_1 和 x_2，且 $x_1 < x_2$，$f(x_1) * f(x_2) < 0$，则在 $(x_1，x_2)$ 之间一定有一个实根。

样例：

输入：

　　1　　−5　　−4　　20

输出：

　　−2.00　2.00　5.00

解析：本题取自 NOIP2001，但将原题"精确到小数点后 2 位"改成了"精确到小数点后 4 位"。此改动对题的处理有显著影响：

原题最简单的方法是数值枚举法：将 x 从 −100.00 到 100.00（步长 0.01）逐一枚举，得到 20000 个 $f(x)$，取其值与 0 最接近的三个 $f(x)$，对应的 x 即为答案。此方法结构简单，编程实现容易，但算法效率较低，当精度要求很高时（如改后的精度为小数点后 4 位），其算法时间复杂度将达不到要求。

求一般的三次方程根的问题，只能直接使用求根公式，但极为复杂，加上本题的提示给我们以启迪：仍然考虑用数值方法，但采用二分法逐渐缩小根可能存在的范围，从而得到根的某精度的数值。

具体方法如下：

（1）当已知区间 (a, b) 内存在一个方程的根时，用二分法求方程的根：

利用题目所给的：若在区间 (a, b) 内存在一个方程的根，则必有 $f(a) \cdot f(b) < 0$。重复执行如下的过程：

取当前可能存在解的区间 (a, b)；

若 $a + 0.0001 > b$ 或 $f\left(\dfrac{a+b}{2}\right) = 0$，则可确定根为 $\dfrac{a+b}{2}$ 并退出过程；

若 $f(a) \cdot f\left(\dfrac{a+b}{2}\right) < 0$，则由题目给出的定理可知根在区间 $\left(a, \dfrac{a+b}{2}\right)$ 中，故对区间 $\left(a, \dfrac{a+b}{2}\right)$ 重复该过程；

若 $f(a) \cdot f\left(\dfrac{a+b}{2}\right) > 0$，则必然有 $f\left(\dfrac{a+b}{2}\right) \cdot f(b) < 0$，也就是说根在 $\left(\dfrac{a+b}{2}, b\right)$ 中，应该对此区间重复该过程。

执行完毕，就可以得到精确到 0.0001 的根。

（2）求方程的所有三个实根。

由于题目规定：所有的根的范围都在 −100 ~ 100，且根与根之差的绝对值大于或等于 1，因此可知：在 $[-100, -99]$，$[-99, -98]$，…，$[99, 100]$，$[100, 100]$ 这 201 个区间内，每个区间内至多只能有一个根，即：除区间 $[100, 100]$ 外，其余区间 $[a, a+1]$，只有当 $f(a) = 0$ 或 $f(a) \cdot f(a+1) < 0$ 时，方程在此区间内才有解。若 $f(a) = 0$，解即为 a；若 $f(a) \cdot f(a+1) < 0$，则可以利用 A 中所述的二分法迅速地找出解。如此可求出方程所有的解。

源程序：

```
program ex31;
var
    a, b, c, d, x, p, q: real;
    anx: array [1..3] of real;
    i, t: integer;
function f ( x: real ): real;                    {计算函数 f ( x ) 的值}
```

```
    begin
        f: = ( (a * x + b) * x + c) * x + d;
    end;
function findx (i: real): real;                    {用分治法在已知有根的区间内找出根的值}
    begin
        p: = i;
        q: = p + 0.999999;
        if abs (f (p)) < = 0.00001
            then findx: = p
            else begin
                    while (p + 0.00001 < q) and (f ( (p + q) /2) < > 0) do
                        if f (p) * f ( (p + q) /2) < 0
                            then q: = (p + q) /2
                            else p: = (p + q) /2;
                        findx: = (p + q) /2;
                end;
    end;
{ = = = = = = = = = = = = = = = main = = = = = = = = = = = = = = = = = = = = = = }
begin
        read (a, b, c, d);
        t: = 0;
        for i: = - 100 to 100 do              {在区间 [ -100, 100] 里寻找有根区间}
            begin
                if ( abs ( f (i) ) < 0.000001 ) or ( f (i) * f (i + 0.999999) < = 0 ) then
                    begin
                        inc (t);
                        anx [t]: = findx (i);
                    end;
            end;
    for t: = 1 to 3 do
    write (anx [t]: 0: 4, ' ');
    writeln;
end.
```

方法与技巧：

此题中，在已知有根的区间内用分治法找出根的值，实际就是进行二分查找。二分查找是分治法的经典应用，其分解和合并过程都比较简单明了。但是在更多的分治法应用中，最难之处是如何分和如何合（治）。下面一题用分治法解答过程中，如何分是顺利解决该题的关键。

例题二　旅行家的预算。

一个旅行家想驾驶汽车以最少的费用从一个城市到另一个城市（假设出发时油箱是空的）。给

定两个城市之间的距离 D_1、汽车油箱的容量 C（以升为单位），每升汽油能行驶的距离 D_2，出发点每升汽油价格 P 和沿途油站数 N（N 可以为零），油站 i 离出发点的距离 D_i，每升汽油价格 P_i（$i=1$，2，$\cdots$，N）。

计算结果四舍五入至小数点后两位。

如果无法到达目的地，则输出"No solution"。

样例：

INPUT（ D_1 C D_2 P N）

275.6 11.9 27.4 2.8 2

油站号 i	离出发点的距离 D_i	每升汽油价格 P_i
1	102.0	2.9
2	220.0	2.2

OUTPUT

26.95（该数据表示最小费用）

解析：首先找到（从后向前）油价最低的加油站，显然车至该站油箱应为空，这样就可将起点至该站与该站至终点作为独立的两段来考虑，分别求其最小费用，二者之和即为总费用。这样一直分下去，若某段只有起点与终点两个加油站时无需再分，如某一段油价最低的加油站即为起点，则如能一次加油即到达该段终点则最好，若不能，则加满油再考虑油箱有油情况下的二分法，考虑起点之外所有的加油站中从后往前油价最低的加油站，若该加油站位于起点加满油后不能到达之处，则到达该站时油箱应该为空，以该站为界将全程分为两个独立段考虑，前半段为有油情况，后半段为无油情况。第二种情况，若该加油站处于起点加满油后能到达之处，则将该段总路程缩短为该加油站至终点的情况，该加油站在该段路程中最便宜，若从该加油站加满油仍不能到达终点，则继续分治即可，程序被设计成一个递归函数 money，形式参数 start 表示起点站，形式参数 stop 表示终点站，形式参数 rest 表示到达加油站 start 时汽车油箱余下的油的容量，money 函数最终计算出从加油站 start 到 stop 区间内的最小费用。

源程序：

```
program ex32;
const max = 1000;
var
  i, n: longint;
  c, d2: real;
  p, d, consume: array [0..max] of real;
function minp（b, e: longint）: longint; {在b站到e站之间从后往前找油价最低的站}
var
  i, k: longint;
  tempminp: real;
begin
```

```
        tempminp: = p [e];
        k: = e;
        for i: = e - 1 downto b do
            if p [i] < tempminp
                then begin tempminp: = p [i]; k: = i end;
        minp: = k
end;
function money (start, stop: longint; rest: real): real;
var
    k: longint;
begin
    if stop - start = 1
    then money: = ( (d [stop] - d [star1]) /d2 - rest) * p [start]
    else begin
            k: = minp (start, stop - 1);
            if k < > start {油价最低的加油站不是起点站}
                then money: = money (start, k, rest) + money (k, stop, 0)
                else if d [stop] - d [start] < = d2 * c {在起点加满油能直接到达该段终点}
                    then money: = ( (d [stop] - d [start]) /d2 - rest) * p [start]
                    else begin
                            k: = minp (start + 1, stop - 1);
                            if d [k] - d [start] < = d2 * c
                                then {在起点加满油能到达加油站 k}
money: = (c - rest) * p [start] + money (k, stop, c - (d [k] - d [start]) /d2)
                                else
money : = money (start, k, rest) + money (k, stop, O)
                        end
                end
end;
{ = = = = = = = = = = = = = = = = {主程序} = = = = = = = = = = = = = = = = = }
begin
    write ('Input DI, C, D2, P:');
    readln (d [0], c, , t2, p [0]);
    write ('input N: ');
    readln (n);
    d [n + 1]: = d [0]
    for i: = 1 to n do
        begin
            write ('Input D [', i, '],', 'P [', i, ']: ');
```

```
            readln (d [i], p [i]);
        end;
    d [0]: =0;
    for i: = n downto 0 do consume [i]: = (d [i+1] - d [i]) /d2;
    for i: = 0 to n do
        if consume [i] > c
            then begin writeln ('No Solution'); halt end;
    writeln (money (o, n+1, 0): 0: 2);{起点站编号为0，终点站编号为n+1}
end.
```

例题三 最大子段和。

问题描述：给定 n 个整数（可能为负整数）a_1，a_2，$\cdots$，a_n，求形如 $\sum_{k=i}^{j} a_k$ $(1 \leqslant i, j, k \leqslant n)$ 的子段和的最大值。当所有整数均为负整数时定义其最大子段和为0。

例如当 $(a_1, a_2, a_3, a_4, a_5, a_6) = (-2, 11, -4, 13, -5, -2)$ 时，最大子段和为 $\sum_{k=2}^{4} a_k = 20$。

解析：如果题目中的数据规模不是很大，则可以用穷举的方法，用三重循环，将 $[1..n]$ 内所有可能的子段和求出来，记录下最大值，得到本题的解答，时间复杂度为 $0(n^3)$。

事实上，仔细分析本问题的具体结构，我们可以从算法设计的策略上加以更深刻的改进，从这个问题的解的结构可以看出，它适合于用分治法进行求解。

如果将所给的序列 $a[1..n]$ 分为长度相等的两段 $a[1..\lfloor n/2 \rfloor]$ 和 $a[\lfloor n/2 \rfloor +1..n]$，分别求出这两段的最大子段和，则 $a[1..n]$ 的最大子段和有三种可能：

（1）$a[1..n]$ 的最大子段和与 $a[1..\lfloor n/2 \rfloor]$ 的最大子段和相同；

（2）$a[1..2]$ 的最大子段和与 $a[\lfloor n/2 \rfloor +1..n]$ 的最大子段和相同；

（3）$a[1..n]$ 的最大子段和 $\sum_{k=i}^{j} a_k$ 为，且 $1 \leqslant i \leqslant \lfloor n/2 \rfloor$，$\lfloor n/2 \rfloor +1 \leqslant j \leqslant n$，即最大子段和跨越了被分开的两段。

对于（1）和（2）两种情况的最大子段和可递归求得。

关键在于最大子段和跨越了被分开的两段的情况（3）。显然，由于最大子段和跨越了被分开的两段，那么 $\lfloor n/2 \rfloor$ 与 $\lfloor n/2 \rfloor +1$ 必然在最优子序列中。因此，我们可以在 $a[1..\lfloor n/2 \rfloor]$ 中求出 $s_1 = \max_{1 \leqslant i \leqslant \lfloor n/2 \rfloor} \sum_{k=i}^{\lfloor n/2 \rfloor} a[k]$，再在 $a[\lfloor n/2 \rfloor +1..n]$ 中求出 $s_2 = \max_{\lfloor n/2 \rfloor +1 \leqslant i \leqslant n} \sum_{k=\lfloor n/2 \rfloor +1}^{i} a[k]$，则 $S_1 + S_2$ 即为情况（3）时的最优值。

源程序：

```
program ex33;
var
    a: array [1..100] of integer;
    i, n, max, left, right: integer;
function MAX_ SUM (left, right: integer): integer;
    var
    right_ sum, left_ sum, maxsum: integer;{分别对应第1、2、3种情况下的最大子段和}
```

```
            center, lefts, rights, s1, s2: integer;
        begin
            if left = right
                then if a [left] >0 then MAX_ SUM: = a [left] else MAX_ SUM: = 0 {段中只有一个
整数}

            else begin
                    center: = (left + right) div 2;              {分段操作}
                    left_ sum: = MAX_ SUM (left, center);        {求出左边段的最大子段和}
                    right_ sum: = MAX_ SUM (center + 1, right);  {求出右边段的最大子段和}
                    s1: = 0;
                    lefts: = 0;
                    for i: = center downto left do               {求 S1}
                        begin
                            lefts: = lefts + a [i];
                            if lefts > s1 then s1: = lefts
                        end;
                    s2: = 0;
                    rights: = 0;
                    for i: = center + 1 to right do              {求 S2}
                        begin
                            rights: = rights + a [i];
                            if rights > s2 then s2: = rights
                        end;
                    maxsum: = s1 + s2; {得到跨越被分开的两段情况下的最大子段和}
                    if maxsum < left_ sum then maxsum: = left_ sum;
                    if maxsum < right_ sum then maxsum: = right_ sum;
                    MAX_ SUM: = maxsum;
                end;
end; {MAX_ SUM}
{ = = = = = = = = = = = = = = = = = main = = = = = = = = = = = = = = = = = = }
begin
    assign (input, 'ex33. in');
    reset (input);
    assign (output, 'ex33. out. ');
    rewrite (output);
    fillchar (a, sizeof (a), 0);
    readln (n);
    for i: = 1 to n do read (a [i]);
    max: = max_ sum (1, n);
```

```
write (max);
close (input);
close (output);
end.
```

方法与技巧：

由此可设计出求最大子段和的分治算法的时间复杂度降至了 T（n）= O（nlogn）。

提示：此题还有时间复杂度仅为 O（n）的线性时间复杂度的算法，读者可以进一步深入考虑。

【解题尝试】

第一题　循环赛问题。

问题描述：有 N 个编号为 1 到 N（其中 $N \leq 10000$）的运动员参加一项比赛，现要设计一个满足以下要求的比赛日程表：

（1）每个选手必须与其他 $n-1$ 个选手各赛一次；

（2）每个选手一天只能参赛一次；

（3）循环赛在 $n-1$ 天内结束。

请按此要求将比赛日程表设计成有 n 行和 n 列的一个表 $A[1..n, 0..n-1]$，当 $J > 0$ 时，$A[I, J]$ 表示第 I 名运动员在第 J 天所遇到的比赛对手。（$A[I, 0] = i$）

例：$N = 4$ 时，

输出：

```
1 2 3 4
2 1 4 3
3 4 1 2
4 3 2 1
```

第二题　剔除多余括号。

键盘输入一个含有括号的四则运算表达式，表达式中可能含有多余的括号，编程整理该表达式，去掉所有的多余括号，使得原表达式中所有变量和运算符相对位置保持不变，并保持与原表达式等价。

例：

输入表达式	应输出表达式
$a+(b+c)$	$a+b+c$
$(a*b)+c/d$	$a*b+c/d$
$a+b/(c-d)$	$a+b/(c-d)$

注意输入 $a+b$ 时不能输出 $b+a$。表达式以字符串输入，长度不超过 255。输入不要判错。所有变量为单个小写字母。只是要求去掉所有多余括号，不要求对表达式化简。

第三题　大整数的乘法。

问题描述：

通常，在分析一个算法的计算复杂性时，都将加法和乘法运算当作是基本运算来处理，即将执行一次加法或乘法运算所需的计算时间当作一个仅取决于计算机硬件处理速度的常数。

这个假定仅在计算机硬件能对参加运算的整数直接表示和处理时才是合理的。然而，在某些情况下，我们要处理很大的整数，它无法在计算机硬件能直接表示的范围内进行处理。若用浮点数来表示它，则只能近似地表示它的大小，计算结果中的有效数字也受到限制。若要精确地表示大整数并在计算结果中要求精确地得到所有位数上的数字，就必须用软件的方法来实现大整数的算术运算。

请设计一个有效的算法，可以进行两个 n 位大整数的乘法运算。

3.4　贪心策略

【学习目标】

贪心策略是指从问题的初始状态出发，通过若干次的贪心选择而得出最优值（或较优解）的一种解题方法，即：从问题的某一个初始状态出发，向给定的目标递推，推进的每一步都做一个当时看似最佳的贪心选择，不断地将问题实例归纳为更小的相似的子问题，并期望通过所做的局部最优选择产生出一个全局最优解。

贪心策略并不是从整体上加以考虑，它所做出的选择只是在某种意义上的局部最优解。当然，许多问题自身的特性决定了该题运用贪心策略可以得到最优解或较优解。

一般说来适用于贪心算法解决的问题应具有如下特点：

用同一规则（贪心规则），能将原问题变为一个相似的但规模更小的子问题，而后的每一步都是当前看似最佳的选择。这种选择依赖于已做出的选择，但不依赖于未做出的选择。从全局来看，运用贪心策略解决的问题在程序的运行过程中无回溯过程。

例题一　混合牛奶（Mixing Milk）。

包装牛奶是一个如此低利润的生意，所以尽可能低地控制初级产品（牛奶）的价格变得十分重要。请你来帮助包装牛奶制造商，以可能的最廉价的方式取得他们所需的牛奶。

包装牛奶制造公司从一些农民那里购买牛奶，每个农民卖给牛奶制造公司的价格不一定相同，而且，一只母牛一天只能生产一定量的牛奶，因此农民每一天只有一定量的牛奶可以卖。

每天，包装牛奶制造商从每个农民那里购买一定量的牛奶（少于或等于农民所能提供的最大值）。

给出包装牛奶制造商每日的牛奶需求，连同每个农民可提供的牛奶量和每加仑的价格，请计算应当如何从农民那里购买一定量的牛奶，才能使包装牛奶制造商所要付出的钱最少。

注意：每天农民生产的牛奶的总数对包装的牛奶制造商来说是足够的。

输入：

第 1 行：两个整数，N 和 M。

第一个数值 N（$0 \leqslant N \leqslant 2000000$）是包装牛奶制造商一天需要牛奶的数量。

第二个数值 M（$0 \leqslant M \leqslant 5000$）是能提供牛奶的农民的人数。

第 2 到 $M+1$ 行：每行两个整数，P_i 和 A_i。

P_i（$0 \leqslant P_i \leqslant 1000$）是农民 i 牛奶的价格。

A_i（$0 \leqslant A_i \leqslant 2000000$）是农民 i 一天能卖给包装牛奶制造商的牛奶数量。

输出：

一个整数，表示包装牛奶制造商拿到所需的牛奶所要付出的最小费用。

输入样例：

```
100 5
5 20
9 40
3 10
8 80
6 30
```

输出样例：

630

解析：仔细阅读本题后，不难看出本题是一道很简单的贪心题，我们要求的是最小的费用，而由于买谁的牛奶都没有限制，因此我们可采用如下贪心策略：不断向当前价格最低的农民购买牛奶，直到买到足够的牛奶为止。

具体算法实现方法：将所有的价格按照从小到大排序，然后顺序购买，即每次向当前价格最低的那个农民购买奶牛，如果该农民手上的牛奶数量不足以满足需求，则继续向下一个农民购买，以此类推，直到买到足够多的牛奶，此时得到的即为最优解。

源程序：

```
program ex41；
var
    a：array［1..5100］of integer；
    b：array［1..5100］of longint；
    c：array［1..5100］of real；
    n：longint；
    m：integer；
    i，j，l：integer；
    k：longint；
    t：longint；
begin
    assign（input，'milk. in'）；
    reset（input）；
    readln（n，m）；
    for i：=1 to m do readln（a［i］，b［i］）；
    for i：=1 to m do
        for j：=i+1 to m do
            if a［i］>a［j］then
                begin
                    t：=a［i］；
                    a［i］：=a［j］；
                    a［j］：=t；
                    t：=b［i］；
                    b［i］：=b［j］；
```

```
                    b [j]: = t;
                end;
        i: = 0;
        j: = 0;
        k: = 0;
        repeat
            i: = i + 1;
            if n > = b [i]
                then begin
                    k: = k + a [i] * b [i];
                    n: = n - b [i];
                end
            else
                    begin
                        k: = k + a [i] * n;
                        n: = 0;
                    end;
        until n = 0;
        assign (output, 'milk. out');
        rewrite (output);
        writeln (k);
        close (output);
end.
```

例题二 取数游戏。

设有 n 个正整数，将它们连接成一排，组成一个最大的多位整数。

例如：$n = 3$ 时，3 个整数 13、312、343，连成的最大整数为：34331213。

又如：$n = 4$ 时，4 个整数 7、13、4、246，连接成的最大整数为 7424613。

程序输入：N

N 个数

程序输出：连接成的多位数

解析：看到题目，马上想到的算法就是贪心法 —— 按整数对应的字符串从大到小连接，因为题目的例子都符合。但是这种贪心规则是否对所有情况都成立呢？

不难找到反例：12 121 应该组成 12121 而非 12112！那么是不是相互包含的时候就从小到大呢？也不一定，如：12 123 就是 12312 而非 12112。是不是不能采用贪心法呢？

本题的算法的确是贪心法，只是贪心标准的选择要恰当：重新定义字符串的大小比较规则，如果 a 后接 b 比 b 后接 a 大，就说 "$a > b$"。按新定义将所有数字字符串从大到小排序后，直接输出排序结果即可。

源程序：

program ex42;

```
var
  s：array [1..20] of string;
  t：string;
  i, j, k, n：longint;
begin
  write（'n='）；
  readln（n）；
  for i：=1 to n do
    begin
      read（k）；
      str（k, s[i]）；
    end；
  readln；
  for i：=1 to n-1 do
    for j：=i+1 to n do
    if s[i]+s[j] < s[j]+s[i] then
        begin
          t：=s[i]；
          s[i]：=s[j]；
          s[j]：=t；
        end；
  for i：=1 to n do
      write（s[i]）；
  writeln；
end.
```

方法与技巧：

运用贪心策略解题时，有的题目有不止一种可能的贪心标准，但不一定每种贪心标准都能得到正确的结果，因此，在运用贪心法时，一定要仔细分析，选择恰当的贪心标准。

例题三 数列极差问题。

试题描述：在黑板上写了 N 个正整数作成的一个数列，进行如下操作：每一次擦去其中的两个数 a 和 b，然后在数列中加入一个数 $a \times b + 1$，如此下去直至黑板上剩下一个数，在所有按这种操作方式最后得到的数中，最大的为 max，最小的为 min，则该数列的极差定义为 $M = \max - \min$。

编程任务：对于给定的数列，编程计算出极差 M。

解析：此题中，求 max 与求 min 是两个相似的过程，因此首先着重探讨求 max 的问题。

下面我们以求 max 为例来考虑此题用贪心策略求解的合理性。

（1）假设经（$N-3$）次变换后得到 3 个数：a，b，$\max'$（$\max' \geqslant a \geqslant b$），其中 $\max'$ 是（$N-2$）个数经（$N-3$）次变换后所得的最大值，此时有三种可能的求值方式，设其所求得的值分别为 Z_1，Z_2，则有：

$$Z_1 = (a * b + 1) \times \max' + 1, \quad Z_2 = (a * \max' + 1) * b + 1, \quad Z_3 = (b * \max' + 1) * a + 1$$

而 $Z_1 - Z_2 = \max' - b \geq 0$，$Z_1 - Z_3 = \max' - a \geq 0$，因此得知，应选取三个数中较小的两个实施操作，才能使最后结果最大。

（2）若经（$N-3$）次变换后所得的 3 个数为 m，a，b（$m \geq a \geq b$），且 m 不为（$N-3$）次变换后的最大值，即 $m < \max'$，由（1）得，此时所求得的最大值应为：$Z_4 = (a*b+1)*m+1$，但此时 $Z_1 - Z_4 = (1 + a*b)(\max' - m) > 0$，所以此时不为最优解。

综合（1）（2）考虑，若要使第 k（$1 \leq k \leq N-1$）次变换后所得值最大，必须保证在（$k-1$）次变换后所得值最大（符合贪心策略的特点），在进行第 k 次变换时，只需取在进行（$k-1$）次变换后所得数列中的两个最小数 p，q 施加变换操作：$p := p*q+1$，$q := \infty$ 即可。因此，max 的值可用贪心策略求得。

同理，可得出求 min 的贪心标准为：进行第 k 次变换时，只需取在进行（$k-1$）次变换后所得数列中的两个最大数 p，q 施加变换操作：$p := p*q+1$，$q := 0$ 即可。

源程序：

```
program ex43;
const
    maxN = 100;
var
    a, b: array [1..maxN + 1] of longint;
    n, m, i, j, k, x, p, q: integer;
    max, min, result: longint;
procedure quicksort (s, t: integer);  {用快速排序法将 N 个正整数变成从小到大的有序序列}
    begin
        i: = s;
        j: = t;
        x: = a [s];
        while i < j do
                begin
                        while (A [j] > = x) and (j > i) do j: = j - 1;
                        if j > i then begin a [i]: = a [j]; i: = i + 1; end;
                        while (A [i] < = x) and (i < j) do i: = i + 1;
                        if i < j then begin a [j]: = a [i]; j: = j - 1; end;
                end;
        a [i]: = x;
        if s < (i - 1) then quicksort (s, i - 1);
        if (i + 1) < t then quicksort (i + 1, t);
    end;
procedure getmin;  {求出对 N 个正整数进行指定操作方式能得到的最小数 min}
    begin
        min: = a [n] * a [n - 1] + 1;  {每次取最大的两个数执行指定操作}
        for i: = n - 2 downto 1 do
```

```
                  min: = (min * a [i]) + 1;
        end;
procedure getmax; {求出对 N 个正整数进行指定操作方式能得到的最大数 max}
    begin
        i: = 1;
        j: = 1;
        k: = 1;
        for x: = 1 to n − 1 do
            begin
                if a [i] < b [j] {每次取最小的两个数执行指定操作}
                    then begin p: = a [i]; i: = i + 1 end
                    else begin p: = b [j]; j: = j + 1 end;
                if a [i] < b [j]
                    then begin q: = a [i]; i: = i + 1 end
                    else begin q: = b [j]; j: = j + 1 end;
                b [k]: = p * q + 1; {数组 b 用来存储每次操作后得到的新数}
                k: = k + 1; {每次产生的新 b [k] 值必然比 b 数组中原数都要大}
            end; {因此 b [k] 自然有序}
        max: = b [k − 1];
    end;
{ = = = = = = = = = = = = = = = = = main = = = = = = = = = = = = = = = = = = = = = }
begin
    assign (input, 'ex43. in');
    reset (input);
    assign (output, 'ex43. out');
    rewrite (output);
    readln (n);
    for i: = 1 to n + 1 do a [i]: = maxlongint;
    b: = a;
    for i: = 1 to n do read (a [i]);
    quicksort (1, n);
    getmin;
    getmax;
    result: = max − min;
    write (result);
    close (input);
    close (output);
end.
```

方法与技巧：

贪心策略是一种高效算法，在信息学奥林匹克竞赛中应用十分广泛。许多表面上看起来与贪心策略关系甚微的题目，也可以运用贪心算法使程序的运行效率大大提高。因此，深刻理解贪心策略的数学模型、特点、理论基础，尤其是运用其基本思想解决具体问题是十分重要的。

但是，由于贪心策略每次都是选择一个局部最优策略进行实施，而不去考虑对今后的影响，因此可能导致有些问题使用贪心法并不能得到最优解。

【解题尝试】

第一题 删数问题。

输入一个高精度的正整数 N，去掉其中任意 S 个数字后使剩下的数最小。

例如：$N = 175438$，$S = 4$，可以删去 7，5，4，8，得到 13。

第二题 合并果子。

问题描述：在一个果园里，多多已经将所有的果子打了下来，而且按果子的不同种类分成了不同的堆。多多决定把所有的果子合成一堆。

每一次合并，多多可以把两堆果子合并到一起，消耗的体力等于两堆果子的重量之和。可以看出，所有的果子经过 $n-1$ 次合并之后，就只剩下一堆了。多多在合并果子时总共消耗的体力等于每次合并所耗体力之和。

因为还要花大力气把这些果子搬回家，所以多多在合并果子时要尽可能地节省体力。假定每个果子重量都为 1，并且已知果子的种类数和每种果子的数目，你的任务是设计出合并的次序方案，使多多耗费的体力最少，并输出这个最小的体力耗费值。

例如有 3 种果子，数目依次为 1，2，9。可以先将 1、2 堆合并，新堆数目为 3，耗费体力为 3。接着，将新堆与原先的第三堆合并，又得到新的堆，数目为 12，耗费体力为 12。所以多多总共耗费体力 = 3 + 12 = 15。可以证明 15 为最小的体力耗费值。

输入文件：

输入文件 fruit. in 包括两行，第一行是一个整数 n（$1 \leqslant n \leqslant 10000$），表示果子的种类数。第二行包含 n 个整数，用空格分隔，第 i 个整数 a_i（$1 \leqslant a_i \leqslant 20000$）是第 i 种果子的数目。

输出文件：

输出文件 fruit. out 包括一行，这一行只包含一个整数，也就是最小的体力耗费值。输入数据保证这个值小于 231。

样例输入：

3

1 2 9

样例输出：

15

数据规模：

对于 30% 的数据，保证有 $n \leqslant 1000$；

对于 50% 的数据，保证有 $n \leqslant 5000$；

对于全部的数据，保证有 $n \leqslant 10000$。

第三题 海明码（Hamming Codes）。

给出 N，B 和 D：找出 N 个编码（$1 \leqslant N \leqslant 64$），每个编码有 B 位（$1 \leqslant B \leqslant 8$），使得两两编

码之间至少有 D 个单位的"海明距离"（$1 \leqslant D \leqslant 7$）。

"海明距离"是指对于两个编码，它们的二进制表示法中的不同二进制位的数目。看下面的两个编码 $0x554$ 和 $0x234$ 之间的区别（$0x554$ 表示一个十六进制数，每个位上分别是 5，5，4）：

$$0x554 = 0101\ 0101\ 0100$$

$$0x234 = 0010\ 0011\ 0100$$

不同的二进制位：$xxx\ xx$

因为有 5 个位不同，所以"海明距离"是 5。

输入：

一行，包括 N，B，D。

输入样例：

16 7 3

输出：

N 个编码（用十进制表示），要排序，10 个一行。如果有多解，你的程序要输出这样的解：假如把它化为 2^B 进制的数，它的值要最小。

输出样例：

0 7 25 30 42 45 51 52 75 76

82 85 97 102 120 127

3.5 模拟策略

【学习目标】

有些自然界和日常生活中的事件，若用计算机很难建立枚举、贪心等算法，甚至于没法建立数学模型。用程序解决这类问题可用模拟法。所谓模拟法，就是用计算机模拟某个过程，通过改变数学模型的各种参数，进而观察变更这些参数所引起的过程状态的变化，然后从中得出解答。

由于模拟题往往是从实际工程应用中提取出来的一些核心问题，或者本身就是某个工程的简化模型，所以解答模拟题特别需要有良好的理解能力、分析能力和规划能力。模拟题的算法一般都不太复杂，关键是所有条件都不能遗漏并要把条件分析清楚。求解模拟题一般都比较繁琐，编程前一定要预先规划好各个模块的功能和结构，以免具体编程时注意了局部而遗漏了某些重要的方面。解答模拟题通常的步骤可以是：

（1）认真仔细地读懂题目。模拟题的描述通常都比较详细，篇幅一般都比较长，应该边阅读边将有关的条件一条条地记录下来，阅读完后要反复核对，绝对不能有错漏。

（2）建立各个条件之间的关系，最好用一些简明的表格列出。

（3）认真分析这些关系，并建立这些关系的数学模型。

（4）规划各个模块的结构，用相应的语言、逐步求精的方法描述具体的算法。

（5）编写程序，调试并运行。

（6）检查题目给出的样例能否通过。竞赛题目中一般都会给出输入输出样例，以便检查程序的输入输出格式是否正确，但这些样例往往会比竞赛时评判所用的测试数据简单，所以你一定不能满足通过这些样例，还要尽量自拟一些更复杂、更全面的测试数据来检查程序的正确性。经过反复的调试、检查，才算完成该题。

【解题钥匙】

例题一　津津的储蓄计划。

问题描述：津津的零花钱一直都是自己管理。每个月的月初妈妈给津津 300 元钱，津津会预算这个月的花销，并且总能做到实际花销和预算的相同。

为了让津津学习如何储蓄，妈妈提出，津津可以随时把整百的钱存在她那里，到了年末她会加上 20% 还给津津。因此津津制定了一个储蓄计划：每个月的月初，在得到妈妈给的零花钱后，如果她预计到这个月的月末手中还会有多于 100 元或恰好 100 元，她就会把整百的钱存在妈妈那里，剩余的钱留在自己手中。

例如 11 月初津津手中还有 83 元，妈妈给了津津 300 元。津津预计 11 月的花销是 180 元，那么她就会在妈妈那里存 200 元，自己留下 183 元。到了 11 月月末，津津手中会剩下 3 元钱。

津津发现这个储蓄计划的主要风险是，存在妈妈那里的钱在年末之前不能取出，有可能在某个月的月初，津津手中的钱加上这个月妈妈给的钱，不够这个月的原定预算。如果出现这种情况，津津将不得不在这个月省吃俭用，压缩预算。

现在请你根据 2004 年 1 月到 12 月每个月津津的预算，判断会不会出现这种情况。如果不会，计算到 2004 年年末，妈妈将津津平常存的钱加上 20% 还给津津之后，津津手中会有多少钱。

输入文件：

输入文件 save. in 包括 12 个均小于 350 的非负整数，分别表示 1 月到 12 月津津的预算。

输出文件：

输出文件 save. out 包括一行，这一行只包含一个整数。如果储蓄计划实施过程中出现某个月钱不够用的情况，输出 $-X$，X 表示出现这种情况的第一个月，否则输出到 2004 年年末津津手中会有多少钱。

样例 1 输入：

290 230 280 200 300 170 340 50 90 80 200 60

样例 1 输出：

7

样例 2 输入：

290 230 280 200 300 170 330 50 90 80 200 60

样例 2 输出：

1580

解析：这是 NOIP2004 的第一题，本题很容易，算法也简单：模拟法，也没有别的算法可用。

每个月把津津手上的钱加上妈妈给的 300 元，再减去预算，得到当前手中的钱。假如这个钱的值是负数（出现亏损），那么就输出负的月数，并终止程序；否则接着算出存入的钱，并且将手中的钱减去，如此继续，直到最后一个月按要求输出结果或者中间已经停止。

程序实现：边读边处理。只需要记录当前手中的钱和已存入的钱即可。时间、空间复杂度均为常数。

源程序：

```
program ex51;
const
```

```
        inf = ' save. in ';
        outf = ' save. out ';
        m = 300;
    var
      i: byte;
      a, b, s: integer;
    begin
        assign (input, inf); assign (output, outf);
        reset (input); rewrite (output);
        b: = 0; s: = 0;
        for i: = 1 to 12 do
          begin
                read (a);
                if a > m + b then
                  begin
                        writeln ( – i);
                        close (input);
                        close (output);
                        exit;
                  end;
              if m + b – a > = 100
                then
                      begin
                          s: = s + 100 * ( (m + b – a) div 100);
                          b: = (m + b – a) mod 100;
                      end ;
                  else b: = m + b – a;
          end;
        writeln (1. 2 * s + b: 0: 0);
        close (input);
        close (output);
    end.
```

例题二 球钟（Ball Clock）。

问题描述：球钟是一个利用球的移动来记录时间的简单装置。它有三个可以容纳若干个球的指示器：分钟指示器，5 分钟指示器，小时指示器。若分钟指示器中有 2 个球，5 分钟指示器中有 6 个球，小时指示器中有 5 个球，则时间为 5：32。

球钟的工作原理如下：分钟指示器最多可容纳 4 个球。每过一分钟，球钟就会从球队列的队首取出一个球放入分钟指示器，当放入第 5 个球时，在分钟指示器的 4 个球就会按照它们被放入时的相反顺序加入球队列的队尾，而第 5 个球就会进入 5 分钟指示器。依此类推，5 分钟指示器最

多可放 11 个球，小时指示器最多可放 11 个球。当小时指示器放入第 12 个球时，原来的 11 个球按照它们被放入时的相反顺序加入球队列的队尾，然后第 12 个球也回到队尾。这时，三个指示器均为空，回到初始状态，从而形成一个循环。因此，该球钟表示时间的范围是从 0：00 到 11：59。

现设初始时球队列的球数为 x（$27 \leqslant x \leqslant 127$），球钟的三个指示器初态均为空。问要经过多少天（每天 24 小时），球钟的球队列才能回复原来的顺序？

输入格式：

从键盘输入 x。

输出格式：

答案输出到屏幕。以整数形式输出所需天数。

输入输出样例：

输入：30

输出：15

解析：本题是一道典型的模拟题，只需按题目的描述对球钟进行操作即可得到正确的答案。

需要注意的是对球钟这种数据结构的描述方式，可以看到该球钟是由空闲球轨道、分钟指示器、5 分钟指示器和小时指示器 4 个部分组成，其中空闲球轨道是一个队列，其他三个指示器分别是三个栈。它们均可由数组来描述。其中需要注意的是，队列的先进先出操作如果用移动数组元素的方法实现的话，效率会比较低，可能会出现超时的情况，因此应该使用循环队列的方法把数组的头尾连接起来以减少数据的移动，或者使用链表来描述。另外，还需要注意的是当小时指示器满的时候，前 11 个球先逆向返回空闲球队列，第 12 个球再返回空闲球队列。

其核心部分是对半天的模拟：

```
for HourTrackCount：= 1 to 12 do
  begin
        for MiniteTrackCount：= 1 to 12 do
          begin
                              从空闲球轨道取出 5 个球；
                              将前 4 个球逆向送到空闲球轨道；
                              最晚来的球送往分钟指示器；
            end；
          {5 分钟指示器满}
          归还 5 分钟指示器中的球，最晚来的球送往小时指示器；
     end；
    {小时指示器满}
    归还小时指示器中的球，最晚来的球送回空闲球轨道；
    半天数加一；
    判断是否回到原状态，若是，则结束。
```

源程序：

```
{ $A +，B -，D +，E -，F -，G +，I -，L +，N +，O -，P -，Q -，R -，S -，T -，V +，X +}
{ $M 16384，0，655360}
```

○解题金钥匙系列·信息学

```
program ex52;
type tclock = array [1..200] of integer;
var FreeBalls: tclock; {空闲球的轨道, 是一个循环队列}
    first, last: integer; {first 是循环队列的队头指针, last 是循环队列的队尾指针}
    i, j, k: integer;
    minute, hour: array [1..12] of integer;
    TotalBalls, MinuteCount, HourCount: integer; {总球数, 5 分钟指示器球数, 小时指示器
球数}
    t: longint; {总半天数}
    tmp: array [1..10] of integer;
function DelQueue: integer; {出队}
  begin
      DelQueue: = FreeBalls [first];
      first: = first mod 200 + 1 ;
  end;
procedure AddQueue (d: integer); {入队}
  begin
      last: = last mod 200 + 1;
      FreeBalls [last]: = d;
  end;
function match: boolean ; {判断队列中的球是否按原顺序排列}
  var i, l: integer;
  begin
      match: = false;
      if last < first
        then l: = last + 200
        else l: = last;
      for i: = first to l dO
        if FreeBalls [i mod 200] < > (i - first + 1)
            then exit;
      match: = true;
end;
function calc: boolean; {对半天的一次模拟, 同时判断是否回到原状态, 若是返回 true}
  var i, j: integer;
  begin
      for HourCount: = 1 to 12 do
          begin
              for minuteCount: = 1 to 12 do
                  begin
```

```
                    for i: = 1 to 5 do tmp [6 - i]: = DelQueue;
                    for i: = 2 to 5 do AddQueue (tmp [i]);
                              {将分钟指示器中的球逆向送到空闲球轨道}
                    minute [minuteCount]: = tmp [1];
                  end; {5 分钟指示器满}
              for i: = 1 to 11 do AddQueue (minute [12 - i]);
              minuteCount: = 0; {归还 5 分钟指示器中的球}
              hour [HourCount]: = tmp [1];
            end; {小时指示器满}
        for i: = 1 to 11 do AddQueue (hour [12 - i]);
        AddQueue (tmp [1]); {归还小时指示器中的球}
        t: = t + 1;
        if match {判断是否回到原状态, 若是返回 true}
          then calc: = true
          else calc: = false;
    end;
  { = = = = = = = = = = = = = = = = = = main = = = = = = = = = = = = = = = = = = = = = }
  begin
        readln (TotalBalls);
        if not (TotalBalls in [27.. 127])
            then writeln ( 'Input data error: ', TotalBalls)
            else
                begin
                    for i: = 1 to TotalBalls do FreeBalls [i]: = i;
                    first: = 1;
                    last: = TotalBalls;
                    HourCount: = 0;
                    MinuteCount: = 0; {设置初始状态}
                    t: = 0;
                    while not calc do; {如果没有回到初态顺序, 则反复模拟半天的变化}
                    writeln (TotalBalls, 'balls cycle after', t div 2, 'days.');
                end;
        end.
```

【解题尝试】

第一题 两只塔姆沃斯牛（The Tamworth Two）。

两只牛在森林里走丢了，农民 John 开始按某种规则追捕这两头牛。你的任务是模拟他们的行为（牛和 John）。

追捕在 10 * 10 的平面网格内进行。一个格子可以是：一个障碍物或两头牛（它们总在一起），或者农民 John。两头牛和农民 John 可以在同一个格子内（当他们相遇时），但是他们都不能进入有障碍的格子。

这里有一个地图的例子：

```
*□□□*□□□□□
□□□□□□*□□□          □ 空地
□□□*□□□*□□
□□□□□□□□□□          * 障碍物
□□□*□F□□□□
*□□□□□*□□□          C 两头牛
□□□*□□□□□□
□□C□□□□□□*          F 农民 John
□□□*□*□□□□
□*□*□□□□□□
```

牛在地图里以固定的方式游荡，每分钟，它们可以向前移动或是转弯。如果前方无障碍且不会离开地图，它们会按照原来的方向前进一步，否则它们会用这一分钟顺时针转 90 度。

农民 John 深知牛的移动方法，他也这么移动。

每次（每分钟）农民 John 和两头牛的移动是同时的。如果他们在移动的时候穿过对方，但是没有在同一格相遇，我们不认为他们相遇了。当他们在某分钟末在某格子相遇，那么追捕结束。开始时，John 和牛都面向北方。

输入：

10 行

每行 10 个字符，表示如上文描述的地图。

输出：

输出一个数字，表示 John 需要多少时间才能抓住牛。如果 John 无法抓住牛，输出 0。

输入样例：

```
*□□□*□□□□□
□□□□□□*□□□
□□□*□□□*□□
□□□□□□□□□□
□□□*□F□□□□
*□□□□□*□□□
□□□*□□□□□□
□□C□□□□□□*
□□□*□*□□□□
□*□*□□□□□□
```

输出样例：

49

第二题 DAM 语言。

有个机器执行一种 DAM 语言。该机器有一个栈，初始时栈里只有一个元素 x，随着 DAM 语言

程序的执行，栈里的元素会发生变化。DAM 语言有三种指令：

D 指令：把栈顶元素复制一次加到栈顶。

A 指令：把栈顶元素取出，加到新的栈顶元素中。

M 指令：把栈顶元素取出，乘到新的栈顶元素中。

如果执行 A 或 M 指令的时候栈内只有一个元素，则机器会发出错误信息。如果程序无误，那么执行完毕以后，栈顶元素应该是 x 的多项式，例如，程序 DADDMA 的执行情况为（栈内元素按照从底到顶的顺序从左至右排列，用逗号隔开）。

$x{\to}x$，$x{\to}2x$，$2x{\to}2x$，$2x{\to}2x$，$2x{\to}4x2$，$4x2{\to}4x2+2x$

给出一段 DAM 程序，求出执行完毕后栈顶元素。

输入：

输入仅一行，包含一个不空的字符串 s，长度不超过 12，代表一段 DAM 程序。

输入程序保证合法且不会导致错误。

输出：

仅输出一行，即栈顶多项式。

须按照习惯写法降幂输出，即：等于 1 的系数不要打印，系数为 0 的项不打印，第一项不打印正号，一次方不打印"^1"。

4　数值问题

　　计算机最初的设计作用就是利用计算机的高速计算来处理数值问题，虽然现在的计算机能够处理很多非数值的问题，可是，数值问题仍然是计算机处理的重要组成部分之一。

　　数值处理是计算机的主要功能之一，在信息学竞赛中，也经常出现有关一般性的数字计算，某些数学定理、公式的证明，多项式问题的处理等相关数值问题，如果能根据这些问题构建正确的数学模型，确定相应的算法，配合计算机解题和使用优化的编程技巧，这些问题就会很容易得到解决。

　　基础数值问题：包括普通的加减乘除运算，进制的转化，求素数等等；

　　高精度数值问题：高精度加法、高精度减法、高精度乘法；

　　排列组合问题；

　　递归问题。

4.1　基础数值问题

【学习目标】

　　数值处理的最基本的运算当然就是加减乘除，基础的低数位的加减乘除运算是很容易实现的，可以直接让计算机进行计算，在这里就不作具体的阐述了。另外，基础数值问题还包括进制间的转换、求素数以及分解因式等问题，这类问题是解决数值型问题的基础，在很多题目中都有不同程度的应用，因此必须熟练掌握。

【解题钥匙】

　　4.1.1　进制的转换

　　数字有多种进制，我们可以用这样的方式来表示一个十进制数，将每个阿拉伯数字乘以一个该数字所处位置的（值减 1）为指数，以 10 为底数的幂之和的形式。例如：123 可表示为 $1 \times 10^2 + 2 \times 10^1 + 3 \times 10^0$ 这样的形式。

　　对二进制数来说，与之类似地，也可表示成每个二进制数码乘以一个以该数字所处位置的（值 -1）为指数，以 2 为底数的幂之和的形式。

　　进制的转换，不管是十进制转 N 进制还是 N 进制转十进制或是任意进制之间的相互转换，可能是熟得不能再熟的题目了，但是第六届 NOIP 提高组复赛的第一题"进制转换取"难倒了不少人。

　　例题一　负进制转化。

　　问题描述：设计一个程序，读入一个十进制数和一个负进制的基数，并将此十进制数转换成为此负进制下的数：$-R \in \{-2, -3, -4, \cdots, -20\}$。

　　输入格式：

输入的每行有两个输入数据。

第一个是十进制数 N（$-32768 \leqslant N \leqslant 32767$），第二个是负进制数的基数 $-R$。

输出格式：

结果显示在屏幕上，相对于输入，应输出此负进制数及其基数，若此基数超过 10，则参照 16 进制的方式处理。

样例数据：

输入：

30000　－2

－20000　－2

28800　－16

－25000　－16

输出：

30000 = 11011010101110000（base －2）

－20000 = 1111011000100000（base －2）

28800 = 19180（base －16）

－25000 = 7FB8（base －16）

分析：一般说来，任何一个正整数 R 或一个负整数 $-R$ 都可以被用来作为一个数制系统的基数。如果是以 R 或 $-R$ 为基数，则需要用到的数码为 0，1，…，$R-1$。例如，当 $R=7$ 时，所需用到的数码是 0，1，2，3，4，5，6，这与其是 R 或 $-R$ 无关。如果作为基数的数绝对值超过 10，则为了表示这些数码，通常是用英文字母来表示那些大于 9 的数码。例如对 16 进制数来说，用 A 表示 10，用 B 表示 11，用 C 表示 12，用 D 表示 13，用 E 表示 14，用 F 表示 15。在负进制中是用 $-R$ 作为基数，例如 -15（十进制）相当于 110001（-2 进之），并且它可以被表示为 2 的幂级数的和数：

$$110001 = 1 \times (-2)^5 + 1 \times (-2)^4 + 0 \times (-2)^3 + 0 \times (-2)^2 + 0 \times (-2)^1 + 1 \times (-2)^0$$

方法与技巧：

根据题意，$-R$ 进制可表示为 $-R$ 的幂级数的和，转换时仍用除 $-R$ 取余的方法。转换后的数必须是正数，故用 N 除以 $-R$ 的余数不能是负数。使余数非负，是此题的关键。当余数为负时，就把商增大而使余数为正。下面以 22 转换成 -3 进制为例做短除法。

```
-3 | 22          …… 1
-3 | -7          …… 2
-3 |  3          …… 0
-3 | -1          …… 2
-3 |  1          …… 1
        0
```

故 $(22)_{10} = (12021)_{-3}$

算法分析：

在程序处理时，当 $N \geqslant (N \operatorname{Div} R) * R$ 时，余数为 $N - (N \operatorname{Div} R) * R$，商为 $N \operatorname{Div} R$；否则余数为 $N - (N \operatorname{Div} R + 1) * R$，商为 $N \operatorname{Div} R + 1$。

参考程序：

```
program jinzhi;
const
    A：string［20］= '0123456789abcdefghij';
var
    B：string［100］;
    N，R，Y，I，J，N1：integer;
begin
    write（'N，R='）;
    readln（N，R）;
    I：=1；B［I］:='0'；N1：=N;
    while N0 Do
        begin
            If（N>=（N Div R）*R）then
                begin
                    Y：=N-（N Div R）*R；N：=N Div R;
                end;
            else begin
                Y：=N-（N Div R+1）*R；N：=N Div R+1;
            end;
            B［I］:=A［Y+1］；I：=I+1
        end;
    write（N1，'='）;
    for J：=I downto 1 do write（B［J］）;
    writeln（'（base'，R，'）'）
end.
```

4.1.2 素数问题

素数是一种特殊的数字，它除了 1 和本身以外没有其他的正因子，在数值问题的程序设计中常常可以见到要处理素数或与其有关的问题。对于如何判断一个数 N 是否是素数，可以用试除法，也就是从 2 到 $N-1$ 一个一个尝试去除 N，看 N 是否能被整除，若能，则表示 N 不是素数，否则，N 是素数。这个算法优化后，只要尝试用 2 到 N 的算术平方根逐个去除 N 就可以了，因为可以证明如果 2 到 N 的算术平方根之间没有 N 的因子，那么 N 的算术平方根到 $N-1$ 之间也没有 N 的因子，这是基本算法的一种。

参考程序：

```
programr sushu;
var
    i : integer;
    x : integer;
begin
    for i：=2 to 10000 do
```

```
begin
    x: =2;
    while (x < = trunc (sqrt (i))) and (i mod x < >0) do
        x: = x + 1;
    if x > trunc (sqrt (i)) then write (i: 8);
end;
end.
```

在求解某一区间如 $M \sim N$ 之间所有的素数时，我们可以枚举出这一区间内所有的数，并判断其是否是素数，但是这样做效率不高。其实我们可以换一种思路，不是判断每一个数是否是素数，而是筛掉这个区间里的所有非素数，从而达到找出该区间内所有素数的目的。这就是筛选法。

例题二 利用筛选法求 2 至 N 之间的所有素数（$N < 10000$）。

方法与技巧：

筛选法求 2 至 N 之间的素数的方法如下：把 2 至 N 之间的整数放入"筛"中，在 2 至 N 之间划去 2 的倍数（不包括 2），再划去 3 的倍数（不包括 3），由于划去 2 的倍数时，4 已经被划去，因此下一个数是 5，再划去 5 的倍数……直至筛中的下一个数超过 N 的算术平方根，那么此时，"筛"中剩下的数就都是素数了（因为每次除去某一个数的倍数时，实际上留下的都是不能被这个数整除的，最后当筛中的下一个数超过 N 的算术平方根时，相当于筛中的数被 2 到 N 的算术平方根都除了一次，但都不能被整除，所以根据素数定义，留下的必然是素数）。

这里的筛可以用 Pascal 中的数组来实现。

算法描述：

（1）建立一个下标为 2 到 10000 的布尔型数组；

（2）读入 N，判断是否超出范围，如果超出范围则输出错误提示，退出，否则把下标从 2 到 N 的数组元素都赋值为 true；

（3）从 2 开始，基数赋值为 2；

（4）把数组中下标为基数的倍数的数组元素都赋值为 false，表示划去；

（5）查找数组中下一个其值为 true 的元素，检查其下标是否超过 N 的算术平方根，如果没有则以其下标为基数，返回执行第 4 步；

（6）扫描数组，遇到数组元素值为 true 的就输出其下标，计数器加 1；

（7）输出总数，结束。

参考程序：

```
program sushu;
var
    I, j, m, n, t: integer;
    P: array [2..10000] of boolean;
begin
    write ( 'N = ');
    readln (n);
    if (n < 2) or (n > 10000) then
        writeln ( 'Input N Error!');
```

```
else begin
    for i：＝2 to n do p［i］：＝true；
    m：＝2；t：＝0；
    repeat
        J：＝m；
        while j＜＝n do
         begin
            J：＝j＋m；P［j］：＝false；
         end；
        m：＝m＋1；
        while not p［m］do m：＝m＋1；
    until m＞sqrt（n）；
    for i：＝2 to n do
    if p［i］then
        begin
            t：＝t＋1；write（i：5）；
        end；
    writeln；
    writeln（'Total＝'，t）；
    end；
end.
```

较之前面的枚举所有数进行素数判断的方法，利用筛选法求某段区间内的所有素数要简单得多，算法所需的时间也会少得多，特别是 N 比较大的时候，这种方法的优越性越发明显。

当然，在竞赛中，很少有直接求素数的题目，往往是与其他问题结合在一起的，如回文素数问题。

例题三　回文素数。

问题描述：对于一个数，如果从右至左和从右至左读出的数都一样，那么把它称为回文数。例如 12321、4、66、838 都是回文数。

对于任意大于 1 的整数，若仅包含 1 和它本身两个因子，那么它是素数（也称质数）。

数字 151 是一个素数回文数，因为它既是素数，又是回文数。

编写一个程序，找出大于等于 a，并且小于等于 b 的所有素数回文数。

输入格式：

第一行包括两个正整数 a 和 b（$1 \leq a \leq b \leq 32767$）。

输出格式：

输出满足条件的所有素数回文数，用空格分隔，从小到大排序。

样例数据

输入 5 500

输出 5 7 11 131 181 313 353 373 383

分析：这道题目实际上是两个问题的结合，一是找出 N 至 M 中的回文数，二是对于每一个求出的回文数，判断其是否为素数。

参考程序

```
program huiwensushu;
var
    a, b, i, j, n, x: integer;
    st: string [5];
begin
    write ('input a, b:');
    readln (a, b);
    for n: = a to b do
        begin
            str (n, st);
            i: =1; j: = length (st);
            while (i<j) and (st [i] = st [j]) do
                begin
                    i: = i+1; j: = j-1;
                end;
            if i> =j then
                begin
                    x: =2;
                    while (x< = trunc (sqrt (n))) and (n mod x < >0) do x: = x+1;
                    if x>trunc (sqrt (n)) then write (n: 8);
                end;
        end;
    readln;
end.
```

方法与技巧：

此题我们可以换一个思路：我们不妨先用筛选法求出 a 至 b 之间所有的素数，再判断这些素数是否是回文数，也是一种可行的方法。

【解题尝试】

第一题　任意进制间的互化。

把 n 进制的 M 转化成 k 进制表示。

如 m = ff n = 16 k = 2

则有 $(ff)_{16} = (11111111)_2$

第二题　分解素数因子。

有一个正整数 N（$2 \leqslant N < 32767$），它是由若干个不大于 100 的正整数相乘而来的，请把这个数分解成素数因子的乘积。

输入：输入文件第一行为 N 的值。

输出：素数因子由小到大输出，每行输出一个素数因子和该素数因子的个数，用一个空格分开，若分解中有一个大于100的素数，在按前面要求输出已分解出的素数因子后，在下一行输出"Data error!"。

4.2　高精度算法

【学习目标】

由于计算机的特点是运算速度快，精确度高，因此利用计算机进行高精度的计算和处理是计算机的一个重要应用。所谓的高精度运算，是指参与运算的数（加数，减数，因子……）范围大大超出了标准数据类型（整型，实型）能表示的范围的运算，例如，求两个200位的数的和，这时，就要用到高精度算法了。

【解题钥匙】

在信息学竞赛中也常出现一些有关高精度处理的问题。实际上，高精度处理就是模拟手算，它的原理与我们用竖式计算时一样的，不过在处理过程中要注意高精度数据的读入、接收和存储、结果位数的计算和确定以及进位与错位处理等几个问题。

运算的数据超出了整型，实型能表示的范围，肯定不能直接用一个数的形式来表示。在Pascal中，能表示多个数的数据类型有两种：数组和字符串。

（1）数组：每个数组元素存储1位（在优化时，这里是一个重点），有多少位就需要多少个数组元素；用数组表示数的优点：每一位都是数的形式，可以直接加减，运算时非常方便。

用数组表示数的缺点：数组不能直接输入；输入时每两位数之间必须有分隔符，不符合数值的输入习惯。

（2）字符串：字符串的最大长度是255，可以表示255位。

用字符串表示数的优点：能直接输入输出，输入时，每两位数之间不必用分隔符，符合数值的输入习惯；用字符串表示数的缺点：字符串中的每一位是一个字符，不能直接进行运算，必须先将它转化为数值再进行运算，运算时非常不方便。

（3）综上所述，对上面两种数据结构取长补短：用字符串读入数据，用数组存储数据。

```
var s1，s2：string；
    a，b，c：array［1..260］of integer；
    i，l，k1，k2：integer；
begin
    write（'input s1：'）；readln（s1）；
    write（'input s2：'）；readln（s2）；
    ｛———读入两个数s1，s2，都是字符串类型｝
    l：＝length（s1）；｛求出s1的长度，也即s1的位数；有关字符串的知识｝
    k1：＝260；
    for i：＝l downto 1 do
        begin
            a［k1］：＝ord（s1［i］）－48；｛将字符转成数值｝
```

```
            k1：＝k1－1；
        end；
    k1：＝k1＋1；
```

{————以上将 s1 中的字符一位一位地转成数值并存在数组 a 中；低位在后（从第 260 位开始），高位在前（每存完一位，k1 减 1）；对 s2 的转化过程和上面一模一样}

4.2.1　高精度加法

例题一　编程求任意两个正整数的和。

方法与技巧：

在往下看之前，大家先列竖式计算 35 ＋86。注意的问题：

（1）运算顺序：两个数靠右对齐，从低位向高位运算，先计算低位再计算高位。

（2）运算规则：同一位的两个数相加再加上从低位来的进位，成为该位的和。这个和去掉向高位的进位就成为该位的值，如上例：3 ＋8 ＋1 ＝12，向前一位进 1，本位的值是 2；可借助 MOD、DIV 运算完成这一步。

（3）最后一位的进位：如果完成两个数的相加后，进位位值不为 0，则应添加一位。

（4）如果两个加数位数不一样多，则按位数多的一个进行计算。

```
if k1 ＞k2 then k：＝k1 else k：＝k2；
    y：＝0；
    for i：＝260 downto k do
    begin
        x：＝a ［i］ ＋b ［i］ ＋y；
        c ［i］：＝x mod 10；
        y：＝x div 10；
    end；
if y ＜＞0 then
    begin
        k：＝k－1；c ［k］：＝y；
    end；
```

（5）结果的输出（这也是优化的一个重点）按运算结果的实际位数输出。

```
for i：＝k to 260 do write （c ［i］）；
writeln；
```

参考程序：

```
program sum；
var s, s1, s2：string；
    a, b, c：array ［1..260］ of integer；
    i, l, k1, k2：integer；
begin
    write （'input s1：'）；readln （s1）；
    write （'input s2：'）；readln （s2）；
    l：＝length （s1）；
```

```
            k1：= 260；
            for i：= l downto 1 do
                begin
                        a［k1］：= ord（s1［i］）－48；
                        k1：= k1－1；
                end；
            k1：= k1＋1；
            l：= length（s2）；
            k2：= 260；
            for i：= l downto 1 do
                begin
                        b［k2］：= ord（s2［i］）－48；
                        k2：= k2－1；
                end；
            k2：= k2＋1；
            if k1＞k2 then k：= k2 else k：= k1；
            y：－0；
            for i：= 260 downto k do
                begin
                        x：= a［i］＋b［i］＋y；
                        c［i］：= x mod 10；
                        y：= x div 10；
                end；
            if y＜＞0 then
                begin
                        k：= k－1；c［k］：= y；
                end；
            for i：= k to 260 do write（c［i］）；
            writeln；
        end.
```

优化分析：以上的方法有明显的缺点：

（1）浪费空间：一个整型变量（－32768～32767）只存放一位（0～9）；

（2）浪费时间：一次加减只处理一位。

针对以上问题，我们做如下优化：一个数组元素存放四位数（integer 的最大范围是 32767，5 位的话可能导致出界）。具体方法：

```
        l：= length（s1）；
        k1：= 260；
        repeat
            s：= copy（s1，l－3，4）；
```

```
            val (s, a [k1], code);
            k1：= k1 - 1;
            s1：= copy (s1, 1, l - 4);
            l：= l - 4;
        until l < = 0;
        k1：= k1 + 1;
```

而因为这个改进，算法要相应改变：

（1）运算时：不再逢十进位，而是逢万进位（mod 10000; div 10000）；

（2）输出时：最高位直接输出，其余各位要判断是否足够 4 位，不足部分要补 0。

例如：第一位是 12，第二位是 234，第三位是 1234，最后一位是 3。它的实际数值是 12023412340003。

从上例可以看出：打印时，从第二位开始，因为每一段都代表 4 位，不足 4 位的要补足 0。

参考程序：

改进后的算法：

```
program sum;
var s1, s2: string;
    a, b, c: array [1..260] of integer;
    i, l, k1, k2, code: integer;
begin
    write ('input s1:'); readln (s1);
    write ('input s2:'); readln (s2);
    l：= length (s1);
    k1：= 260;
    repeat
        s：= copy (s1, l - 3, 4);
        val (s, a [k1], code);
        k1：= k1 - 1;
        s1：= copy (s1, 1, l - 4);
        l：= l - 4;
    until l < = 0;
    k1：= k1 + 1;
    l：= length (s2);
    k2：= 260;
    repeat
        s：= copy (s2, l - 3, 4);
        val (s, b [k2], code);
        k2：= k2 - 1;
        s2：= copy (s2, 1, l - 4);
        l：= l - 4;
```

```
    until l < = 0;
    k2: = k2 + 1;
    if k1 < k2 then k: = k1 else k: = k2;
    y: = 0;
    for i: = 260 downto k do
        begin
            x: = a ⌊i⌋ + b [i] + y;
            c [i]: = x mod 10000;
            y: = x div 10000;
        end;
    if y < > 0 then begin k: = k - 1; c [k]: = y; end;
    write (c [k]);
    for i: = k + 1 to 260 do
        begin
            if c [i] < 1000 then write ('0');
            if c [i] < 100 then write ('00');
            if c [i] < 10 then write ('000');
            write (c [i]);
        end;
    writeln;
end.
```

4.2.2　高精度减法

例题二　求任意两个正整数的差。

分析：和高精度加法相比，减法在差为负数时处理的细节更多一点：当被减数小于减数时，差为负数，差的绝对值是减数减去被减数；在程序实现上用一个变量来存储符号位，用另一个数组存差的绝对值。

基本算法如下：

（1）读入被减数 S_1，S_2（字符串）
（2）置符号位：判断被减数是否大于减数，大则将符号位置为空，小则将符号位置为"－"，交换减数与被减数
（3）被减数与减数处理成数值，放在数组中
（4）运算
A. 取数
B. 判断是否需要借位
C. 减，将运算结果放到差数组相应位中
D. 判断是否运算完成：是，转5；不是，转A
（5）打印结果：符号位，第1位，循环处理第2到最后一位

方法与技巧：

1. 如何判断被减数与减数的大小：字符串知识。

（1）首先将两个字符串的位数补成一样（因为字符串的比较是从左边对齐的，两个字符串一样长才能真正地比较出大小）：短的在左边补 0。

k1：＝length（s1）；

k2：＝length（s2）；

if k1＞k2 then for i：＝1 to k1－k2 do s2：＝'0'＋s2

else for i：＝1 to k2－k1 do s1：＝'0'＋s1；

（2）接着比较大小：直接比较字符串大小。

fh：＝''；

if s1＜s2 then begin fh：＝'－'；s：＝s1；s1：＝s2；s2：＝s；end；

｛———s1 存被减数，符号存符号｝

2. 将字符串处理成数值：

l：＝length（s1）；｛求出 s1 的长度，也即 s1 的位数；有关字符串的知识｝

k1：＝260；

for i：＝l downto 1 do

begin

a［k1］：＝ord（s1［i］）－48；｛将字符转成数值｝

k1：＝k1－1；

end；

k1：＝k1＋1；

3. 打印结果：

write（fh，c［k］）；｛k 是差的第 1 位｝

for i：＝k＋1 to 260 do

　　begin

　　　　if c［i］＜1000 then write（'0'）；

　　　　if c［i］＜100 then write（'00'）；

　　　　if c［i］＜10 then write（'000'）；

　　　　write（c［i］）；

　　end；

参考程序

```
program sub;
const n＝25;
var s1，s2，s3，s4，s：string;
    a，b，c：array［1..n］of integer;
    i，k1，k2，l，code，jw：integer;
    cq：char;
begin
    readln（s1）；readln（s2）；
```

```
k1：＝length（s1）；
k2：＝length（s2）；
if k1 > k2 then for i：＝1 to k1 - k2 do s2：＝'0'＋s2
else for i：＝1 to k2 - k1 do s1：＝'0'＋s1；
cq：＝'';
if s1 < s2 then
    begin
        cq：＝'-'；s：＝s1；s1：＝s2；s2：＝s；
    end；
l：＝length（s1）；k1：＝n；
repeat
    s3：＝copy（s1，l - 3，4）；
    val（s3，a[k1]，code）；
    k1：＝k1 - 1；
    delete（s1，l - 3，4）；
    l：＝l - 4；
until l < = 0；
k1：＝k1 + 1；
i：＝length（s2）；
k2：＝n；
repeat
    s4：＝copy（s2，i - 3，4）；
    val（s4，b[k2]，code）；
    k2：＝k2 - 1；
    delete（s2，i - 3，4）；
    i：＝i - 4；
until i < = 0；
k2：＝k2 + 1；
jw：＝0；
for i：＝n downto k1 do
    begin
        a[i]：＝a[i] - jw；
        jw：＝0；
        if a[i] < b[i] then
            begin
                jw：＝1；
                a[i]：＝a[i] + 10000；
            end；
        c[i]：＝a[i] - b[i]；
```

```
        end;
    while (c [k1] = 0) and (k1 < = n) do
        k1: = k1 + 1;
        if k1 > n then writeln ( '0')
        else begin
            write (cq, c [k1]);
            for i: = k1 + 1 to n do
                begin
                    if c [i] < 1000 then write ( '0');
                    if c [i] < 100 then write ( '00');
                    if c [i] < 10 then write ( '000');
                    write (c [i]);
                end;
        end;
    writeln;
end.
```

4.2.3 高精度乘法

例题三 求任意两个正整数的积。

高精度乘法基本思想和加法一样，其基本流程如下：

①读入被乘数 s_1，乘数 s_2
②把 s_1、s_2 分成 4 位一段，转成数值存在数组 a, b 中；记下 a, b 的长度 k_1, k_2
③i 赋为 b 中的最低位
④从 b 中取出第 i 位与 a 相乘，累加到另一数组 c 中（注意：累加时错开的位数应是多少位？）
⑤i: $= i - 1$；检测 i 值：小于 k_2 则执行⑥，否则回到④
⑥打印结果

参考程序：

```
program chengfa;
const n = 100;
type ar = array [1..n] of integer;
var a, b: ar; k1, k2, k: integer;
    c: array [1..200] of integer;
    s1, s2: string;
procedure fenge (s: string; var d: ar; var kk: integer);
var ss: string;
```

```
            i, code: integer;
begin
        i: = length (s);
        kk: = n;
        repeat
            ss: = copy (s, i - 3, 4);
            val (ss, d [kk], code);
            kk: = kk - 1;
            s: = copy (s, 1, i - 4);
            i: = i - 4;
        until i < 0;
        kk: = kk + 1;
end;
procedure daying;
var i: integer;
begin
        writc (c [k]);
        for i: = k + 1 to 2 * n do
            begin
                if c [i] < 1000 then write ('0');
                if c [i] < 100 then write ('00');
                if c [i] < 10 then write ('000');
                write (c [i]);
            end;
        writeln;
end;
begin
        init;
        jisuan;
        daying;
        end;
end.
```

求 N!，当 N 稍微大一点时结果就很大了（如 n = 10 时 N! = 3628800，n = 20 时 N! = 2432902008176640000），因此，求阶乘通常都要用到高精度算法。基本过程和乘法一样，只是多了控制乘法次数的一层循环。

对于高精度乘法（字符串相乘），其数组相乘的高精度乘法与普通的高精度乘法相比较，前者所能容纳的数位比后者多得多，但它的程序也比后者复杂。

算法流程如下：

(1) 读入两个字符串 s_1，s_2。

```
procedure init；
var i：integer；
begin
        for i：=1 to n do begin a［i］：=0；b［i］：=0；end；
        for i：=1 to 2＊n do c［i］：=0；
        writeln（'input 2 numbers：'）；
        readln（s1）；
        readln（s2）；
        fg（s1，a，k1）；
        fg（s2，b，k2）；
end；
```

（2）将这两个字符串转换为数值。

```
procedure fg（s：string；var d：ar；var kk：integer）；
var ss：string；
    l，code：integer；
begin
    l：=length（s）；
    kk：=n；
    repeat
            ss：=copy（s，l－3，4）；
            val（ss，d［kk］，code）；
            kk：=kk－1；
            s：=copy（s，1，l－4）；
            l：=l－4；
    until l＜0；
    kk：=kk＋1；
end；
```

（3）把两个数组 a，b 相乘，把乘积的后四位放进数组 c 里面，并把进位（即乘积除去后四位的其他部分）放在变量 jw 里面，接着把数组 b 截去后面四位，再与 a 相乘，然后把乘积与进位 jw 相加，放进数组 c 里面，重复上面的过程，直到乘完为止。

```
procedure jisuan；
var i，j，m：integer；x，y，z，jw：longint；
begin
    i：=n；
    k：=2＊n；
    repeat
            x：=b［i］；z：=0；m：=k；jw：=0；
            for j：=n downto k1 do
            begin
```

```
        y：= a [j]；
        z：= c [m]；
        x：= x * y + z + jw；
        jw：= x div 10000；
        c [m]：= x mod 10000；
        m：= m － 1；
        x：= b [i]；
      end；
      if jw < > 0 then c [m]：= jw else m：= m + 1；
    i：= i － 1；
    k：= k － 1；
    until i < k2；
    k：= m；
  end；
```

（4）把数组 *c* 打印出来，但要记住错位补零。

```
procedure daying；
var i：integer；
begin
    write（c [k]）；{打印第一位}
    for i：= k + 1 to 2 * n do
    begin
        if c [i] < 1000 then write（'0'）；
        if c [i] < 100 then write（'00'）；
        if c [i] < 10 then write（'000'）；
        write（c [i]）；
    end；
    writeln；
end；
```

【解题尝试】

第一题　阶乘。

【题目】数学上定义：

$n! = 1 \times 2 \times 3 \times \cdots \times (n-1) \times n \ (N > 0)$

$0! = 1$

若用 integer 型数据表示阶乘，最多可到 7!，用 longint 类型也只能到 12!。

要求输入正整数 *n*，求 *n*! 的精确表示。

4.3　排列组合问题

【学习目标】

排列与组合问题是围绕计数问题展开的一类问题，解决此类问题，一般要用到两个常用的原理，即加法原理和乘法原理。

要完成一个任务，如果能分成 r 类彼此独立的不同方式来完成，第一类方式有 W_1 种不同的方法可以完成任务，第二类方式有 W_2 种不同的方法可以完成任务……第 r 类方式有 W_r 种不同的方法完成任务，那么完成这个任务就有 $W_1 + W_2 \cdots + W_r$ 种不同的方法，这种分类计数的方法就称为加法原理。

如果完成某项任务要分 r 个不同的步骤，第一步有 $W1$ 种不同的方法完成任务，第二步有 W_2 种不同的方法完成任务……第 r 步有 W_r 种不同的方法完成任务，那么完成这个任务就有 $W_1 \times W_2 \times \cdots \times W_r$ 种不同的方法，这种分步骤完成任务的计数方法称为乘法原理。

应用加法原理和乘法原理，关键是弄清两者之间的本质区别：如果属于分类考虑，则应用加法原理解题；如果属于分步考虑，则应用乘法原理解题。

排列

从 n 个不同的元素中，有次序地选取 r（$1 \leqslant r \leqslant n$）个按次序排列，叫做从 n 个不同元素中取出 r 个元素的排列。

例如：$A = \{a, b, c\}$，$r = 2$，从 A 中取排列的全体如下：

ab ba ac ca bc cb

$r < n$ 时叫做选排列，记作 $p(n, r)$。$r = n$ 的时候叫做全排列，记作 $p(n, n)$。

$p(n, n) = n! = n \times (n-1) \times (n-2) \times (n-3) \times \cdots \times 3 \times 2 \times 1$

$p(n, r) = n! / (n-r)!$

组合

从 n 个不同的元素中，选取 r（$1 \leqslant r \leqslant n$）个元素而不考虑先后次序，叫做从 n 个不同元素中取出 r 个元素的组合，记作 $c(n, r)$。

$c(n, r) = n! / r! \times (n-r)!$

例如：从 $\{A, B, C, D\}$ 中取 3 个元素进行组合，由于组合是不考虑顺序的，因此只有以下 4 种组合形式：

$\{A, B, C\}$，$\{A, B, D\}$，$\{A, C, D\}$，$\{B, C, D\}$

（1）常用的组合计算公式：

$c(n, r) = c(n, n-r)$

$c(n, r) = = n! / r! \times (n-r)!$

$c(n, r) = c(n-1, r) + c(n-1, r-1)$

（2）二项式定理：$c(n, 0) + c(n, 1) + \cdots + c(n, n-1) + c(n, n) = 2^n$

（3）如果组合中每一个元素可重复取，则称为 n 个元素中的可重复 r 组合。从 n 个不同元素中取出可重复 r 个元素的组合，记作 $c(n+r-1, r)$。

【解题钥匙】

例题一　产生数（NOIP2002 复赛）。

问题描述：

给出一个整数 n（$n < 10\text{^}30$）和 k 个变换规则（$k \leqslant 15$）。

规则：

一位数可变换成另一个一位数：

规则的右部不能为零。

例如：$n = 234$，有规则（$k = 2$）：

2 – > 5

3 – > 6

上面的整数 234 经过变换后可能产生出的整数为（包括原数）：

234

534

264

564

共 4 种不同的产生数。

问题：给出一个整数 n 和 k 个规则。

求出：经过任意次的变换（0 次或多次），能产生出多少个不同整数？

仅要求输出个数。

输入格式：

键盘输入，格式为：

$n\ k$

$x_1\ y_1$

$x_2\ y_2$

$\vdots\ \ \vdots$

$x_n\ y_n$

输出格式

屏幕输出，格式为：

一个整数（满足条件的个数）。

样例数据：

输入：输出

234 2 4

2 5

3 6

分析：认真分析题目之后发现，本题搜索显然是不行的，而且对于只需计数而不需求具体方案的题目，一般都不会用搜索解决。

方法与技巧：

其实本题不难看出，可以用乘法原理直接进行计数，用 F_i 表示数字 i 包括本身可以变成的数字总个数（这里的变成可以是直接变成也可以是间接变成，比如 3 – >5，5 – >7，那么 3 – >7），那么对于一个数 a（用数组存，长度为 n），根据乘法原理它能产生出 $F[a[1]]\ F[a[2]]\ F[a[3]] \cdots F[a[n]]$ 个不同整数，相信这一点大家不难理解，那么现在的关键就是如何求 F_i。

由于这些变换规则都是反映数字与数字之间的关系，这很容易让我们想到用图来表示这种关系：

（1）建立一个有向图 G，初始化 $g[i, j]$ False；

（2）如果数字 i 能直接变成数字 j，那么 $g[i, j]$ True。

容易知如果数字 i 能变成数字 j，那么 i 到 j 必须存在路径，否则 i 是不可能变成 j 的，这样一来，Fi 的求解就显得非常简单了，求一个顶点 v 包括本身能到达的顶点数的方法相当多，可以用 BFS，DFS，Dijkstra，Floyd，这里介绍一种类似 Floyd 的有向图的传递闭包算法，该算法实现简单，在解决这类问题时比 Floyd 效率更高，所谓有向图的传递闭包就是指可达性矩阵 $A = [a[i, j]]$，其中：

$a[i, j]$ = True 从 i 到 j 存在通路

$a[i, j]$ = False 从 i 到 j 不存在通路

所以有向图传递闭包算法只需将 floyd 算法中的算术运算符操作 "＋" 用相应的逻辑运算符 "and" 和 "or" 代替就可以了，其算法如下：

```
for k 1 to n do
    for i 1 to n do
        for j 1 to n do
            a[i, j] = a[i, j] or (a[i, k] and a[k, j])
```

最后值得注意的是当 n 很大时输出可能会超过 Comp 类型的范围，所以要使用高精度乘法，由于高精度算法是信息学竞赛中的基础，这里就不再详述。

参考程序：

```
{ $ R -，S -，I -，Q - }
program c3;
const
    maxLen = 30;
var
    Len，M：Byte;
    a：array [1 .. maxLen] of byte;
    f：array [0 .. 9] of byte;
    g：array [0 .. 9, 0 .. 9] of boolean;
procedure Init;
var
    i：byte;
    St：string;
begin
    readln (st);
    len : = 0; M : = 0;
    i : = 1;
    while st [i] in ['0' .. '9'] do
        begin inc (len); a [len] : = ord (st [i]) - 48; inc (i) end;
    repeat
```

```
            if st [i] in [ '0' .. '9'] then M : = M * 10 + ord (st [i]) - 48;
         Inc (i);
      until i > Length (st)
end;
procedure main;
var
      i, j, k: byte;
begin
      fillchar (g, sizeof (g), false);
      for k : = 1 to M do
         begin
              readln (i, j);
              g [i, j] : = true
         end;
      for k : = 0 to 9 do
         for i : = 0 to 9 do
            for j : = 0 to 9 do
               g [i, j] : = g [i, j] or (g [i, k] and g [k, j]);
      fillchar (f, sizeof (f), 0);
      for i : = 0 to 9 do g [i, i] : = true;
      for i : = 0 to 9 do
         for j : = 0 to 9 do
              inc (f [i], ord (g [i, j]))
end;
procedure show;
var
      i, j, k, g: Byte;
      ans: Array [1 .. maxLen] of Byte;
begin
      fillchar (ans, sizeof (ans), 0);
      ans [1] : = 1;
      for k : = 1 to len do
         begin
              g : = 0;
              for i : = 1 to maxLen do
                 begin
                     ans [i] : = ans [i] * f [a [k]] + g;
                     g : = ans [i] div 10;
                     ans [i] : = ans [i] mod 10
```

```
              end；
          end；
    j ：= maxLen；
    while ans [j] = 0 do dec (j)；
    for i ：= j downto 1 do write (ans [i])；
    writeln
end；
begin
    Init；
    main；
    show
    end；
end.
```

例题二 过河卒（NOIP2002 普及组复赛试题）。

问题描述：棋盘上 A 点有一个过河卒，需要走到目标 B 点。卒行走的规则：可以向下或者向右。同时在棋盘上 C 点有一个对方的马，该马所在的点和所有跳跃一步可达的点称为对方马的控制点。

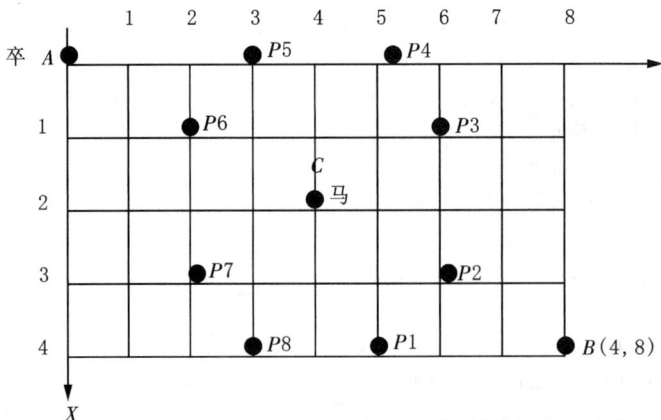

棋盘用坐标表示，A 点（0，0）、B 点（n，m）（n，m 为不超过 20 的整数），同样马的位置坐标是需要给出的。现在要求你计算出卒从 A 点能够到达 B 点的路径的条数。

分析：这是一道老得不能再老的题目了，很多书上都有类似的题目，NOIP97 普及组的最后一题就和本题几乎一模一样。有些同学由于没见过与之类似的题目，在比赛时用了搜索，当 n 到 14、15 左右就会超时。

方法与技巧：

其实，本题稍加分析，就能发现：要到达棋盘上的一个点，只能从左边过来或是从上面下来，所以根据加法原理，到达某一点的路径数目，等于到达其相邻上、左两点的路径数目之和，因此我们可以使用逐列（或逐行）递推的方法来求出从起始顶点到终点的路径数目，即使有障碍（我们将马的控制点称为障碍），这一方法也完全适用，只要将到达该点的路径数目置为 0 即可，用

$F[i, j]$ 表示到达点 (i, j) 的路径数目，$g[i, j]$ 表示点 (i, j) 有无障碍，递推方程如下：

$F[0, 0] = 1$

$F[i, j] = 0$ 　　　　　　　　　　　　$\{g[x, y] = 1\}$

$F[i, 0] = F[i-1, 0]$ 　　　　　　　　$\{i > 0, g[x, y] = 0\}$

$F[0, j] = F[0, j-1]$ 　　　　　　　　$\{j > 0, g[x, y] = 0\}$

$F[i, j] = F[i-1, j] + F[i, j-1]$ 　　　$\{i > 0, j > 0, g[x, y] = 0\}$

本题要考虑精度问题，当 n，m 都很大时，可能会超过 MaxLongInt，所以要使用 Comp 类型计数（Comp 类型已经足够了，即使 $n = 20$，$m = 20$，没有任何障碍的情况下的结果也只有十四五位的样子）。

参考程序：

```
{ $R-, S-, I-, Q-, N+}
program c4;
const
        dx: array [1..8] of Shortint = (-2, -1, 1, 2, 2, 1, -1, -2);
        dy: array [1..8] of Shortint = (1, 2, 2, 1, -1, -2, -2, -1);
var
        n, m, x, y, i, j: Byte;
        g: array [0..20, 0..20] of Byte;
        f: array [0..20, 0..20] of Comp;
begin
        readln (n, m, x, y);
        Fillchar (g, Sizeof (g), 0);
        g [x, y] := 1;
        for i := 1 to 8 do
            if (x + dx [i] >= 0) and (x + dx [i] <= n) and
            (y + dy [i] >= 0) and (y + dy [i] <= m) then
            g [x + dx [i], y + dy [i]] := 1;
        f [0, 0] := 1;
        for i := 1 to n do
            if g [i, 0] = 0 then f [i, 0] := f [i - 1, 0];
        for i := 1 to m do
            if g [0, i] = 0 then f [0, i] := f [0, i - 1];
        for i := 1 to n do
            for j := 1 to m do
                if g [i, j] = 0 then f [i, j] := f [i - 1, j] + f [i, j - 1];
        writeln (f [n, m]:0:0)
end.
```

例题三　火星人（2004 年普及组初赛试题）。

问题描述： 人类终于登上了火星的土地并且见到了神秘的火星人。人类和火星人都无法理解

对方的语言，但是我们的科学家发明了一种用数字交流的方法。这种交流方法是这样的，首先，火星人把一个非常大的数字告诉人类科学家，科学家破解这个数字的含义后，再把一个很小的数字加到这个大数上面，把结果告诉火星人，作为人类的回答。

火星人用一种非常简单的方式来表示数字——掰手指。火星人只有一只手，但这只手上有成千上万的手指，这些手指排成一列，分别编号为 1，2，3，……火星人的任意两根手指都能随意交换位置，他们就是通过这方法计数的。

一个火星人用一个人类的手演示了如何用手指计数。如果把五根手指——拇指、食指、中指、无名指和小指分别编号为 1，2，3，4 和 5，当它们按正常顺序排列时，形成了 5 位数 12345，当你交换无名指和小指的位置时，会形成 5 位数 12354，当你把五个手指的顺序完全颠倒时，会形成 54321，在所有能够形成的 120 个 5 位数中，12345 最小，它表示 1，12354 第二小，它表示 2，54321 最大，它表示 120。下表展示了只有 3 根手指时能够形成的 6 个 3 位数和它们代表的数字：

三进制数	123	132	213	231	312	321
代表的数字	1	2	3	4	5	6

现在你有幸成为了第一个和火星人交流的地球人。一个火星人会让你看他的手指，科学家会告诉你要加上去的很小的数。你的任务是，把火星人用手指表示的数与科学家告诉你的数相加，并根据相加的结果改变火星人手指的排列顺序。输入数据保证这个结果不会超出火星人手指能表示的范围。

输入文件

输入文件 martian. in，包括三行，第一行有一个正整数 N，表示火星人手指的数目（$1 \leq N \leq 10000$）。第二行是一个正整数 M，表示要加上去的小整数（$1 \leq M \leq 100$）。下一行是到 N 这 N 个整数的一个排列，用空格隔开，表示火星人手指的排列顺序。

输出文件：

输出文件 martian. out 只有一行，这一行含有 N 个整数，表示改变后的火星人手指的排列顺序。每两个相邻的数中间用一个空格分开，不能有多余的空格。

样例输入：

5
3
1 2 3 4 5

样例输出：

1 2 4 5 3

数据规模：

对于 30% 的数据，$N \leq 15$；

对于 60% 的数据，$N \leq 50$；

对于全部的数据，$N \leq 10000$。

方法与技巧：

方法：排列生成法，直接从指定序列用排列产生方法顺序生成到后面 M 个。

参考程序：

```
program martian;
const maxn = 10000;
var a: array [1..maxn+1] of integer;
    b: array [1..maxn+1] of boolean;
    n, m, i, p, k: integer;
begin
  assign (input, 'martian.in');
  reset (input);
  readln (n);
  readln (m);
  fillchar (b, sizeof (b), false);
  for i: =1 to n do begin read (a [i]); b [a [i >: = true end; p: = n+1;
  k: = -1;
  while true do
  begin
    if p > n then begin
                      dec (p);
                      inc (k);
                      b [a [i >: = false;
                      if k = m then break;
               end;
    repeat inc (a [i]); until not b [a [i]]; b [a [i]]: = true;
    if a [i] > n then
            begin b [a [i]]: = false; dec (p); b [a [i >: = false end
        else
            begin inc (p); a [i]: =0 end;
  end;
  assign (output, 'martian.out');
  rewrite (output);
  for i: =1 to n-1 do write (a [i], ''); writeln (a [n]);
  close (output)
end.
```

例题四 砝码称重。

问题描述：设有 1g，2g，3g，5g，10g，20g 的砝码各若干枚，问用这些砝码可以称出多少种不同的重量（设砝码的总重量不超过 1000 克，且砝码只能放在天平的一端）？

要求：

输入方式：a_1　a_2　a_3　a_4　a_5　a_6

（表示 1g 砝码有 a_1 个，2g 砝码有 a_2 个，…，20g 砝码有 a_6 个）

输出方式：Total = N

（N 表示用这些砝码能称出的不同重量的个数，但不包括一个砝码也不用的情况。）

样例输入：

6　5　4　3　2　1

样例输出：

Total = 83（表示可以称出 83 种不同的重量）

分析：这是一道典型的组合题目，一看到题目，首先想到的是用穷举法，即给出所有可能的砝码组合，看这些组合总共可以称出多少种不同的重量，其时间复杂度为：

$$O\ (a_1 \times a_2 \times a_3 \times a_4 \times a_5 \times a_6)$$

但仔细想一下，就会发现这种算法是行不通的，由于题目给出的砝码总质量不超过 1000 克，当砝码比较多时，用上述算法是不可能在规定时间内得出解的。例如，当六种砝码的个数分别为 200，100，30，20，20，10 时，其总质量为 990 克，如果用上述算法来做，其时间复杂度为 $O\ (200 \times 100 \times 30 \times 20 \times 20 \times 10) = O\ (2.4 \times 10^9)$，显然是无法忍受的。为什么会出现这种情况呢？其关键就在于重复计算。

方法与技巧：

我们知道，2 个 1 克的砝码与 1 个 2 克的砝码所产生的效果是一样的，进一步说，当两种不同的砝码组合所称出的重量相同时，再加上其他的相同的砝码，其称出的质量也必然相同，这就是穷举法算法复杂的原因所在。对于两种质量相同的组合，穷举法不是采取剪枝，而是继续向下搜索，这样，实际上就等于多用了一倍的时间。如此反复的重复计算，就会导致程序浪费大量的时间。

因此，设计新算法的关键就变成如何对重复的组合尽早剪枝。在这里，我们不妨使用宽度优先搜索的算法：由一个砝码也不取开始扩展节点，当扩展出的某一个节点所对应的质量数在前面已经出现过时，则不再从该节点扩展下去，并删掉该节点；如此往复，直到没有节点可扩展为止。统计扩展的节点总数，就可得到可以称出的质量总数。

参考程序：

```
{ $ A + , B - , D - , E + , F - , G + , I - , L - , N - , O - , P - , Q - , R - , S - , T - ,
V + , X + , Y - }
{ $ M 16384, 0, 655390 }
program fama;
const
    w: array [1..6] of byte = (1, 2, 3, 5, 10, 20);
    maxweight = 1000;
type
    twl = array [1..6] of integer;
    tlist = array [0..maxweight] of record
                                        we: integer;
                                        sn: twl;
                                        end;
var
    a: list; s: twl; i: byte;
```

```
    b：array [1..1000] of boolean;
    head，tail，cw：integer；
begin
    for i：=1 to 6 do read（s [i]）；readln；
    fillchar（a，sizeof（a），0）；
    fillchar（b，sizeof（b），0）；
    head：=0；tail：=0；
    while head <= tail do
        begin
            for i：=1 to 6 do
                if a [head].sn [i] < s [i] then
                    begin
                        cw：=a [head].we + w [i]；
                        if not b [cw] then
                            begin
                                inc（tail）；
                                a [tail].we：=cw；b [cw]：=true；
                                a [tail].sn：=a [head].sn；
                                inc（a [tail]，sn [i]）
                            end；
                    end；
                end；
            inc（head）；
        end；
    writeln（'total ='，tail）；
end.
```

【解题尝试】

第一题　全排列。

用生成法求出 1，2，…，r 的全排列（$r \leqslant 8$）。

算法过程：

用数组 a：array [1..r] of integer；表示排列。

初始化时，$a [I]$：=1（i=1，2，…，f），设中间的某一个排列为 $a [1]$，$a [2]$，…，$a [r]$，则求出下一个排列的算法为：

①从后面向前找，直到找到一个顺序为止（设下标为 $j-1$，则 $a [j-1] < a [j]$）；

②从 $a [j] - a [r]$ 中找出一个 $a [k]$ 比 $a [j-1]$ 大的最小元素；

③将 $a [j-1]$ 与 $a [k]$ 交换；

④将 $a [j]$，$a [j+1]$，…，$a [r]$ 由小到大排序。

4.4 递归问题

【学习目标】

程序调用自身的编程技巧称为递归（recursion）。

一个比较经典的描述是老和尚讲故事：他说从前有座山，山上有座庙，庙里有个老和尚在讲故事；他说从前有座山，山上有座庙，庙里有个老和尚在讲故事；他说从前有座山……这样没完没了地反复讲故事，直到最后老和尚烦了停下来为止。

反复讲故事可以看成是反复调用自身，但如果不能停下来那就没有意义了，所以最终还要能停下来。递归的关键在于找出递归方程式和递归终止条件，即老和尚反复讲故事这样的递归方程式要有，最后老和尚烦了停下来这样的递归的终止条件也要有。

所以递归需要有边界条件、递归前进段和递归返回段。当边界条件不满足时，递归前进；当边界条件满足时，递归返回。因此，在考虑使用递归算法编写程序时，应满足两点：（1）该问题能够被递归形式描述；（2）存在递归结束的边界条件。

递归算法一般用于解决三类问题：

（1）数据的定义形式是按递归定义的，比如阶乘的定义。

又如裴波那契数列的定义：$f(n) = f(n-1) + f(n-2)$，$f(0) = 1$；$f(1) = 1$

对应的递归程序为：

```
varn: integer;
functionf (n: integer): longint;
begin
    case n of
        0: f: =1; {递归结束条件}
        1: f: =1;
        else
            f: =f (n-1) +f (n-2) {递归调用}
    end;
end;
begin
    readln (n);
    writeln (f (n))
end.
```

这类递归问题往往又可转化成递推算法，递归边界作为递推的边界条件。

（2）问题解法按递归算法实现，例如回溯等。

（3）数据的结构形式是按递归定义的，如树的遍历、图的搜索等。

【解题钥匙】

例题一 给出一棵二叉树的中序与后序排列，求出它的先序排列。

分析：通过对比二叉树的中序与后序排列，我们可以找出根节点及左右子树。同样地，可以通过对比左子树的中序与后序排列，找出左子树的根节点……可见，该问题能够被递归描述。当找到最后一个根节点时，递归无法再进行下去，这就是递归结束的边界条件。由此可见，递归算法中常常隐含了分治思想。

参考程序：

```
program chu01_3;
  var z, h: string;
  procedure find (a, b: string);
    var
      s, l: integer;
    begin
      l: = length (b);
      if l = 1 then Write (b) {边界条件及递归返回段}
      else
        begin {递归前进段}
          write (b [l]);
          s: = pos (b [l], a);
          if s - 1 > 0 then find (copy (a, 1, s - 1), copy (b, 1, s - 1)); {递归左子树}
          if l - s > 0 then find (copy (a, s + 1, l - s), copy (b, s, l - s)); {递归右子树}
        end;
    end;
begin
  readln (z);
  readln (h);
  find (z, h);
  readln;
  end;
end.
```

例题二 素数环。

问题描述：把从 1 到 20 这 20 个数摆成一个环，要求相邻的两个数的和是一个素数。

分析：非常明显，这是一道回溯的题目。从 1 开始，每个空位有 20（19）种可能，只要填进去的数合法，其表现为：与前面的数不相同，与左边相邻的数的和是一个素数。第 20 个数还要判断和第 1 个数的和是否是素数。

算法流程：

（1）数据初始化。

（2）递归填数·

判断第 J 种可能是否合法：

①如果合法：填数。判断是否到达目标（20 个已填完）：是，打印结果；不是，递归填下一个。

②如果不合法：选择下一种可能。

参考程序：

```pascal
program sushuhuan;
var a: array [1..20] of integer;
    k: integer;
function pd1 (j, i: integer): boolean;
begin
        pd1: = true;
        for k: = 1 to i - 1 do
           if a [k] = j then begin pd1: = false; exit; end;
end;
function pd2 (x: integer): boolean;
begin
      pd2: = true;
      for k: = 2 to trunc (sqrt (x)) do
              if x mod k = 0 then begin pd2: = false; exit; end;
end;
function pd3 (j, i: integer): boolean;
begin
     if i < 20 then pd3: = pd2 (j + a [i - 1])
                 else pd3: = pd2 (j + a [i - 1]) and pd2 (j + 1);
end;
procedure print;
begin
        for k: = 1 to 20 do write (a [k]: 4);
        writeln;
end;
procedure try (i: integer);
var j: integer;
begin
        for j: = 2 to 20 do
        begin
           if pd1 (j, i) and pd3 (j, i) then begin
                                        a [i]: = j;
                                        if i = 20 then begin print; halt; end
                                           else try (i + 1);
                                        a [i]: = 0;
                              end;
        end;
end;
```

```
begin
        for k： =1 to 20 do a [k]： =0;
        a [1]： =1;
        try（2）;
    end;
end.
```

【解题尝试】

第一题　基本数运算。

问题描述：用五个基本数字 2、3、5、7、13 和运算符 +、-、*，对于输入的自然数 N，通过有限步的运算总能得到 N。

如果运算符不分级别，输出一种最小步数的运算式子和最小步数。如果输入的 N 就是 2、3、5、7、13 中的一个，则直接输出 $N = N$　Step $= 0$。当超过五步时直接输出 Step > 5。

输入输出样式：

输入：7　输出：$7 = 7$ Step $= 0$

输入：90　输出：$90 = 5 + 13 * 5$ Step $= 2$

输入：10000　输出：$10000 - 3 + 13 * 5 * 5 * 5 * 5$ Step $= 5$

输入：20000　输出：Step > 5

5　排序算法

【学习目标】

掌握排序及相关的基本概念。掌握直接插入排序及希尔排序的方法，理解快速排序的方法。了解选择排序、堆排序、归并排序的排序方法。理解各种内部排序法的优缺点，以及懂得如何进行排序方法的选择。

由于排序算法在一定程度上都比较相似，与其他章节有些不同，为了保持本章结构的完整性与连贯性，笔者将首先介绍各种排序算法，最后再具体讲解排序算法的应用。

5.1　排序的基本概念

排序（sorting）是数据处理领域一种很常用的运算。排序的目的之一是方便查找。若不排序而进行查找，则时间复杂性为 $O(n)$，若在排序的基础上进行查找，则时间复杂性可提高到 $O(\log n)$，效果是相当显著的。

排序就是把一组记录（元素）按照某个域的值（不妨称之为排序码）的递增（即由小到大）或递减（即由大到小）的次序重新排列的过程。设待排序的一组记录为 $\{R_1, R_2, \cdots, R_n\}$，对应的排序码为 $\{S_1, S_2, \cdots, S_n\}$，若排序码的递增次序为 $\{S_1', S_2', \cdots, S_n'\}$，即 $S_1' \leqslant S_2' \leqslant \cdots \leqslant S_n'$，则排序后的记录次序为 $\{R_1', R_2', \cdots, R_n'\}$，其中 R_i' 的排序码为 S_i'（$1 \leqslant i \leqslant n$）；若排序码的递减次序为 $\{S_1'', S_2'', \cdots, S_n''\}$，即 $S_1'' \leqslant S_2'' \leqslant \cdots \leqslant S_n''$，则排序后的记录次序为 $\{R_1'', R_2'', \cdots, R_n''\}$，其中 R_i' 的排序码为 S_i''（$1 \leqslant i \leqslant n$）。

一组记录按排序码的递增或递减次序（又称为升序、正序或降序、逆序、反序）排列得到的结果被称之为有序表，相应地，把排序前的状态称为无序表。若有序表是按排序码升序排列的，则称为升序表或正序表，否则称为降序表或逆序表。因为将无序表排列成正序表或逆序表的方法相同，只是排列次序正好相反而已，所以通常均按正序讨论之，并且若不特别指明，本章所指的有序均指正序，所指的有序表均指正序表。

记录的排序码可以是记录的关键字，也可以是任何非关键字，所以排序码相同的记录可能只有一个，也可能有多个。对于具有同一排序码的多个记录来说，若采用的排序方法使排序后记录的相对次序不变，则称此排序方法是稳定的，否则称为不稳定的。如假定一组记录的排序码为（23，15，72，18，23，40），其中排序码同为 23 的记录有两个（为了加以区别，后一个记录的排序码 23 上带有下画线），若一种排序方法使排序后的结果必为（15，18，23，23，40，72），则称此方法是稳定的，若一种排序方法使排序后的结果可能为（15，18，23，23，40，72），则称此方法是不稳定的。

按照排序过程中所使用的内、外存情况不同，可把排序分为内排序和外排序两大类。若排序过程全部在内存中进行，则称为内排序；若排序过程需要不断地进行内存和外存之间的数据交换，则称为外排序。显然，外排序速度比内排序速度要慢得多。对于一些较大的文件，由于内存容量的限制，不能一次装入内存进行内排序，只得采用外排序来完成。内排序和外排序各有许多不同的排序方法，本章只对内排序的主要方法进行讨论，对外排序的方法不做介绍，有兴趣者可参阅有关书籍。内排序方法有许多种，按所用策略不同，可归纳为五类：插入排序、选择排序、交换排序、归并排序和分配排序。本章将讨论前四类中一些常用的方法。

在内排序中，待排序的 n 个记录或 n 个记录的索引项（每个记录的索引项通常包括该记录的排序码和记录的存储地址两个部分）通常被保存在一维数组（假定为 $A(1:n)$）中，排序过程就是对记录的排序码进行比较和记录的移动过程。当一种排序方法使排序过程在最坏或平均情况下所进行的比较和移动次数越少，则说明该方法的时间复杂性就越好，否则就越坏。分析一种排序方法，不仅要分析它的时间复杂性，而且要分析它的空间复杂性、稳定性和简单性等。

5.2　插入排序

插入排序主要包括直接插入排序和希尔排序两种。

1. 直接插入排序

直接插入排序（straight insertion sorting）是一种简单的排序方法。其基本思想是：把数组 $A[1:n]$ 中待排序的 n 个元素看成为一个有序表和一个无序表，开始时有序表中包含一个元素 $A[1]$，无序表中包含有 $n-1$ 个元素 $A[2] \sim A[n]$，排序过程中每次从无序表中取出第一个元素，把它插入到有序表中的适当位置，使之成为新的有序表，这样经过 $n-1$ 次插入后，无序表就变为空表，有序表中就包含了全部 n 个元素，至此排序完毕。

现在讨论如何在第 i 次（$1 \leqslant i \leqslant n-1$）操作中把无序表 $A[i+1] \sim A[n]$ 中的第一个元素 $A[i+1]$ 插入到有序表 $A[1] \sim A[i]$ 中的适当位置。有两种方法可采用：一是首先从有序表表尾开始，依次向前使每一元素 $A[j]$（$1 \leqslant j \leqslant i$）的排序码同 x（x 单元中暂存 $A[j+1]$ 的值）的排序码进行比较，直到 $x \cdot stn \geqslant A[j] \cdot stn$ 为止（假定用 stn 表示排序码所在域的域名），此时第 $j+1$ 单元就是 x 的插入位置，然后使 $A[i]$ 向前到 $A[j+1]$ 的每个元素均后移一个单元，以便空出第 $j+1$ 单元保存 x（即原 $A[i+1]$ 元素）；二是从有序表表尾开始把元素的比较和移动合在一起进行，当 $x \cdot stn < A[j] \cdot stn$ 时，就把 $A[j]$ 元素后移一个单元，接着再同前一元素进行比较，直到此条件不成立时，已经空出的第 $j+1$ 单元就是 x 的插入位置，把 x 直接赋给该单元即可。进行第 i 次插入后，有序表为 $A[i] \sim A[j+1]$，元素个数为 $(i+1)$，无序表为 $A[i+2] \sim A[n]$，元素个数为 $(n-i-1)$。下面给出插入排序的程序源代码：

```
program insertsort;
const maxn = 10000;
var n, i, j, x: longint;
    a: array [1..maxn] of longint;
begin
    readln (n);
    for i: = 1 to n do
        read (a [i]);
    for i: = 1 to n - 1 do
    begin
        x: = a [i + 1];
```

```
      j：＝i；
      while（j＞0）and（x＜a［j］）do
      begin
        a［j＋1］：＝a［j］；
        j：＝j－1；
      end；
      a［j＋1］：＝x；
    end；
    for i：＝1 to n do
        writeln（a［i］）；
end.
```

在直接插入排序中，共需要进行（$n-1$）次元素的插入，每次插入最少需比较一次和移动两次，最多需比较（$i+1$）次和移动（$i+2$）次，平均需比较 $1+i/2$ 次和移动 $2+i/2$ 次。因此直接插入排序的时间复杂性为 $O(n^2)$。

在直接插入排序中，若采用二分查找而不是顺序查找待插入元素的插入位置，则可减少记录的最大和平均比较的总次数，使排序速度有所提高，但提高不会太大，因为移动记录的总次数不受改变，其时间复杂性仍为 $O(n^2)$。

由上面对直接插入排序的时间复杂性的分析可知：当待排序记录为正序或接近正序时，所用的比较和移动次数较少；当待排序记录为逆序或接近逆序时，所用的比较和移动次数较多。所以直接插入排序更适合于原始数据基本有序（即正序）的情况。

在直接插入排序中，只使用一个临时工作单元 x，暂存待插入的元素，所以其空间复杂性为 $O(1)$。另外，直接插入排序是稳定的，因为具有同一排序码的后一元素必然插在具有同一排序码的前一元素的后面，即相对次序保持不变。

最后还需要指出，直接插入排序的方法不仅适用于顺序表（即数组），而且适用于单链表，不过在单链表上进行直接插入排序时，不是移动记录的位置，而是修改相应的指针。

2. 希尔排序

希尔排序又称缩小增量排序（diminishing increment sort），它是对直接插入排序的一种改进方法，是由希尔（D. L. Shell）于1959年提出的。希尔排序的过程是：首先以 d_1（$d_1<n$）为步长，把数组 A 中 n 个元素分为 d_1 个组，使下标距离为 d_1 的元素在同一组中，即（$A[1]$，$A[1+d_1]$，$A[1+2d_1]$，…）为第一组，（$A[2]$，$A[2+d_1]$，$A[2+2d_1]$，…）为第二组，…，（$A[d_1]$，$A[2d_1]$，$A[3d_1]$，…）为最后一组（即第 d_1 组），接着在每个组内进行直接插入排序；然后再以 d_2（$d_2<d_1$）为步长，在上一步排序的基础上，把 A 中的 n 个元素重新分为 d_2 个组，使下标距离为 d_2 的元素在同一组中，接着再在每个组内进行直接插入排序；依此类推，直到 $d_t=1$，把所有 n 个元素看作为一组，进行直接插入排序为止。

在希尔排序中，开始步长（增量）较大，分组较多，每个组内的记录条数较少，因而记录的比较和移动次数都较少，且移动距离较远；越到后来步长越小（最后一步为1），分组越少，每个组内的记录条数也越多，但同时记录次序也越来越接近有序，因而记录的比较和移动次数也都较少。从理论上和实验上都已证明，在希尔排序中，记录的总的比较次数和总的移动次数比直接插入排序时要少得多，特别是当 n 越大时效果越明显。

对希尔排序的理论分析提出了许多困难的数学问题，特别是如何选择增量（步长）序列才能产生最好的排序效果，至今没有得到解决。一般选取增量序列的规则是：取 $d_i + 1$ 在 $d_i/3$ 至 $d_i/2$ 之间，其中 $0 \leqslant i \leqslant t - l$，$d_t = 1$，并假定 $d_0 = n$；同时要使得增量序列中的每两个或多个值之间没有除 1 之外的公因子。若按照这种规则选取增量序列，希尔排序的时间复杂性当 n 充分大时（如 $n > 10000$）大致为 $O(n^{1.3})$，显然比直接插入排序的时间复杂性 $O(n^2)$ 要提高很多。显然希尔排序是不稳定的。下面给出希尔排序的程序：

```
program shellsort;
const maxn = 10000;
var n, i, j, d, x: longint;
    a：array [1..maxn] of longint;
begin
    readln (n);
    for i：= 1 to n do
        read (a [i]);
    d：= n div 2;
    while d > = 1 do
    begin
      for i：= d + 1 to n do
      begin
        x：= a [i];
        j：= i - d;
        while (j > 0) and (x < a [j]) do
        begin
          a [j + d]：= a [j];
          j：= j - d;
        end;
        a [j + d]：= x;
      end;
      d：= d div 2;
    end;
    for i：= 1 to n do
      writeln (a [i]);
end.
```

虽然希尔排序的算法是三重循环，但只有中间 for 循环是 n 数量级的，外 while 循环为 $\log n$ 数量级，内 while 循环也远远低于 n 数量级，因为当分组较多时，组内元素较少，所以此循环的次数就较少，当分组逐渐减少时，组内元素也逐渐增多，但由于记录也逐渐接近有序，所以循环次数不会随之增加。总之，希尔排序的时间复杂性在 $O(n\log n)$ 和 $O(n^2)$ 之间，大致为 $O(n^{1.3})$。

5.3　选择排序

选择排序主要包括直接选择排序和堆排序两种。

1. 直接选择排序

　　直接选择排序（straight select sorting）也是一种简单的排序方法。其基本思想是：把待排序的 n 个元素也看作为一个有序表和一个无序表，开始时有序表为一个空表，无序表中包含有 n 个元素，在排序过程中，每次从无序表中选择出一个具有最小排序码的元素（该元素的排序码必然不小于被上一次选择出元素的排序码，假设若小于，那么它就会在上一次之前被选择出来，所以假设不成立），将它与无序表中的第一个元素交换位置，亦即把它加入到有序表的表尾，从而得到一个新的有序表，这样有序表中就增加了一个元素，无序表中就减少了一个元素，经过 $n-1$ 次选择和交换后，有序表中包含有 $n-1$ 个元素，无序表中只有一个元素，该元素的排序码必然不小于有序表中元素的排序码，它正好应该放在最后，所以整个排序过程结束。直接选择排序的程序为：

```
program selectsort;
const maxn = 10000;
var n, i, j, k: longint;
    a: array [1..maxn] of longint;
begin
        readln (n);
        for i: = 1 to n do
          read (a [i]);
        for i: = 1 to n - 1 do
        begin
          k: = i;
          for j: = i + 1 to n do
            if a [j] < a [k] then k: = j;
        if k < > i then
        begin
          j: = a [i];
          a [i]: = a [k];
          a [k]: = j;
        end;
      end;
      for i: = 1 to n do
        writeln (a [i]);
end.
```

　　可见，直接选择排序的时间复杂性为 $O(n^2)$，但由于它移动记录的总次数为 $O(n)$ 数量级，所以当记录占用的字节数较多时通常比直接插入排序的执行速度要快一些。由于在直接选择排序中存在着不相邻元素之间的互换，因而可能会改变具有相同排序码元素的前后位置，所以此方法是不稳定的。

2. 堆排序

堆排序（heap sorting）是利用堆的特性进行排序的过程。堆是一种特殊的集合，从集合的角度来考虑，考虑一个很简单的在集合上的操作。这个集合中的个体是数，我们对集合的操作有两种，插入元素（也就是插入数），删除最小的数。而我们需要得到的这个集合的性质是，这个集合中最小的数。我们可以用简单的线性表记录这个集合，但是当需要知道这个集合最小的元素时，必须枚举集合中的每一个元素。也可以在记录这个集合的同时记下它们的最小元素。当删除一个元素时，要维护这个最小元素，也是很费时间的。这里就可以看出改变集合与得到集合性质之间的矛盾性。

在分析时间复杂度的时候，一般都是忽略掉那些复杂度级别比较低的操作，而只考虑最耗时的操作。从这个意义上说，上面两种算法，都存在着这样的操作，那就是能够在这些操作上再多花一点时间而不影响到时间复杂度。那么，另外一些操作，由于这些操作多做的事情，能够少做一些事情，不就达到了我们想要的效果吗？这样能实现吗？理想中的算法应该是每一种操作的复杂度相差不大，而堆正是这样的一个能实现这个算法的数据结构。

堆其实是一棵树，更准确地说，它是一棵完全二叉树。除了最后一层外，它所有的层都是满的（第 k 层有 $2k-1$ 个节点），最后一层的节点都靠在最左边。为了方便，可以把节点按照深度标号，同一层次的节点按照从左到右的顺序标号。不难发现一个很重要的性质，就是第 i 个节点的儿子节点的标号是 $2i$ 和 $2i+1$（如果有的话）。堆中的每一个节点都有一个关键字，可以设它是数字。每一个节点的儿子节点的关键字都比它的关键字大（为了简便，设没有两个节点的关键字是一样的）。那么，关键字最小的节点就是根节点。这样，求最小数就可以在 $O(1)$ 的时间内解决了。

当然，我们主要探讨当我们改变这个堆中的元素时（包括插入一个数，删除最小数），还要保持堆的性质。插入一个元素：由于一个具有 n 个元素的节点节点的标号是从 1 到 n 的，所以，插入一个数时，首先就把这个数放在第 $n+1$ 号节点里。维护这棵树时，只需要把这个节点的关键字与它的父亲节点的关键字进行比较，如果它的大，则这个堆仍然满足性质，否则交换它与它的父亲的关键字，继续看它的父亲是否满足条件。图 5-1 就是一个简单的例子。

删除最小元素就要复杂一点。同样，为了保证标号的连续性，删除了根节点后，把最后一个节点作为根节点。当然，根节点和下面的节点和它的儿子节点可能不满足条件，于是也要调整，与上面添加节点不同的是，这个调整是"向下"进行的。

如果节点 1 的关键值比节点 2 大而比节点 3 小，那么可以把 1 与 2 交换；但是如果节点 1 的关键值比节点 2 和节点 3 都大，节点 1 与哪个交换？为了使交换后根节点变成最小的，当然应把节点 2 和节点 3 中关键值较小的那个节点交换，交换后再看节点 2 或者节点 3 是否满足条件，直到当前节点没有儿子节点或者关键字比它的儿子的关键字都小为止。

还是看图 5-1，删除根节点后最后一个点移上去后，后面的步骤就如图 5-2 所示。

再来分析上面每种操作的时间复杂度。由于 n 个节点的完全二叉树的深度为 $\log n$ 级别的，所以每一次操作的时间复杂度是 $O(\log n)$。

上面的操作虽然只是插入和删除，其实用到了两个调整的过程：上调整和下调整。向上调整不必从最后一个节点开始，向下调整也不必从第一个节点开始。

堆有一个非常好的性质，就是建堆的复杂度可以达到 $O(n)$。实现方法是从无序表的第 $[n/2]$ 个元素开始，到第 1 个元素结束，将每个元素下调整一次。初看起来，我们下调整了 $O(n)$ 次，而下调整的复杂度是 $O(\log n)$，建堆的复杂度不就是 $O(n\log n)$ 吗？我们引入平摊分析的思想，

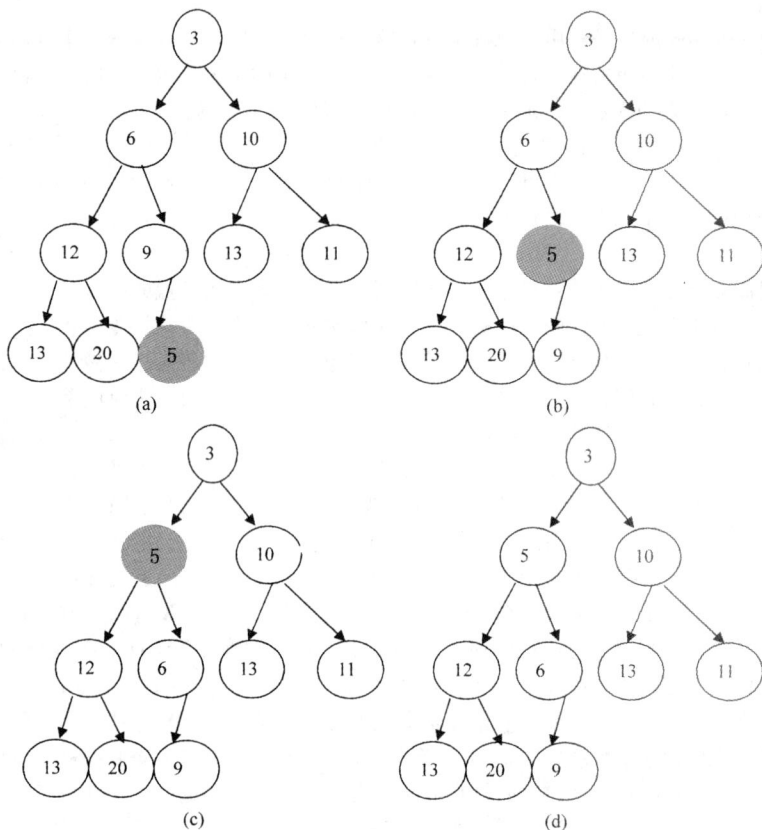

图 5 - 1 堆删除示意图

初始时的无序表中不满足堆性质的数对有 O（n）个，我们可以通过 O（1）的交换来消除一个不满足堆性质的数对，因此总能通过 O（n）次交换使无序表变成一个有序堆。

了解了堆的特性，我们就可以利用它来排序：设置一个有序表，初始时为空表。每次取出堆顶元素，放到有序表表尾，这样进行 n 次之后所有元素都被加入有序表，排序结束。下面给出堆排序的程序：

```
program heapsort;
const maxn = 10000;
var n, total, i: longint;
    a, heap: array [1..maxn] of longint;
procedure swap (i, j: longint); //交换堆中的元素
var t: longint;
begin
    t: = heap [i]; heap [i]: = heap [j]; heap [j]: = t;
end;
```

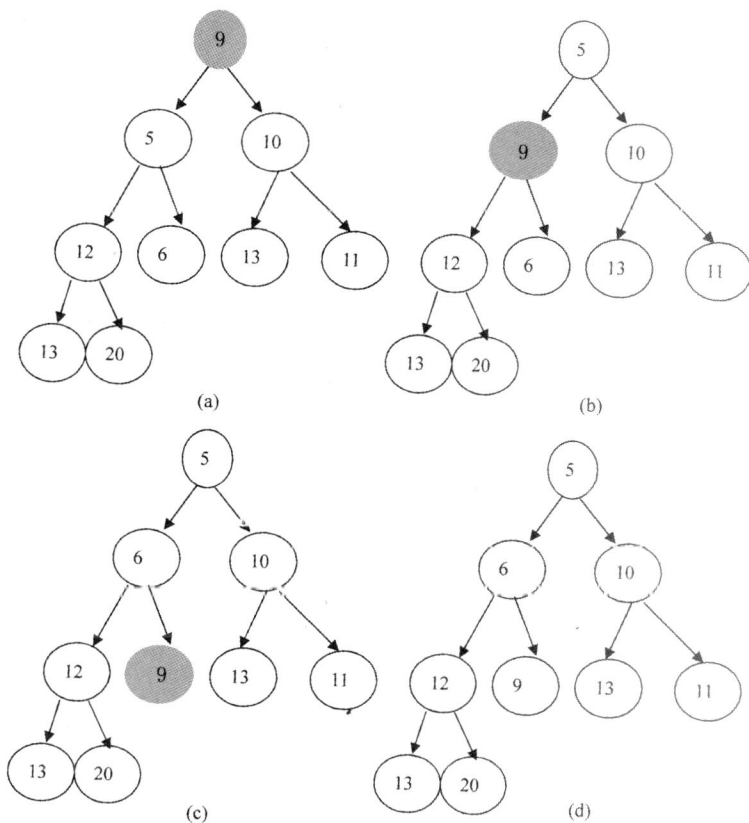

图 5 - 2　堆插入示意图

```
procedure downsift (root: longint); //向下筛
var i, j: longint;
begin
      i: = root;
      while i < = total shr 1 do
      begin
        j: = i + i;
        if (j < total) and (heap [j + 1] < heap [j]) then j: = j + 1;
        if heap [j] < heap [i] then
        begin
           swap (i, j);
           i: = j;
      end else break;
    end;
```

```
end；
procedure upsift（root：longint）；//向上筛
var i，j：longint；
begin
        i：＝root；
        while i＞1 do
        begin
           j：＝i div 2；
           if heap［i］＜heap［j］then
           begin
              swap（i，j）；
              i：＝j；
           end else break；
        end；
end；
begin
        readln（n）；
        for i：＝1 to n do
           read（a［i］）；
        heap：＝a；
        for i：＝n div 2 downto 1 do
           downsift（i）；//建堆
        total：＝n；
        for i：＝1 to n do
        begin
           a［i］：＝heap［1］；
           swap（1，total）；
           total：＝total－1；
           downsift（1）；
        end；
        for i：＝1 to n do
           writeln（a［i］）；
end．
```

5.4 交换排序

交换排序主要包括气泡排序和快速排序两种。

1. 气泡排序

气泡排序（bubble sorting）又称冒泡排序，它也是一种简单的排序方法。其基本思想是通过相邻元素之间的比较和交换使排序码较小的元素逐渐从底部移向顶部，即从下标较大的单元移向下标较小的单元，就像水底下的气泡一样逐渐向上冒。当然，随着排序码较小的元素逐渐上移，排序码较大的元素也逐渐下移。气泡排序过程可具体叙述为：首先将 $A[n]$ 元素的排序码同 $A[n-1]$ 元素的排序码进行比较，若 $A[n]$ · stn $<A[n-1]$ · stn，则交换两元素的位置，使轻者（即排序码较小的元素）上浮，重者（即排序码较大的元素）下沉，接着比较 $A[n-1]$ 同 $A[n-2]$ 元素的排序码，同样使轻者上浮，重者下沉，依此类推，直到比较 $A[2]$ 同 $A[1]$ 元素的排序码，并使轻者上浮重者下沉后，第一趟排序结束，此时 $A[1]$ 为具有最小排序码的元素。然后在 $A[n]$ ~ $A[2]$ 排序区间内进行第二趟排序，使次最小排序码的元素被上浮到第 2 单元中；重复进行 $n-1$ 趟后，整个气泡排序结束。

从气泡排序算法可以看出，若待排序元素为有序（即正序，最好情况），则只需进行一趟排序，其记录（元素）的比较次数为 $(n-1)$ 次，且不移动记录；反之，若待排序元素为逆序（最坏情况），则需进行 $n-1$ 趟排序，其比较次数为 $(n^2-n)/2$ 次，移动次数为 $3(n^2-n)/2$ 次（每次交换需移动三次记录）；在平均情况下，比较和移动记录的总次数大约为最坏情况下的一半。因此，气泡排序算法的时间复杂性为 $O(n2)$。由于气泡排序通常比直接插入排序和直接选择排序需要移动较多次数的记录，所以它是三种简单排序方法中速度最慢的一个。但是气泡排序是一种稳定的排序方法。

2. 快速排序

快速排序（quick sorting）又称划分排序。顾名思义，它是目前所有排序方法中速度最快的一种。快速排序是对气泡排序的一种改进方法。在气泡排序中，进行元素（记录）的比较和交换是在相邻单元中进行的，记录每次交换只能上移或下移一个单元，因而总的比较和移动次数较多。在快速排序中，记录的比较和交换是从两端向中间进行的，排序码较大的记录一次就能够交换到后面单元，排序码较小的记录一次就能够交换到前面单元，记录每次移动的距离较远，因而总的比较和移动次数较少。

快速排序的过程可叙述为：首先从待排序区间（开始时为 $A(1:n)$ 中的所有元素）中选取一个元素（为方便起见，一般选取该区间的第一个元素，若不是，则要把它同第一个元素交换）作为比较的基准元素，通过从两端向中间进行比较和交换，把前面单元中排序码比基准元素的排序码大的元素交换到后面单元中，把后面单元中排序码比基准元素的排序码小的元素交换到前面单元中，而基准元素最终被调换到前后两部分单元的交界处，这样，前面单元中所有元素的排序码均小于等于基准元素的排序码，后面单元中所有元素的排序码均大于等于基准元素的排序码，基准元素的当前位置就是排序后的最终位置。然后再对基准元素的前后两个子区间分别进行快速排序（即重复上述过程），直到每个区间为空或只包含一个元素时，整个快速排序结束。

在快速排序中，把待排序区间按照第一个元素（即基准元素）的排序码分为前后（或称左右）两个子区间的过程叫做一次划分。设待排序区间为 $A(s:t)$，其中 s 为区间下限，t 为区间上限，$s<t$，$A[s]$ 为该区间的基准元素，为了实现一次划分，令 i，j 的初值分别为 s 和 t。在划分过程中，首先让 i 从它的初值开始，依次向前取值，并使每一元素 $A[j]$ 的排序码同 $A[s]$ 的排序码进行比较，直到 $A[j]$ · stn $<A[s]$·stn 时，交换 $A[j]$ 与 $A[s]$ 的值，使排序码小（同基准元素的排序码比较而言）的元素交换到前面子区间，然后让 i 从 $i+1$ 开始，依次向后取值，并使每一元素 $A[i]$ 的排序码同 $A[j]$ 的排序码（此时 $A[j]$ 为基准元素）进行比较，直到 $A[i]$ · stn $>A[j]$ · stn 时，交换 $A[i]$ 与 $A[j]$ 的值，使排序码大的元素交换到后面子区间；再接着让 i 从 $j-1$ 开始，依次向前取值，重复上述过程，直到 i 等于 j，即指向同一位置为止，此位置就是基准元素最终被存放的位置。此次划分得到的前后两个待排序的子区间分别为 $A(s:i-1)$ 和 $A(i+1:t)$。

例如，设待排序的区间为 $A(1:10)$，即 $A[1] \sim A[10]$，10 个元素的排序码序列为：

(45, 36, 18, 53, 72, 30, 48, 93, 15, 36)

按照第一个元素的排序码 45 进行一次划分的过程如图 5-3 所示。

从划分的过程可以看出，排序码为 45 的基准元素可以不必参加交换，这只要在划分前把它赋给临时变量 x，在划分的过程中，让非基准元素 $A[i]$ 或 $A[j]$ 的排序码同 x 的排序码比较，在划分后把 x 放入最终位置（即 i 和 j 相等时所指向的位置）即可，这样做能够减少元素的移动次数，提高排序速度。

$$[45 \ 36 \ 18 \ 53 \ 72 \ 30 \ 48 \ 93 \ 15 \ \underline{36}]$$
$$i \qquad\qquad\qquad\qquad j$$

$$\underline{36} \ 36 \ 18 \ 53 \ 72 \ 30 \ 48 \ 93 \ 15 \ 45$$
$$i \qquad\qquad\qquad\qquad j$$

$$\underline{36} \ 36 \ 18 \ 53 \ 72 \ 30 \ 48 \ 93 \ 15 \ 45$$
$$i \qquad\qquad\qquad\qquad j$$

$$\underline{36} \ 36 \ 18 \ 45 \ 72 \ 30 \ 18 \ 93 \ 15 \ 53$$
$$i \qquad\qquad\qquad j$$

$$\underline{36} \ 36 \ 18 \ 15 \ 72 \ 30 \ 48 \ 93 \ 45 \ 53$$
$$i \qquad\qquad\qquad j$$

$$\underline{36} \ 36 \ 18 \ 15 \ 45 \ 30 \ 48 \ 93 \ 72 \ 53$$
$$i \qquad\quad j$$

$$\underline{36} \ 36 \ 18 \ 15 \ 45 \ 30 \ 18 \ 93 \ 72 \ 53$$
$$i \ j$$

$$[\underline{36} \ 36 \ 18 \ 15 \ 30] \ 45 \ [48 \ 93 \ 72 \ 53]$$
$$ij$$

图 5-3 **快速排序示意图**

根据以上分析，编写出快速排序的程序如下：

```
program quicksort;
const maxn = 10000;
var n: longint;
    a: array [1..maxn] of longint;
procedure sort (l, r: longint);
var i, j: longint;
    x, y: longint;
begin
    i: = l; j: = r;
    x: = a [ (l+r) shr 1];
    repeat
      while a [i] < x do
```

```
        i：=i+1；
    while a［j］>x do
        j：=j-1；
    if i<=j then
    begin
        y：=a［i］；a［i］：=a［j］；a［j］：=y；
        i：=i+1；j：=j-1；
    end；
    until i>j；
    if l<j then sort（l，j）；
    if i<r then sort（i，r）；
end；
var i：longint；
begin
    readln（n）；
    for i：=1 to n do
        read（a［i］）；
    sort（1，n）；
    for i：=1 to n do
        writeln（a［i］）；
end.
```

在快速排序中，记录的移动次数必然小于等于记录的比较次数，因为只有当记录出现逆序（即 $A［j］\cdot stn<x\cdot stn$ 或 $A［i］\cdot stn>x\cdot stn$ 时）才需要把 $A［j］$ 移到前面区间或把 $A［i］$ 移到后面区间。因此，讨论快速排序算法的时间复杂性只要按它的比较次数讨论即可。

在快速排序中，若把每次划分所用的基准元素看作根节点，把划分得到的左区间和右区间看作根节点的左子树和右子树，那么整个排序过程就是把 n 个元素构成一棵二叉排序树的过程。为了讨论时间复杂性的方便，假定由快速排序得到的二叉排序树是一棵理想平衡树，在理想平衡树中，节点数 n 同高度 h 的关系为 $\log n<h\leqslant \log n+1$。由快速排序算法可知，进行第一次划分时，需要进行 n 次比较，即比较次数等于对应理想平衡树中的节点数；进行第二次划分（包括对左区间的第一次划分和对右区间的第一次划分）时，需要进行 $(n-1)$ 次比较，即等于对应理想平衡树中除树根节点外的所有节点数；进行第三次划分时，需要进行 $(n-3)$ 次比较，即等于对应理想平衡树中除前两层节点以外的所有节点数；因为在一棵理想平衡树中，除最后一层（即第 h 层）外，其余层的节点数都是满的，所以，对于第 i 次划分（$1\leqslant i\leqslant h-1$）来说，比较次数为 $n\sim(2-1)$，即 $n+1-2-\_$ 一次；进行第 h 次（最后一次）划分时，比较次数等于对应理想平衡树中最后一层上所有双叶子节点数（因为对于单叶子节点，即双亲只有它一个孩子的节点，不需要进行比较），而双叶子节点数不会超过 2^{h-1} 个（即高度为 h 的满二叉树中的叶子节点数）。所以总的比较次数约为 $O(n\log n)$。由此可知，由快速排序得到的是一棵理想平衡树的情况下，其算法的时间复杂性为 $O(n\log n)$。当然这是最好的情况，在一般情况下，由快速排序得到的是一棵随机的二叉排序树，树的具体结构与每次划分时选取的基准元素有关。理论上已经证明，在平均情况下，

快速排序的比较次数最好情况下的 $2\ln2$ 倍。所以在平均情况下快速排序算法的时间复杂性仍为 $O(n\log n)$。当 n 较大（如大于256）时，它是目前为止在平均情况下速度最快的一种排序方法。在平均和最好情况下快速排序算法的空间复杂性为 $O(\log n)$，显然它比前面讨论过的所有排序方法要多占用一些辅助存储空间。

快速排序的最坏情况是得到的二叉排序树为一棵单支树，如待排序区间上的记录已为正序或逆序时就是如此。在这种情况下共需要进行 $n-1$ 次划分，每次划分得到一个子区间为空，另一个子区间包含有 $(n-i)$ 个记录。每次划分需要比较 $(n-i+1)$ 次，所以总的比较次数为 $(n^2+n-2)/2$。即时间复杂度为 $O(n^2)$。在这种情况下需要递归处理 $n-1$ 次，所以其空间复杂性为 $O(n)$，言之，在最坏情况下，快速排序就退化为像简单排序方法那样的"慢速"排序了，而且比简单排序还要多占用一个具有 n 个单元的栈空间，从而使快速排序成为最差的排序方法。为了避免这种情况的发生，一是若事先知道待排序的记录已基本有序（包括正序和逆序），则采用其他排序方法，而不要采用快速排序方法，是修改上面的快速排序算法，使得在每次划分之前比较当前区间的第一个元素、最后一个元素和中间一个元素的排序码，取排序码居中的一个元素作为基准元素并调换到第一个元素位置。

快速排序是一种不稳定的排序方法，请同学们举例证明。

5.5　归并排序

在讨论归并排序之前，首先给出归并的概念。归并（merge）就是将两个或多个有序表合并成一个有序表。若将两个有序表合并成一个有序表则称为二路归并，同理，有三路归并、四路归并等。二路归并最为简单，且适应于内排序，所以我们只讨论二路归并。例如有两个有序表（7，10，13，15）和（4，8，19，20），归并后得到的有序表为（4，7，8，10，13，15，19，20）。

二路归并算法很简单，假定待归并的两个有序表分别存于数组 A 中从下标 s 到下标 m 的单元和从下标 $m+1$ 到下标 t 的单元（$s\leq m$，$m+1\leq t$），结果有序表存于数组 R 中从下标 s 到下标 t 的单元，并令 i，j，k 分别指向这些有序表的第一个单元。归并过程为：比较 $A[i]$·stn 和 $A[j]$·stn 的大小，若 $A[i]$·stn $\leq A[j]$·stn，则将第一个有序表中的元素 $A[i]$ 复制到 $R[k]$ 中，并令 i 和 k 分别加1，即使之分别指向后一单元，否则将第二个有序表中的元素 $A[j]$ 复制到 $R[k]$ 中，并令 j 和 k 分别加1；如此循环下去，直到其中的一个有序表比较和复制完，然后再将另一个有序表中剩余的元素复制到 R 中从下标 k 到下标 t 的单元。

归并排序（merge sorting）就是利用归并操作把一个无序表排列成一个有序表的过程。若利用二路归并操作则称为二路归并排序。二路归并排序的过程是首先把待排序区间（即无序表）中的每一个元素都看作一个有序表，则 n 个元素构成 n 个有序表，接着两两归并（即第一个表同第二个表归并，第三个表同第四个表归并，等等，若最后只剩下一个表，则直接进入下一趟归并），得到 $[n/2]$ 个长度为2（最后一个表的长度可能小于2）的有序表，称此为一趟归并，然后再两两有序表归并，得到 $[[n/2]/2]$ 个长度为4（最后一个表的长度可能小于4）的有序表。如此进行下去，直到归并第 $[\log n]$ 趟后得到一个长度为 n 的有序表为止。

例如，有12个元素的排序码为：

（45，36，18，53，72，30，48，93，15，24，65，47）

则进行二路归并排序的过程如图 5-4 所示：

(0) [45] [36] [18] [53] [72] [30] [48] [93] [15] [24] [65] [47]

(1) [36 45] [18 53] [30 72] [48 93] [15 24] [47 65]

(2) [18 36 45 53] [30 48 72 93] [15 24 47 65]

(3) [18 30 36 45 48 53 72 93] [45 24 47 65]

(4) [15 18 30 36 45 47 48 53 85 72 93]

图 5-4 归并排序示意图

要给出二路归并的排序算法，首先要给出一趟归并排序的算法数组 $A(1: n)$ 中每个有序表的长度为 l（但最后一个表的长度可能小于 l）。进行两两归并后的结果存于数组 $R(1: n)$ 中。进行一趟归并排序时，对于 A 中可能除最后一个（当 A 中有序表个数为奇数时）或两个（当 A 中有序表个数为偶数，但最后一个表的长度小于 l 时）有序表，共剩有偶数个长度为 l 的有序表，由前到后对每两个有序表调用 merge 过程即可完成归并；对可能剩下的最后两个有序表（后一个长度小于 l，否则不会剩下），继续调用 merge 过程即可完成归并；对可能剩下的最后一个有序表（其长度小于等于 l），则把它直接复制到 R 中对应区间即可。至此，一趟归并完成。

二路归并排序的过程需要进行 $\log n$ 趟。第一趟 l 等于 1，以后每进行一趟将 l 加倍。假定待排序的 n 个记录保存在数组 $A(1: n)$ 中，归并过程中使用的辅助数组为 $R(1: n)$，第一趟由 A 归并到 R，第二趟由 R 归并到 A，如此反复进行，直到 n 个记录成为一个有序表为止。在归并过程中，为了将最后的排序结果仍置于数组 A 中，需要进行的趟数为偶数，如果实际只需奇数趟（即 $\log n$ 为奇数）完成，那么最后还要进行一趟，正好此时 R 中的 n 个有序元素为一个长度不大于 l（此时 $l \geqslant n$）的表，将会被直接复制到 A 中。二路归并排序的程序较为复杂，请同学们学习之后自己编写。

二路归并排序的时间复杂性等于归并趟数与每一趟时间复杂性的乘积。归并趟数为 $\log n$。因为每一趟归并就是将两两有序表归并，而每一对有序表归并时，记录的比较次数和移动次数（即由一个数组复制到另一个数组中的记录个数）均等于这一对有序表的长度之和，所以以每一趟归并的比较次数和移动次数均等于数组中记录的个数 n（有一点例外是：当待归并数组中的有序表个数为奇数时，最后一个有序表只复制不比较），亦即每一趟归并的时间复杂性为 $O(n)$。因此，二路归并排序的时间复杂性为 $O(n\log n)$。

二路归并排序时需要利用同待排序数组一样大小的一个辅助数组，所以其空间复杂性为 $O(n)$。显然它高于前面所有排序算法的空间复杂性。

二路归并排序是稳定的，因为在每两个有序表归并时，若分别在两个有序表中出现有相同排序码的元素，merge 算法能够使前一有序表中同一排序码的元素先被复制，后一有序表中同一排序码的元素后被复制，从而确保它们的相对次序不会改变。

最后还需要指出："归并"技术不仅适用于内排序，而且更适用于外排序。在外排序中，首先按照内存可使用存储空间的大小，将外存上含有 n 个记录的文件分成若干个子文件，使得每个子文件能够一次装入内存中；接着按序处理每一个子文件，处理过程是：读入一个子文件到内存，利用内排序方法进行排序，把排序后的有序子文件（称为初始归并段）写入外存；然后对这些初始有序子文件，利用二路或多路归并技术进行每一趟归并，使有序子文件的个数逐渐减少，长度逐渐增加，直到最后变为一个有序文件为止。当然在每两个或多个有序子文件归并为一个有序子文件的过程中，每次从每个有序子文件中只能读入一批记录而不是全部记录到该文件的内存缓冲区中（一次读入记录的多少，视缓冲区大小而定），当归并完后再接着读入下一批记录；归并结果也是依次放入结果文件的内存缓冲区中，并每当缓冲区满后写入外存，最后在外存得到每次归并后的有序子文件。

5.6　排序方法的比较

各种排序方法之间的比较，主要从以下几个方面综合考虑：①时间复杂性；②空间复杂性；③稳定性；④算法简单性；⑤待排序记录数 n 的大小；⑥记录本身信息量的大小。

下面先从每个方面进行比较和分析，然后再给出综合结论。

1. 从时间复杂性看，直接插入排序、直接选择排序和气泡排序这三种简单排序方法属于一类，其时间复杂性为 $O(n)$；堆排序、快速排序和归并排序这三种排序方法属于第二类，其时间复杂性为 $O(n\log n)$；希尔排序介于这两者之间。这种分类只是就平均情况而言，若从最好情况考虑，则直接插入排序和气泡排序的时间复杂性最好，为 $O(n)$，其他算法的最好情况同平均情况相同。若从最坏情况考虑，则快速排序的时间复杂性为 $O(n)$，直接插入排序、希尔排序和气泡排序虽然同平均情况下相同，但系数大约增加一倍，所以运行速度将降低一半，最坏情况对直接选择排序、堆排序和归并排序影响不大。若再考虑各种排序算法的时间复杂性的系数，则在第一类算法中，直接插入排序的系数最小，直接选择排序次之（但它的移动次数最小），气泡排序最大，所以直接插入排序和直接选择排序比气泡排序速度快；在第二类算法中，快速排序的系数最小，堆排序和归并排序次之，所以快速排序比堆排序和归并排序速度快。由此可知，在最好情况下，直接插入排序和气泡排序最快；在平均情况下，快速排序最快；在最坏情况下，堆排序和归并排序最快。

2. 从空间复杂性看，所有排序方法可归为三类：归并排序单独属于一类，其空间复杂性为 $O(n)$；快速排序也单独属于一类，其空间复杂性为 $O(\log n)$（但在最坏情况下为 $O(n)$）；其他排序方法归为第三类，其空间复杂性为 $O(1)$。由此可知，第三类算法的空间复杂性最好，第二类次之，第一类最差。

3. 从稳定性看，所有排序方法可分为两类：一类是稳定的，它包括直接插入排序、气泡排序和归并排序，另一类是不稳定的，它包括希尔排序、直接选择排序、快速排序和堆排序。

4. 从算法简单性看，一类是简单算法，它包括直接插入排序、直接选择排序和气泡排序，这些算法都比较简单和直接；另一类是改进后的算法，它包括希尔排序、堆排序、快速排序和归并排序（归并排序可看作对直接插入排序的另一种改进，它把记录分组排序，但分组方法同希尔排序不同，另外，它把记录的插入和移动改为向另一个数组的复制），这些算法都比较复杂。

5. 从待排序的记录数 n 的大小看，n 越小，采用简单排序方法越合适，n 越大，采用改进排序方法越合适。因为 n 越小，$O(n^2)$ 同 $O(n\log n)$ 的差距越小，并且简单算法的时间复杂性的系数均小于 1（除气泡排序中最坏情况外），改进算法的时间复杂性的系数均大于 1，因而也使得它们的差距变小，另外，输入和调试简单算法比输入和调试改进算法要少用许多时间。若把此时间也考虑进去，当 n 较小时，选用简单算法比选用改进算法要少花时间。当 n 越大时选用改进算法的效果就越显著，因为 n 越大，$O(n^2)$ 同 $O(n\log n)$ 的差距就越大。例如，当 $n = 10000$ 时，$O(n\log n)$ 只是 $O(n^2)$ 的 1/700 左右。

6. 从记录本身信息量的大小看，记录本身的信息量越大，表明占用的存储字节数就越多，移动记录时所花费的时间就越多，所以对记录的移动次数较多的算法不利。例如，在三种简单排序算法中，直接选择排序移动记录的次数为 $O(n)$ 数量级，其他两种为 $O(n^2)$ 数量级。所以当记录本身的信息量较大时，对直接选择排序算法有利，而对其他两种算法不利。在四种改进算法中，记录本身信息量的大小，对它们影响区别不大。

以上从六个方面对各种排序方法进行了比较和分析，那么如何在实际的排序问题中分主次地考虑它们呢？首先考虑排序对稳定性的要求，若要求稳定，则只能在稳定方法中选取，否则可以从所有方法中选取；其次要考虑待排序记录数 n 的大小，若 n 较大，则在改进方法中选取，否则在简单方法中选取；然后再考虑其他因素。

下面给出综合考虑以上六个方面所得出的大致结论，供读者选择内排序方法时参考：

（1）当待排序记录数 n 较大，排序码分布较随机，且对稳定性不作要求时，则采用快速排序为宜。

（2）当待排序记录数 n 较大，内存空间允许，且要求排序稳定时，则采用归并排序为宜。

（3）当待排序记录数 n 较大，排序码分布可能会出现正序或逆序的情况，且对稳定性不作要求时，则采用堆排序（或归并排序）为宜。

（4）当待排序记录数 n 较小（如小于 100），记录或基本有序（即正序）或分布较随机，且要求稳定时，则采用直接插入排序为宜。

（5）当待排序记录数 n 较小，对稳定不作要求时，则采用直接选择排序（若排序码不接近逆序，亦可选用直接插入排序）为宜。

在信息学竞赛中，我们最常使用的排序方法是快速排序，但如果数据范围不大，我们也可以选择较易编写的选择排序。堆往往是作为一种数据结构使用。

【解题钥匙】

例题一 Fish 学数学。

花了一个多月的时间，Fish 总算学会了比较两个数的大小。他想检测一下自己是否真的已经学会了，找来了 Bug 考考他。Bug 马上写出了 n 个数，要 Fish 数出每个数后面比它小的数的个数的总和，Fish 马上开始数起来。Bug 自己在旁边也在算，可他发现自己也还不太清楚，但又不想在 Fish 面前丢脸，所以来求助于你，希望你能够在 Fish 前面算出标准答案。

输入文件（count. in）：

第一行为数 n，接下来有 n 行，每行一个自然数 a_i。（$n \leqslant 30000$）

输出文件（count. out）：

每个数后面比它小的数的个数的总和。

输入样例：

3

3

2

1

输出样例：

3

解析：本题给定序列 $a_1, a_2, \cdots, a_n$，要求的是满足 $i < j$ 且 $a_i > a_j$ 的数对（a_i, a_j）的个数，称之为逆序对数。这是一个经典问题，我们可以使用多种算法来解决这个问题。

方法与技巧：

　　第一种算法的想法比较直接，就是统计每个数与它后面的数产生的逆序对数，然后把它们加起来，就是总的逆序对数。序列中某个数 x 能与之后的数产生多少逆序对，取决于在 x 之后有多少比 x 小的数，即之后有多少个数在 [low, $x-1$] 的范围内。反复统计一个区间内有多少数，并不断添加新的数，这是树状数组的基本功能。我们可以使用树状数组来统计，从后向前依次扫描序列中的每个数。对每个数先统计树状数组中有多少比它小的数，然后将该数加到树状数组中。最后把所有数的统计结果加起来，就是序列的逆序对数。算法进行了树状数组的 n 次插入和 n 次统计工作，时间复杂度为 $O(n\log R)$，空间复杂度为 $O(R)$，其中 R 是每个数的范围。但是根据题目，R 的范围可能会非常大，空间无法承受。注意到我们只对数之间的大小关系感兴趣，却并不对每个数具体等于多少感兴趣，我们可以使用排序将数的关系"离散化"，使范围达到 $O(n)$ 的级别，同时时间复杂度也降为 $O(n\log n)$。

　　第二种算法利用了归并排序的特性，其思想是分治。我们将序列 S 对等分成两部分 A 和 B，那么 S 的逆序对数 $=A$ 的逆序对数 $+B$ 的逆序对数 $+A$ 与 B 之间的逆序对数。设要归并的两个有序序列是 $A[1..p]$ 和 $B[1..q]$，A 在前，B 在后。在归并过程中，我们会用两个指针 i 和 j 分别指向 A 和 B 中下一个要加入结果序列的数，并不断地把其中一个指针指向的数加入到结果序列的末尾。每把一个 A 中的数 $A[i]$ 加到结果序列中，就说明已经在结果序列中、原在 B 中的数都比 $A[i]$ 小，有且仅有这些数会与 $A[i]$ 形成逆序对。这些数也就是此时指针 j 之前的 B 序列中的数。每次将一个 A 中的数加入结果序列时多做一次加法，并不影响归并排序的时间复杂度。因此这个算法的时间复杂度就是归并排序的时间复杂度 $O(n\log n)$。

　　以下给出两种算法的程序：

```
program count;
//use quicksort
//O (nlogn)
const inputfilename = 'count. in';
        outputfilename = 'count. out';
        maxn = 30000;
type tarray = object
        key: array [1..maxn] of longint;
        function lowbit (x: longint): longint;
        function getsum (x: longint): longint;
        procedure insert (x: longint);
            end;
var n, ans: longint;
        a: array [1..maxn] of longint;
        b: array [1..maxn] of longint;
        c: tarray;
function tarray. lowbit (x: longint): longint;
begin
        lowbit: = x and (x xor (x-1));
end;
```

```pascal
function tarray. getsum （x：longint）：longint;
var p：longint;
begin
        p：=x;
        getsum：=0;
        while p>0 do
        begin
          getsum：=getsum+key［p］;
          p：=p-lowbit（p）;
end;
end;
procedure tarray. insert （x：longint）;
var p：longint;
begin
        p：=x;
        while p<=n do
        begin
          key［p］:=key［p］+1;
          p：=p+lowbit（p）;
        end;
end;
procedure read_ data;
var i：longint;
begin
        assign （input，inputfilename）;
        reset （input）;
        readln （n）;
        for i：=1 to n do
          readln （a［i］）;
        close （input）;
end;
procedure sort （l，r：longint）;
var i，j：longint;
    x，y：longint;
begin
        i：=l; j：=r;
        x：=b［（l+r）shr 1］;
        repeat
        while b［i］<x do
```

```
          i： = i + 1；
       while b ［j］ > x do
          j： = j - 1；
       if i < = j then
       begin
          y： = b ［i］； b ［i］： = b ［j］； b ［j］： = y；
          i： = i + 1； j： = j - 1；
       end；
       until i > j；
       if l < j then sort （l， j）；
       if i < r then sort （i， r）；
end；
function find （x： longint）： longint；
var l， r， m： longint；
begin
       l： = 1； r： = n；
       repeat
          m： = （l + r） shr 1；
          if b ［m］ = x then exit （m）；
          if x < b ［m］ then r： = m - 1 else l： = m + 1；
       until false；
end；
procedure proceed；
var i， t： longint；
begin
       b： = a；
       sort （1， n）；
       for i： = 1 to n do
       begin
          t： = find （a ［i］）；
          ans： = ans + i - 1 - c. getsum （t）；
          c. insert （t）；
       end；
end；
procedure answer；
begin
       assign （output， outputfilename）；
       rewrite （output）；
       writeln （ans）；
```

```
        close (output);
end;
begin
        read_ data;
        proceed;
        answer;
end.

program count;
//use mergesort
//O (nlogn)
const inputfilename = 'count. in';
      outputfilename = 'count. out';
      maxn = 30000;
var n, ans: longint;
    a: array [1.. maxn] of longint;
    b: array [1.. maxn] of longint;
procedure read_ data;
var i: longint;
begin
        assign (input, inputfilename);
        reset (input);
        readln (n);
        for i: = 1 to n do
            readln (a [i]);
        close (input);
end;
procedure sort (l, r: longint);
var m, i, j, p: longint;
begin
        if r - l + 1 < = 3 then
        begin
          for i: = l to r - 1 do
              for j: = i + 1 to r do
                if a [l] > a [j] then ans: = ans + 1;
          for i: = l to r - 1 do
          begin
            p: = i;
            for j: = i + 1 to r do
```

```
        if a [j] < a [p] then p: =j;
      j: =a [i]; a [i]: =a [p]; a [p]: =j;
    end;
        exit;
    end;
  m: = (l+r) shr 1;
  sort (l, m);
  sort (m+1, r);
  i: =l; j: =m+1; p: =l;
  repeat
    if a [i] >a [j] then
    begin
      ans: =ans+m-i+1;
      b [p]: =a [j];
      j: =j+1;
      p: =p+1;
    end else
    begin
      b [p]: =a [i];
      i: =i+1;
      p: =p+1;
    end;
  until (i=m+1) or (j=r+1);
  while i< =m do
  begin
    b [p]: =a [i];
    i: =i+1;
    p: =p+1;
  end;
  while j< =r do
  begin
    b [p]: =a [j];
    j: =j+1;
    p: =p+1;
  end;
  for i: =l to r do
      a [i]: =b [i];
end;
procedure answer;
```

```
begin
        assign（output，outputfilename）；
        rewrite（output）；
        writeln（ans）；
        close（output）；
end；
begin
        read_ data；
        sort（1，n）；
        answer；
end.
```

算法一中只是为了排序而排序，但算法二中巧妙地在归并排序中"自然地"统计了信息。注意到算法二的程序比算法一简洁许多，这是因为算法二更好地利用了排序算法的特点。

例题二　POI0102intevals。

给定一些闭区间 $[a_i, b_i]$（$i=1$，2，…，n），找出区间数最少的表示方案，并按递增的顺序输出至文件。其中当 $a \leqslant b < c \leqslant d$ 时，我们才认为区间 $[a, b]$ 和 $[c, d]$ 为递增顺序。

你的任务是编写一个程序完成下列工作：

（1）从文件 prz. in 中读入这些区间；

（2）算出满足上述条件的区间；

（3）把结果写入文件 prz. out。

输入文件：

文件 prz. in 的第一行是整数 n，$3 \leqslant n \leqslant 50000$，代表区间个数，以下第 $i+1$ 行 $1 \leqslant i \leqslant n$，有两个用空格分开的整数 a_i 和 b_i 表示一个闭区间 $[a_i, b_i]$（$1 \leqslant a_i \leqslant b_i \leqslant 1000000$）。

输出文件：

文件 prz. out 包括所求的不相交闭区间，每行描述一个闭区间，按照递增顺序输出。每个区间用两个以空格分开的整数表示，分别是该区间的开头和末端。

输入样例：

5

5 6

1 4

10 10

6 9

8 10

输出样例：

1 4

5 10

分析：题目要求一种区间数最少的表示方案，实际上就是求区间的并。

方法与技巧：

关于区间的问题，许多人第一感觉都是使用线段树，每次读入一个区间，向线段树插入一条

线段，最后再作一次统计得到结果。假设区间的范围是 1 到 R，那么每次插入的时间复杂度为 O（log）R，总时间复杂度为 O（Nlog$R$）。此外值得注意的是 O（R），线段树的空间复杂度太高，在 R 非常大的情况下是无法胜任的。通常的解决方法是使用复杂的离散化，把 R 降至 O（N）级别。这样的时间复杂度为 O（Nlog$N$），但是常数因子将会非常大。

由于只要静态地求一次区间的并，可以使用以下算法：首先将所有区间按左端点排序，然后应用栈的思想进行一次扫描。使用 Left 与记录 Right 已经得到的并区间的左右端点。对于当前扫描的区间 $[a_i, b_i]$，若 $a_i \leqslant$ Right 且 $b_i >$ Right，则将 Right 更新为 b_i；若 $a_i \leqslant$ Right 且 $b_i \leqslant$ Right，则不作处理；若 $a_i >$ Right，则表示并区间 [Left，Right] 已完全确定，不能再延伸，因此将其输出并把 $[a_i, b_i]$ 作为新的 [Left，Right]。排序的时间复杂度为 O（Nlog$N$），扫描的时间复杂度为 O（N），整个算法的时间复杂度为 O（Nlog$N$），空间复杂度为 O（N），并且两者的常数因子都极小。合理应用到"只要求一次区间并"这一性质，所以得到了一个时空复杂度与编程难度都非常优秀的算法。

```
program PRZ;
const inf = 'prz. in';
      outf = 'prz. out';
      maxn = 10000;
type tya = array [ -1 .. maxn - 1] of longint;
Var a, b                : array [0 .. 4] of ^tya;
          //在空间允许的情况下可以不用指针
    na, nb, pa, pb, qa, qb : integer;
    x, y, time, n        : longint;
procedure init;
var i, j : integer;
begin
        assign (input, inf); reset (input); readln (n);
        na: = (n - 1) div maxn;
        nb: = n - na * maxn - 1;
      for i: = 0 to na do begin
        new (a [i]); new (b [i]);
      end;
      for i: = 0 to na - 1 do
        for j: = 0 to maxn - 1 do begin
          readln (a [i] ^ [j], b [i] ^ [j]);
        end;
      for i: = 0 to nb do
        readln (a [na] ^ [i], b [na] ^ [i]);
      close (input);
end;
function get (i : word) : longint;
```

```
begin
      pa：=（i-1）div maxn；
      pb：=i-pa*maxn-1；
      get：=a［pa］^［pb］；
end；
procedure sort（l，r：longint）；//一个简单的排序过程
var
      u，v：longint；
begin
      u：=l；v：=r；
      x：=get（（u+v+1）div 2）；
      while u<=v do begin
        while get（u）<x do inc（u）；
        qa：=pa；qb：=pb；
        while x<get（v）do dec（v）；
        if u<=v then
        begin
          y：=a［qa］^［qb］；
          a［qa］^［qb］:=a［pa］^［pb］；
          a［pa］^［pb］:=y；
          y：=b［qa］^［qb］；
          b［qa］^［qb］:=b［pa］^［pb］；
          b［pa］^［pb］:=y；
          inc（u）；dec（v）；
        end；
      end；
      if l<v then Sort（l，v）；
      if u<r then Sort（u，r）；
end；
procedure main；
var i，k1，k2：longint；
begin
      sort（1，n）；
      assign（output，outf）；rewrite（output）；
      i：-0；
      repeat
        inc（i）；
        k1：=get（i）；
        k2：=b［pa］^［pb］；
```

```
        while (i < n) and (k2 > = get (i + 1)) do begin
            if k2 < b [pa] ^ [pb] then k2: = b [pa] ^ [pb];
            inc (i);
        end;
        writeln (k1, ' ', k2);
        until i = n;
        close (output);
    end;
begin
        init;
        main;
end.
```

【解题尝试】

第一题　对于经典的逆序对问题，你还能想到什么好的算法吗？

第二题　切巧克力。

有一块矩形的巧克力，它的两条边分别平行于 x 轴与 y 轴。喜欢吃巧克力的 *fish* 想把巧克力切开来吃掉，于是它选定了一些切线，准备顺着这些切线切巧克力。这些切线或者平行于 y 轴，横坐标为 x_1，x_2，…，x_{m-1}；或者平行于 x 轴，纵坐标为 y_1，y_2，…，y_{n-1}。每次切割都需要费用。假设你现在沿一条平行于 y 轴、横坐标为 x_i 的切线切割，在这之前你沿平行于 x 轴的切线切割了 t 次，那么你这次切割的费用是 $x_i * (t + 1)$。假设你现在沿一条平行于 x 轴、横坐标为 y_i 的切线切割，在这之前你沿平行于 y 轴的切线切割了 t 次，那么你这次切割的费用是 $y_i * (t + 1)$。现在给你所有的切线位置，要求切割的总费用最小。（提示：排序显然是必要的，但是排序之后该怎么做呢？此题来源于 POI03。）

第三题　接水。

有 n 个人在一个水龙头前排队接水，每个人接水的时间 T_i 是互不相等的。找到一种这 n 个人排队接水的顺序，使他们平均等待的时间达到最小。

第四题　最小整数。

现有 n 个正整数，$n \leq 10000$，要求出这 n 个正整数中的第 k 个最小整数（相同大小的整数只计算一次），$k \leq 1000$，正整数均小于 65535。

输入：第一行为 n 和 k，第二行开始为 n 个正整数的值，整数间用空格隔开。

输出：第 k 个最小元素的值，若无解，则输出 "NO RESULT"。

输入输出示例：INPUT1. TXT　　　　　　　　OUTPUT1. TXT

10 3　　　　　　　　　　　　　　　3

1 3 3 7 2 5 1 2 4 6

第五题　竞赛排名。

某市组织一次中学生科技全能竞赛，每个选手要参加数学、物理、天文、地理、生物、计算机和英语共八项竞赛，最后综合八项竞赛的成绩排出总名次。选手编号依次为 1，2，…，N（N 为参加竞赛的总人数）。

设 X_{ij} 表示编号为 i 的选手第 j 项竞赛成绩（$1 \leqslant i \leqslant N$，$1 \leqslant j \leqslant 8$）。其他指标如下：

（1）第 j 项竞赛的平均分：$\mathrm{avg}_j = \dfrac{1}{N}\sum\limits_{i=1}^{N} x_{xj}$，（$1 \leqslant j \leqslant 8$）

（2）选手 i 的总分：$\mathrm{sum}_j = \dfrac{1}{8}\sum\limits_{j=1}^{8} x_{xj}$，（$1 \leqslant i \leqslant N$）

（3）选手 i 第 j 项竞赛的位置分：$y_{ij} = \begin{cases} 0 & (\sum\limits_{i=1}^{N} |\,x_{ij} - \mathrm{avg}_j\,| = 0) \\[2mm] \dfrac{x_{ij} - \mathrm{avg}_j}{\dfrac{1}{N}\sum\limits_{i-=1}^{N} |\,x_{xj} - \mathrm{avg}_j\,|}, & (\sum\limits_{i=1}^{N} |\,x_{ij} - \mathrm{avg}_j\,| \neq 0) \end{cases}$

（4）选手 i 的总位置分：$\mathrm{sumy}_j = \sum\limits_{k=1}^{3} y_{ik} + 0.8\sum\limits_{k=4}^{8} y_{ik}$ （$1 \leqslant i \leqslant N$）

排名规则如下：

（1）总位置分高的选手名次在前；

（2）若两个或两个以上的选手总位置分相同，则总分高的选手名次在前；

（3）若两个或两个以上的选手总位置分和总分均相同，则编号在前的选手名次在前。

请为竞赛委员会编一个程序，计算本次全能竞赛的总排名情况。

输入数据：输入文件为 INPUT. TXT。文件的第一行为参赛总人数 N（$1 \leqslant N \leqslant 1000$），从第二行到第 $N+1$ 行依次为编号为 1 到编号为 N 的选手的成绩，每行有 8 个 0 到 100 之间的整数，代表该选手的 8 项竞赛成绩 X_{i1}，X_{i2}，$\cdots$，X_{i8}。同一行相邻两数间用空格隔开。

输出数据：输出文件为 OUTPUT. TXT。文件有 N 行，每行依次为排名第 1 的选手的编号，排名第 2 的选手的编号……排名第 N 的选手的编号。

输入输出示例：INPUT. TXT　　　　　　　　　　　　OUTPUT. TXT

3 1

82 73 68 95 86 82 90　　　　　　　　　　　　　　3

72 90 50 60 80 70 65 80 2

72 82 73 68 95 86 82 90

6　深度与广度优先搜索

搜索是已知初始状态和目标状态，对问题的中间状态进行枚举和遍历的一种解题算法，所以说搜索是一种变化的和复杂的枚举。

枚举过程一般较简单，且变化较少。如：需枚举的变量较少，循环的层数固定，每一个变量的枚举范围相对固定，可循的数学规律较少、较简单，且不能回撤，即不能回溯。更严格地说，单纯的枚举只能算一种思想，而不是能单独解决问题的一种算法。

搜索从本质上来说是枚举，但搜索更灵活，更加能够体现智能逻辑的魅力。基于枚举思想的搜索较其"母体"有许多不可替代的优势。如：循环的层数是可变化的、动态的，可以把抽象的、复杂的数学逻辑规律统一起来，简便地对枚举遍历过程进行管理，同时也可以利用这些规律方便地减少枚举量。本章我们将学习两种最基本的搜索方法。

6.1　简单的搜索回溯

【学习目标】

回溯算法是所有搜索算法中最为基本的一种算法，其采用了一种"走不通就掉头"思想。有些问题在往下一步搜索时，每一步都出现很多个分支，为了求得问题的解，我们必须对每一个分支都要试探，看看是否符合题设的约束条件，若发现某一步试探过程中确认其不合条件，则从此处往下的试探不必再继续进行下去，而是立即返回到上一步去试探其他分支（我们称之为回溯），直到找到问题的解。如果回溯到问题的初始状态之后还要返回，则表示问题无解。

通过本节的学习，我们应真正理解搜索回溯的算法思想，学会采用递归或非递归两种形式来实现回溯算法。

搜索回溯首先暂时放弃关于问题规模大小的限制，并将问题的候选解按某种顺序逐一枚举和检验。当发现当前候选解不可能是解时，就选择下一个候选解；倘若当前候选解除了还不满足问题规模要求外，满足所有其他要求时，继续扩大当前候选解的规模，并继续试探。如果当前候选解满足包括问题规模在内的所有要求时，该候选解就是问题的一个解。在回溯法中，放弃当前候选解，寻找下一个候选解的过程称为回溯。扩大当前候选解的规模，以继续试探的过程称为向前试探。

可用回溯法求解的问题 P，通常要能表达为：对于已知的由 n 元组（x_1, x_2, …, x_n）组成的一个状态空间 $E = \{ (x_1, x_2, \cdots, x_n) \mid x_i \in S_i, i = 1, 2, \cdots, n \}$，给定关于 n 元组中的一个分量的一个约束集 D，要求 E 中满足 D 的全部约束条件的所有 n 元组。我们把问题的初始状态称之为初始节点，把题设中给定的生成后继节点的条件称之为产生式规则，回溯过程中对节点的试探过程称为节点的扩展过程，下面是非递归形式和递归形式实现回溯搜索的两种算法框架。

定义函数 Function ExpendNode（Situation：Tsituation；ExpendWayNo：Integer）：TSituation；

表示对给出的节点状态 Situation 采用第 ExpendWayNo 种扩展规则进行扩展，生成新的节点，并且返回扩展后的状态。

［非递归算法］

＜type＞｛类型定义｝

node（节点类型）＝Record

sitution：tsituation｛当前节点状态｝；

way_NO：Integer｛已使用过的扩展规则的数目｝；

end

＜var＞｛变量说明｝

list（回溯表）：array［1..Max（最大深度）］of Node；｛用于存储扩展后的节点｝

pos：iInteger；｛当前扩展节点编号｝

＜init＞｛初始化｝

list＜－0；

pos＜－1；

list［1］.situation＜－初始状态；

＜main program＞｛回溯搜索过程｝

while（pos＞0（有路可走））and（［未达到目标］）do

begin

If pos＞＝max then（数据溢出，跳出主程序）；

list［pos］.way_NO：＝list［pos］.Way－No＋1；

if（list［pos］.Way_NO＜＝可以使用的可扩展规则总数）then（如果还有没用过的扩展规则）

begin

if（可以使用当前扩展规则）then

begin

（用第way条规则扩展当前节点）

list［pos＋1］.Situation：＝ExpendNode（List［pos］.Situation，

list［pos］.Way－NO）；

list［pos＋1］.Way_NO：＝0；

pos：＝pos＋1；

end_If；

end_If

else begin

pos：＝pos－1；｛返回到上一节点｝

end_Else

end_ehile；

［递归算法］

procedure backTrack（Situation：TSituation；deepth：Integer）；

var I：integer；

begin

if deepth ＞ max then（空间达到极限，跳出本过程）；

if situation ＝ Target then（找到目标）；

for I：＝ 1 to TotalExpendMethod do

begin

backTrack（ExpendNode（Situation，I），deepth ＋ 1）；

end_ for；

end；

由上可知，递归形式的算法更为简洁，读者在设计具体的回溯算法时，应根据问题的具体条件和编程实现的难度选择递归或非递归形式。

【解题钥匙】

例题一 找出从自然数 1，2，…，n 中任取 r 个数的所有组合。

解析：采用回溯法找问题的解，将找到的组合以从小到大顺序存于 $a[0]$，$a[1]$，…，$a[r-1]$ 中，组合的元素满足以下性质：

（1）$a[i+1] ＞ a[i]$，后一个数字比前一个大；

（2）$a[i] - i ≤ n - r + 1$。

按回溯法的思想，找解过程可以叙述如下：首先放弃组合数个数为 r 的条件，候选组合从只有一个数字 1 开始。因该候选解满足除问题规模之外的全部条件，扩大其规模，并使其满足上述条件（1），候选组合改为 1，2。继续这一过程，得到候选组合 1，2，3。该候选解满足包括问题规模在内的全部条件，因而是一个解。在该解的基础上，选下一个候选解，因 $a[2]$ 上的 3 调整为 4，以及以后调整为 5 都满足问题的全部要求，得到解 1，2，4 和 1，2，5。由于对 5 不能再作调整，就要从 $a[2]$ 回溯到 $a[1]$，这时，$a[1] ＝ 2$，可以调整为 3，并向前试探，得到解 1，3，4。重复上述向前试探和向后回溯，直至要从 $a[0]$ 再回溯时，说明已经找完问题的全部解。

例题二 填数游戏。

1	1	3	5	1
3	3	2	0	3
3	0	3	2	3
1	4	0	3	3
3	3	3	1	1

在上面的方阵中，沿行、沿列及两个对角线的 5 个数字可被当作一个 5 位的质数被读入。对于行，自左向右读数；对于列，自上向下读数；对于对角线，两个对角线均自左向右读数。

请从文件 input.txt 中读入数据，编一个程序，按以下要求构成方阵。

（1）质数中每位之和（行、列、对角线）必须相同（本例是 11）。

（2）方阵左上角中的数字预先给定（本例是 1）。

（3）若存在多个解，必须全部给出。

（4）5 位质数中的第一个数字不能是零，例如 00003 不是 5 位质数。

（5）一个 5 位质数在同一方阵中可以被使用多次。

输入数据：

你的程序从文件 input. txt 中读入数据。

第 1 行是质数中各位数字之和；

第 2 行是方阵左上角中的数字。

输入文件只有两行，我们给出的测试数据一定有解。

输出数据：

把你的解写在 output. txt 文件中，每一个解由 5 行组成，其中每一行依次是一个 5 位数的质数。不同解之间用空行隔开。本例有 3 个解，表示如下。

样例

input. txt

11

1

output. txt

11351

14033

30323

53201

13313

11351

33203

30323

14033

33311

13313

13043

32303

50231

13331

解析：本题是方格填数类问题，对此一般采用枚举的方法解决问题。最简单的想法是从第一行第一列起逐一试填，若如此盲目地做，可能结果有 10^{25} 种情况，十分庞大，不得不进行优化。

方法与技巧：为了描述方便，将 25 个方格按从左至右、从上至下的顺序编号，则我们会有如下优化：①方格 1，2，3，6，11 分别为质数的开头，不可为 0，确定它们有 94 种方案；②方格 22，23，24，25，10，15，20 分别为质数结尾，不可为 0，2，4，5，6，8，所以只能取 1，3，7，9，有 47 种方案；③确定以上两步后，即可根据题中给定的和求出 4，5，16，21，并判断是否能组成质数；④确定 8，13，17，均可取任一数字，即有 10^3 种可能方案；⑤其余方格均已惟一确定，只需判断是否满足质数要求。这样一来，枚举搜索的方案数为 $94 * 47 * 10^3$ 个，较前者已大量减少。理论上似乎已行得通，但实际过程中的运算量非常大，效率不高。如何改进算法呢？其实我们不妨从"整体"的角度考虑问题。

不妨将所有各位数字和等于定值的 5 位质数先挑选出来，再一行行（或一列列）地组合。这样的质数不超过 800 个，那么可能的方案有 800^4 个，较前者又减少了一半，而且可以减少对质数判断的耗时过程。以上的算法虽然减少了运算量，但不能尽早地利用约束条件进行判断剪枝，因而不能达到较好的效果。为此，我们调整放质数的位置和次序，尽量放已经能"确定因素较多"的质数边。

①先放主对角线（因为主对角线的第一个数即方阵中的左上角数字是事先给定的，并且它能影响到其他"质数边"最多）。

②放第 5 行（该行所有数字都不能是偶数或 5（因为每一列都是质数），这样的质数较少，且确定了另一条对角线的第一个数字。

③同①②的原因，放入另一条对角线和第 5 列。

④放已确定数字多的两条"质数边"（第 2 行和第 4 行）。

⑤此时（3，1）、（1，3）的值已经可由它们所在的列求出，并判断是否是质数而剪枝。

⑥放第 1 行，并且（1，2）、（1，4）不能为 0。

⑦求出（3，2）、（3，4）两格中的数字，并判断整个方阵的所有"质数边"条件。这一算法的运算量已经大大降低了，不过我们要经常查找判断一个质数能否放入一条"边"，因此我们可以做某些预处理：ⅰ. 把所有由 1，3，7，9 数字构成的符合要求的质数标记出来，以便在搜索第 2、第 4 条边的时候减少查找和判断的运算量；ⅱ. 对已确定第一位的边，放置时只要判断第一位与其相同的质数，因此在生成质数时以第一位数字从小到大排序，并按第一位做索引，可直接得到第一位已确定的质数位置。

下面给出求解本题的源程序。

```
program eg 6_ 2;
const
    last: array [1 .. 4] of integer = (1, 3, 7, 9);
var
    prime: array [1 .. 9, 0 .. 9, 0 .. 9, 0 .. 9, 1 .. 4] of boolean;
    zhi: array [1 .. 100] of integer;
    tot_ zhi, sum: integer;
    tot, tot_ ans: integer;
    map: array [1 .. 5, 1 .. 5] of integer;
procedure init;
begin
    assign (input, 'input. txt');
    reset (input);
    fillchar (map, sizeof (map), 0);
    readln (sum);
    readln (map [1, 1]);
    close (input);
end;
procedure make_ zhi;
```

```
var
  n, k: integer;
  list: array [1 .. 316] of boolean;
begin
  tot_ zhi : = 0;
  n : = 2;
  fillchar (list, sizeof (list) , 0);
  while n < = 316 do begin
    if list [n] = false then begin
      inc (tot_ zhi);
      zhi [tot_ zhi] : = n;
      if n < = 17 then begin
        k : = n * n;
        while k < 316 do
          begin
            list [k] : = true;
            inc (k, n);
          end;
      end;
    end;
    inc (n);
  end;
end;
procedure make_ prime;
var
  k: integer;
  a, b, c, d: integer;
  i, j, n: longint;
  p: boolean;
begin
  tot : = 0;
  fillchar (prime, sizeof (prime) , false);
  for i : = 1000 to 9999 do
    for j : = 1 to 4 do
      begin
        n : = i * 10 + last [j];
        d : = i;
        a : = d div 1000; d : = d - a * 1000;
        b : = d div 100; d : = d - b * 100;
```

```
      c : = d div 10; d : = d - c * 10;
      if a + b + c + d + last [j] < > sum then continue;
      k : = 1; p : = true;
      while p and (k < = tot_ zhi) do begin
        if n mod zhi [k] = 0 then p : = false;
        inc (k);
      end;
      if p then begin
        prime [a, b, c, d, j] : = true;
        inc (tot);
      end;
    end;
end;
procedure show;
var
  i, j: integer;
begin
  writeln (tot_ ans, ')');
  for i : = 1 to 5 do
    begin
      for j : = 1 to 5 do
        if (i = 5) or (j = 5) then write (last [map [i, j]] : 2) else write (map [i, j] : 2);
      writeln;
    end;
end;
procedure search;
begin
tot_ ans : = 0;
for map [1, 5] : = 1 to 4 do
for map [2, 5] : = 1 to 4 do
for map [3, 5] : = 1 to 4 do
for map [4, 5] : = 1 to 4 do
for map [5, 5] : = 1 to 4 do
if prime [last [map [1, 5]], last [map [2, 5]], last [map [3, 5]], last [map [4, 5]],
map [5, 5]] then
for map [5, 1] : = 1 to 4 do
for map [5, 2] : = 1 to 4 do
for map [5, 3] : = 1 to 4 do
for map [5, 4] : = 1 to 4 do
```

```
    if prime [last [map [5, 1]], last [map [5, 2]], last [map [5, 3]], last [map [5, 4]],
map [5, 5]] then
        for map [2, 2] : = 0 to 9 do
        for map [3, 3] : = 0 to 9 do
        for map [4, 4] : = 0 to 9 do
        if prime [map [1, 1], map [2, 2], map [3, 3], map [4, 4], map [5, 5]] then
        for map [2, 4] : = 0 to 9 do
        for map [4, 2] : = 0 to 9 do
        if prime [last [map [5, 1]], map [4, 2], map [3, 3], map [2, 4], map [1, 5]] then
        for map [2, 1] : = 1 to 9 do
        for map [2, 3] : = 0 to 9 do
        if prime [map [2, 1], map [2, 2], map [2, 3], map [2, 4], map [2, 5]] then
        for map [3, 1] : = 1 to 9 do
        for map [4, 1] : = 1 to 9 do
        if prime [map [1, 1], map [2, 1], map [3, 1], map [4, 1], map [5, 1]] then begin
        map [4, 3] : = sum − map [4, 1] − map [4, 2] − map [4, 4] − last [map [4, 5]];
        if (map [4, 3] in [0 .. 9]) and (prime [map [4, 1], map [4, 2], map [4, 3], map [4,
4], map [4, 5]]) then
        begin
        map [1, 3] : = sum − map [2, 3] − map [3, 3] − map [4, 3] − last [map [5, 3]];
        if (map [1, 3] in [0 .. 9]) and (prime [map [1, 3], map [2, 3], map [3, 3], map [4,
3], map [5, 3]]) then
        for map [1, 2] : = 1 to 9 do begin
        map [1, 4] : = sum − map [1, 1] − map [1, 2] − map [1, 3] − last [map [1, 5]];
        map [3, 2] : = sum − map [1, 2] − map [2, 2] − map [4, 2] − last [map [5, 2]];
        map [3, 4] : = sum − map [1, 4] − map [2, 4] − map [4, 4] − last [map [5, 4]];
        if (map [1, 4] in [1 .. 9]) and (map [3, 2] in [0 .. 9]) and (map [3, 4] in [0 .. 9]) and
(prime [map [1, 1], map [1, 2], map [1, 3], map [1, 4], map [1, 5]]) and (prime [map
[1, 2], map [2, 2], map [3, 2], map [4, 2], map [5, 2]]) and (prime [map [1, 4], map
[2, 4], map [3, 4], map [4, 4], map [5, 4]]) and (prime [map [3, 1], map [3, 2], map
[3, 3], map [3, 4], map [3, 5]])
                                then begin
                                     inc (tot_ ans);
                                     show;
                                end;
                        end;
                    end;
                end;
        end;
```

```
begin
    init;
    make_ zhi;
    make_ prime;
    search;
end.
```

【解题尝试】

第一题　货箱装船。

有两艘船和 n 个货箱，已知第一艘船的最大载重量是 c_1，第二艘船的最大载重量是 c_2，w_i 是货箱 i 的重量且满足所有货箱的总重量小于等于 $c_1 + c_2$。我们希望确定是否有一种可将所有 n 个货箱全部装船的方法。若有的话，找出所有可能的装载方案。

第二题　寻找国都名。

给出一个矩阵及一些国都名：

字符矩阵	国都
o k d u b l i n	dublin
a l p g o c e v	tokyo
r a s m u s m b	london
o s l o n d o n	rome
y i b l g l r c	bonn
k r z u r i c h	paris
o a i b x m u z	oslo
t p q g l a m v	lima

要求从这个矩阵中找出这些国都名，并输出它们的起始位置及方向。

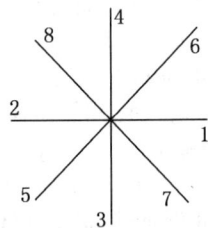

图 6-1　搜索的方向

第三题　序关系计数问题。

用关系 "<" 和 "=" 将 3 个数 a、b 和 c 依次排列，有 13 种不同的关系：$a < b < c$, $a < b = c$, $a < c < b$, $a = b < c$, $a = b = c$, $a = c < b$, $b < a < c$, $b < a = c$, $b < c < a$, $b = c < a$, $c < a < b$, $c < a = b$, $c < b < a$。输入 n，输出 n 个数依序排列时有多少种关系？

6.2　产生式系统

【学习目标】

在很多搜索问题中，运用产生式系统构建一棵搜索树是我们常用的方法。通过本节的学习，读者应能够熟练地运用产生式系统解决问题，并为后面的深度和广度优先搜索奠定良好的基础。

产生式系统由一个综合数据库、一组产生式规则和一个控制系统三个基本要素组成。其中，综合数据库是产生式系统所用的主要数据结构。它主要用来表示问题的状态，即初始状态、中间状态和目标状态等，以及状态之间的关系。它不是固定不变的，在求解的过程中，它的内容将越来越多，状态之间的关系也越来越复杂。经常用来表示数据库的数据结构有串、集合、数组、树、表、记录、队列等。

产生式规则是对数据库进行操作的一系列规则。规则的一般形式是：

IF　　　条件　　　THEN　　　操作

即满足应用的先决条件后，就对数据库实行后面的操作。

控制策略规定了操作的顺序，即在任何条件下用什么规则进行操作，什么条件下停止运行，它规定了问题求解的搜索策略和路线。

为了让读者有一个直观的认识，我们以经典的八数码问题为例，分析一下产生式系统的组成。

在如图 6-2 所示的九宫格中摆有 8 个将牌，每一个将牌都刻有 1~8 中的某一个数码。棋盘中留有一个空格，允许其周围的某一个将牌向空格中移动，这样通过移动将牌就可以不断改变的布局结构，给出一个初始布局（称初始状态）和一个目标布局（称目标状态），问如何移动将牌，才能实现从初始状态到目标状态的转换？

2	8	3
1	6	4
7		5

1	2	3
8		4
7	6	5

图 6-2　九宫格

在本例中，其综合数据库为：$\{Pxy\}$，其中 $1 \leqslant x$，$y \leqslant 3$，$Pxy \in \{0, 1, 2, 3, 4, 5, 6, 7, 8\}$，且 Pxy 互不相等 。用 Pascal 语言描述如下：

```
type
T8no = array [1 .. 3, 1 .. 3] of integer; {棋盘状态}
TList = record {描述一个节点}
Father : integer; {父指针}
dep : byte; {深度}
x , y : byte; {空格的位置}
state : T8no;
end;
const
Max = 10000;
var
s , t : T8no; {s 为初始状态，t 为目标状态}
List : array [0 .. max] of TList; {综合数据库}
```

相应的产生式规则如下：

设 Pxy 表示第 x 行第 y 列的将牌上的数码，m，n 表示数码空格所在的行列值，记 Pm，n = 0，则可以得到如下四条规则：

① if n − 1 >= 1 then begin Pm, n : = Pm, n − 1; Pm, n − 1 : = 0 end;

② if m − 1 >= 1 then begin Pm, n : = Pm − 1, n; Pm − 1, n : = 0 end;

③ if n + 1 <= 3 then begin Pm, n : = Pm, n + 1; Pm, n + 1 : = 0 end;

④ if m + 1 <= 3 then begin Pm, n : = Pm + 1, n; Pm + 1, n : = 0 end;

Const

Dir : array [1 . . 4 , 1 . . 2] of integer ｛对应四种产生式规则｝

= ((1, 0) , (− 1, 0) , (0, 1) , (0, − 1));

在明确了描述问题的综合数据库与产生式规则以后，其搜索控制策略我们可以描述成如下过程：

PROCEDURE Production_ System；

DATA ←初始化数据库

Repeat

在规则集中选择某一条可作用于 DATA 的规则 R

DATA←R 作用于 DATA 后得到的结果

Until DATA 满足结束条件

在产生式系统中，综合数据库中的节点按照产生式规则扩展，形成一棵搜索树，在搜索控制策略中，有两种基本方式：一种是不考虑给定问题所具有的特定知识，系统根据事先确定好某种固定顺序，依次调用规则或随机调用规则，这实际上是盲目搜索的方法。另一种是考虑问题领域可应用的知识，动态地确定规则的排列次序，优先调用较合适的规则使用，这就是通常所说的启发式搜索策略。

在启发式搜索中，如何选择和确定启发式函数是一个十分关键的问题，也是提高搜索效率的有效途径。启发式搜索是利用问题拥有的启发信息来引导搜索，达到减少搜索范围、降低问题复杂度的目的。为了提高搜索效率，引入启发信息来进行搜索，在启发式搜索过程中，要对待扩展的节点表（open 表）进行排序，这就需要有一种方法来计算待扩展节点有希望通向目标节点的程度，我们总希望能找到最有希望通向目标节点的待扩展节点优先扩展。一种常用的方法就是定义评价函数 f（evaluation funtion）对各个节点进行计算，其目的就是估算出"有希望"的节点来。

为方便说明评价函数的定义，我们给出下面几个基本概念：

节点：记录扩展的状态。

弧/边：记录扩展的路径。

搜索树：描述搜索扩展的整个过程。

节点的耗费值 COST。

令 $C(i, j)$ 为从节点 n_i 到 n_j 的这段路径（或者弧）的耗费值，一条路径的耗费值就等于连接这条路径各节点间所有弧的耗费值总和，可以用递归公式描述如下：

$$C(n_i, t) = C(n_i, n_j) + C(n_j, t)$$

通常，我们可以将评价函数 f 拆分成两个部分，即对节点 n，有 $f(n) = g(n) + h(n)$，其中函数 g 是节点 n 对历史（初始节点 s）的评价值，函数 h 是节点 n 对未来（目标节点 t）的评价值。

$f(n)$ 规定为对从初始节点 s，通过约束节点 n，到达目标节点 t 上，最小耗费路径（最佳路径）的耗费值 $f*(n)$ 的估计值。其中，$g(n)$ 规定为对从 s 到 n 最小耗费路径（最佳路径）的耗费值 $g*(n)$ 的估计值。$h(n)$ 规定为对从 n 到 t 最小耗费路径（最佳路径）的耗费值 $h*(n)$ 的估计值。

因此，$f*(n) = g*(n) + h*(n)$ 就表示从初始节点出发到达目标节点的最小耗费路径（最佳路径）的耗费值。显然，$g(n)$ 的值很容易从到目前为止的搜索树上计算出来，也就是根据搜索历史对 $g*(n)$ 做出估计，显然，$g(n) \geq g*(n)$。$h(n)$ 则依赖启发信息，通常称为启发函数。

【解题钥匙】

例题一 聪明的打字员。

阿兰是某机密部门的打字员，她现在接到一个任务：需要在一天之内输入几百个长度固定为 6 的密码。当然，她希望输入的过程中敲击键盘的总次数越少越好。

不幸的是，出于保密的需要，该部门用于输入密码的键盘是特殊设计的，键盘上没有数字键，而只有以下六个键：Swap0，Swap1，Up，Down，Left，Right，为了说明这 6 个键的作用，我们先定义录入区的 6 个位置的编号，从左到右依次为 1，2，3，4，5，6。下面列出每个键的作用：

Swap0：按 Swap0，光标位置不变，将光标所在位置的数字与录入区的 1 号位置的数字（左起第一个数字）交换。如果光标已经处在录入区的 1 号位置，则按 Swap0 键之后，录入区的数字不变。

Swap1：按 Swap1，光标位置不变，将光标所在位置的数字与录入区的 6 号位置的数字（左起第六个数字）交换。如果光标已经处在录入区的 6 号位置，则按 Swap1 键之后，录入区的数字不变。

Up：按 Up，光标位置不变，将光标所在位置的数字加 1（除非该数字是 9）。例如，如果光标所在位置的数字为 2，按 Up 之后，该处的数字变为 3；如果该处数字为 9，则按 Up 之后，数字不变，光标位置也不变。

Down：按 Down，光标位置不变，将光标所在位置的数字减 1（除非该数字是 0），如果该处数字为 0，则按 Down 之后，数字不变，光标位置也不变。

Left：按 Left，光标左移一个位置，如果光标已经在录入区的 1 号位置（左起第一个位置）上，则光标不动。

Right：按 Right，光标右移一个位置，如果光标已经在录入区的 6 号位置（左起第六个位置）上，则光标不动。

当然，为了使这样的键盘发挥作用，每次录入密码之前，录入区总会随机出现一个长度为 6 的初始密码，而且光标固定出现在 1 号位置上。当巧妙地使用上述六个特殊键之后，可以得到目标密码，这时光标允许停在任何一个位置。

现在，阿兰需要你的帮助，编写一个程序，求出录入一个密码需要的最少的击键次数。

输入文件：

文件仅一行，含有两个长度为 6 的数，前者为初始密码，后者为目标密码，两个密码之间用一个空格隔开。

输出文件：

文件仅一行，含有一个正整数，为最少需要的击键次数。

样例：

input. txt

123456 654321

output. txt

11

样例说明：

初始密码是 123456，光标停在数字 1 上。对应上述最少击键次数的击键序列为：

击键序列	击键后的录入区
	123456
Swap1	623451
Right	6 23451
Swap0	2 63451
Down	2 53451
Right	25 3451
Up	25 4451
Right	254 451
Down	254 351
Right	254 351
Up	2543 61
Swap0	6543 21

最少的击键次数为 11。

解析：本题的文字描述很长，但问题的本质是：给出一个初始的密码和一个目标密码，根据题设中的变换规则，求出一个击键次数最小的序列，由初始密码变换到目标密码。问题的求解方法可以借助于产生式系统的方法。

方法与技巧：

首先我们需要确定问题的状态描述，即综合数据库。如果我们用（S，index）表示问题中的一个状态，S 为密码，index 表示光标位置，那么，（Source，1）为问题的初始状态，（Target，pos）为问题的目标状态，其中 pos 任意。那么综合数据库中可能存在的节点数为：$6 * 10^6$。

```
const maxl = 6000000;
type
    statetype = array [1 .. 6] of shortint;
    Nodetype = record
                  state : statetype; {密码}
                  point , step : shortint; {光标位置，按键次数}
              end;
var
q : array [0 .. maxl] of Nodetype; {队列}
app : array [1 .. 6, 0 .. 9, 0 .. 9, 0 .. 9, 0 .. 9, 0 .. 9, 0 .. 9] of boolean; {判重数组}
final : statetype; {目标状态}
```

然后确定产生式规则如下：设当前状态为（S，index），下一个状态为（S′，index′）。

① Swap0：

if index ＜ ＞ 1 then

[S′：= S; S′[1]：= S[index]; S′[index]：= S[1]; Index′：= index;]

② Swap1：

if index ＜ ＞ 6 then

[S′：= S; S′[6]：= S[index]; S′[index]：= S[6]; Index′：= index;]

③ Up：

if S[index] ＜ ＞ 0 then [S′：= S; S′[index]：= S′[index] + 1; Index′：= index;]

④ Down：

if S[index] ＜ ＞ 0 then [S′：= S; S′[index]：= S′[index] − 1; Index′：= index;]

⑤ Left：

if index ＜ ＞ 0 then [S′：= S; Index′：= index − 1;]

⑥ Right：

if index ＜ ＞ 6 then [S′：= S; Index′：= index + 1;]

在确定好的产生式规则之后，按照产生式系统的一般控制策略，我们可以得到如下的算法主过程：

closed：= 0, open：− 1;

q[1].point：= 1;

fillchar（app，sizeof（app），false）;

while true do begin

closed：= closed mod maxl + 1;

with q[closed] do begin

if comparebyte（state，final，6）= 0 then 打印输出；{如果是目标的话}

调用 6 条规则扩展出 state 新节点；

if not app[point, state[1], state[2], state[3], state[4], state[5], state[6]] {判重}

then begin

open：= open mod maxl + 1;

q[open].state：= state;

q[open].step：= step + 1;

q[open].point：= point;

app[point, state[1], state[2], state[3], state[4], state[5], state[6]]：= true;

end;

至此问题得到解决。

例题二　仓库问题。

有一个仓库被分成 $n*m$ 个矩形区域，如果两个区域有一条公共边，则被认为这两个区域相邻。包裹都放在一个区域中，剩余的区域或者空闲或者被集装箱占有，这是因为集装箱太重，仓库管理员不能将集装箱搬走。仓库管理员目的是要将包裹从开始的 P 区域移动到最后的 K 区域。他可以从空区域走到与之相邻的一个空区域。当仓库管理员走到与包裹相邻的区域时，它可以推动包裹，具体的推动方法如图 6 - 3 所示：

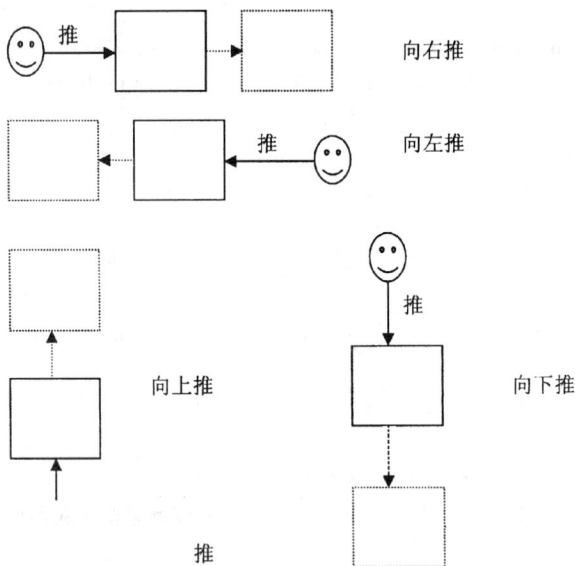

图 6 - 3　仓库推动情况示意图

写一个程序：

从 MAG. IN 文本文件中读入一个储藏表，开始位置为仓库管理员，最后位置为包裹移动的位置；

计算包裹从开始位置可能移动到目标位置的最少移动次数；

将结果输出到文本文件 MAG. OUT 中。

输入：

在文件 MAG. IN 的第一行有两个用单个空格分隔的正整数 n，$m \leq 100$。接下来是货物存放二维表，共 N 行，每行为 M 个字母组成的单词，字母分别是 S，M，P，K，w。第 i 单词的第 j 个位置表示第 i 行第 j 列区域的信息，可能是如下内容：

S —— 集装箱

M ——仓库管理员的位置

P ——包裹开始的位置

K ——包裹最后的位置

w ——空区域

S，M，P 和 K 在文件 MAG. IN 中只出现一次。

输出：

你的结果写入到文件 MAG. OUT 中：

如果包裹不能移动到目的位置，则写入 NIE。

如果包裹能移动到目的位置，则写入最小的移动次数 。

输入样例：

10 12

SSSSSSSSSSSS

SwwwwwwwSSSS

SwSSSSwwSSSS

SwSSSSwwSKSS

SwSSSSwwSwSS

SwwwwwPwwwww

SSSSSSSwSwSw

SSSSSSMwSwww

SSSSSSSSSSSS

SSSSSSSSSSSS

输出样例：

7

解析：此题实际上是有名的 NP 难题："推箱子"问题。不同于经典问题的是，题目中仅仅包含一个"箱子"（包裹），使得难度大大降低。

方法与技巧：首先我们约定：ADJ (x, y, p) 表示在 p 方向上与 (x, y) 相邻的格子，当 p 取 1、2、3、4 时，分别代表的意义是上、右、左、下。譬如：ADJ $(3, 2, 1) = (2, 2)$，ADJ $(4, 5, 2) = (4, 6)$。显然，若包裹的位置为 (x, y)，人站在 ADJ (x, y, p)，那么经过人的推动，包裹的新位置变成：$(x', y') = $ ADJ $(x, y, 5 - p)$。

由于任意时刻，对贮藏表的状态产生影响的只有两个因素：

（1）包裹所处的位置。

（2）人所处的位置。

因此一个节点应该包含两个信息：包裹所处的位置、人所处的位置。但是我们可以分析以下两种状态，如图 6 - 4：

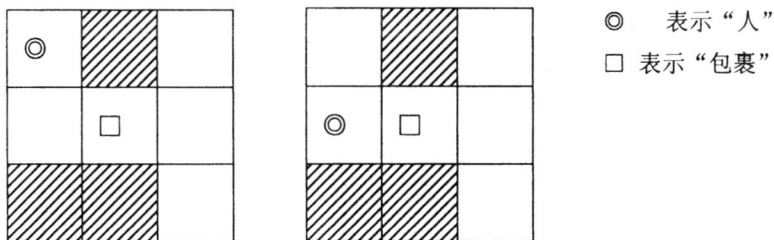

◎　　表示"人"

□　表示"包裹"

图 6 - 4　状态图

这两种状态中尽管"人"站的位置不同，但它们实际上可以看作同一种状态。因为题目要求的是包裹的最少移动次数，与"人"的移动步数无关，而"人"只有站在与包裹相邻的区域时才能推动包裹，所以无论"人"处于什么位置，最终还是要移动到包裹的旁边来，至于移动的过程则不是我们所关心的。

故而可以对上面的状态表示做一些改进。每个节点记录两个信息：

（1）包裹的位置。

（2）人站在包裹的哪个方向上。（只有 4 个方向）

具体数据结构定义为：

```
tnode = record
                x, y : integer;
                p : 1 .. 4;
{x, y 为包裹的行、列坐标, p 表示"人"站在包裹哪个方向上}
end;
```

这样, 可能存在的节点总数就大大减少了。

接下来的任务是确定产生式规则。

由一个节点 $A = (x_0, y_0, p_0)$, 扩展出来的新节点 $B = (x_1, y_1, p_1)$ 可能有两种情况。

情况 1: $x_1 = x_0$, $y_1 = y_0$, 即包裹位置不变。$p_1 \neq p_0$, 且 ADJ (x_0, y_0, p_0) 与 ADJ (x_0, y_0, p_1) 可以互达 (包裹此时可以看作障碍物)。

情况 2: $p_1 = p_0$。$(x_1, y_1) = $ ADJ $(x_0, y_0, 5 - p)$, 即"人"推动箱子。

接下来就可以使用搜索方法进行了。先计算出"人"一开始可能到达包裹的哪些方向, 作为初始节点, 然后按照上述两种产生式规则进行扩展, 一旦找到解就输出。如果搜索完全部节点仍然找不到解则输出 NIE。

剩下的关键问题就是如何判断 ADJ (x, y, p_0) 与 ADJ (x, y, p_1) 可不可以互达了。其实判断两个区域是不是可以互达, 只需要事先进行一次广度优先搜索就可以了。然而复杂之处就在于: 判断 ADJ (x, y, p_0) 与 ADJ (x, y, p_1) 可不可以互达时, 包裹所处区域 (x, y) 也被看作了一个障碍物; 在广度优先搜索的过程中, 包裹实际上成了一个"动态障碍", 不断变换位置, 如图 6-5 所示。

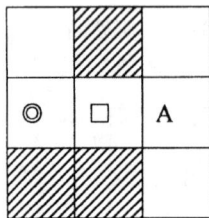

◎ 表示"人"
□ 表示"包裹"

图 6-5 障碍图

"人"和 A 本来可以互达, 然而由于包裹阻碍在两者之间, 使得本来可达的两个区域变得不可达, 所以不可能事先计算出两个区域之间的互达情况。一种朴素的想法是每次扩展时都进行一次搜索。然而这样做的时间复杂度极高, 很难满足测试的要求, 故而必须另辟蹊径。

倘若两个区域 A 与 B 本来可以互达, 但因为包裹阻碍的缘故而变得不可达, 那么包裹所在区域必然是从 A 到 B 的"必经之点"——这使我们自然地联想到"割点和块"。(关于割点、块的定义以及求法, 可以参见有关图论的资料。)

一个图被分成若干个"块", 那么任意一个块 $G = (V, E)$ 都有如下性质:

性质 1 若顶点 A、B 分属两个不同的块, 则必然存在一个顶点, 使得去掉该顶点后 A、B 变得不连通。

性质 2 去掉原图中任意一个顶点, G 中的任意两个顶点依然连通。

我们回到题目中来。可以把每个区域抽象成一个顶点, 相邻的两空区域之间连一条边, 组成一个无向图；然后求出所有的块，可以得到以下两条定理（假设包裹所处位置是 (x, y)，且被当作一个障碍物）：

定理 1　若 ADJ (x, y, p_0) 和 ADJ (x, y, p_1) 属于同一个"块"，则它们可互达。

证明　去掉 (x, y) 后，根据"块"的性质 2，ADJ (x, y, p_0) 和 ADJ (x, y, p_1) 可以互达。

定理 2　若 ADJ (x, y, p_0) 和 ADJ (x, y, p_1) 不属于同一个"块"，则它们不可互达。

证明　如果它们可以互达，设连通两者的路径是 P；令 $P' = \lceil \text{ADJ} (x, y, p_0), (x, y), \text{ADJ} (x, y, p_1) \rceil$。由于 (x, y) 被当作障碍物，所以 P 中必不包含 (x, y)，即 P 与 P' 没有公共顶点。故而任意去掉图中的一个顶点都不能使 ADJ (x, y, p_0) 和 ADJ (x, y, p_1) 不连通，这与"块"的性质 1 矛盾。

定理 2 得证。

根据这两条定理，判断 ADJ (x, y, p_0) 与 ADJ (x, y, p_1) 可不可以互达就十分简单了：事先求出所有的块，记录每个区域属于哪些块；在广度优先搜索的过程中只要判断两个区域是否属于同一个块即可。

整个算法描述为：

step1. 计算出每个区域属于哪些块。

step2. 计算"人"　　开始可以到达包裹的那些方向，作为初始节点入队列。

step3. 若队列空转 step7，否则从队列中取出　个节点扩展得到所有的新节点。

step4. 若新节点中有目标节点，则输出结果，转 step8。

step5. 判重。新节点入队列。

step6. 转 step3。

step7. 输出 NIE。

step8. 算法结束。

由于"判重"使用标志数组，几乎不需要时间。求"块"的时间复杂度为 $O(e)$，e 是图中的总边数，这里 $e < 4 nm$，所以求"块"的复杂度是 $O(nm)$。搜索的复杂度是 O（节点总数 * 产生式规则数目） $= O(4nm * 5) = O(nm)$。故而，整个问题的时间复杂度是 $O(nm)$。

【解题尝试】

第一题　翻币。

有 N 枚硬币（N 为偶数），正面朝上排成一排，每次将 $N-1$ 枚硬币翻过来放在原位置上，不断地重复上述过程，直到最后全部硬币翻成反面朝上为止。编程让计算机把翻币的最简过程及翻币次数打印出来（用 * 代表正面，O 代表反面）。

第二题　邮票问题。

从一整版正方形的邮票上可以撕成各种形状的四联票。下图 6 – 6 就是几种不同形状的四联票。编程由计算机寻找并画出可撕成所有形状的四联票。

第二题　中国象棋。

中国象棋半张棋盘如图所示。马自左下角往右上角跳。今规定只许往右跳，不许往左跳。如图 6 – 7（a）中所示为一种跳行路线，将所经路线打印出来。打印格式为：0, 0 = = >1, 2 = = >2, 4 = = >4, 3 = = >5, 1 = = >6, 3 = = >8, 4

……

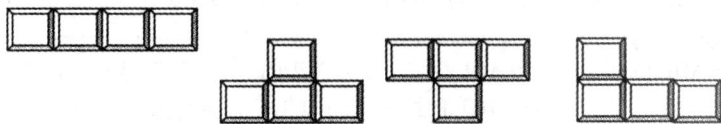

6-6　不同形状的四联票

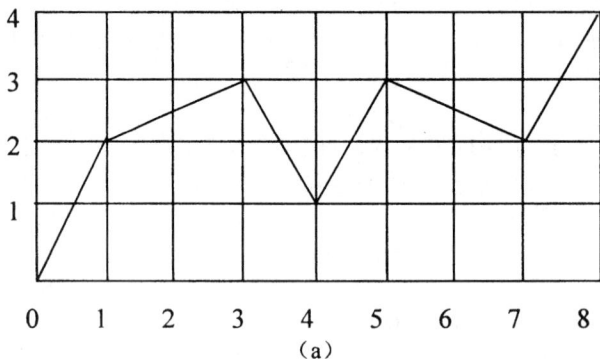

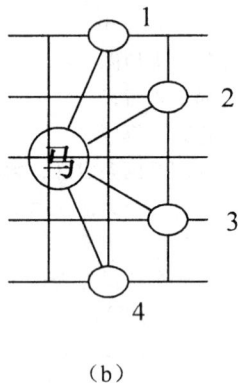

图6-7　象棋棋盘

6.3　深度优先搜索

【学习目标】

深度优先搜索与广度优先搜索的控制结构和产生系统很相似，惟一的区别在于对扩展节点的选取上。由于其保留了所有的前继节点，所以在产生后继节点时可以去掉一部分重复的节点，从而提高了搜索效率。这两种算法每次都扩展一个节点的所有子节点，而不同的是，深度搜索下一次扩展的是本次扩展出来的子节点中的一个，而广度搜索扩展的则是本次扩展的节点的兄弟节点，在具体实现上为了提高效率，所以采用了不同的数据结构。通过本节的学习，读者应掌握深度优先搜索的一般框架结构，学会使用深度优先搜索方法去解决问题，并初步掌握适用深度优先搜索方法解决问题的特点。

下面是深度优先搜索算法的基本框架。

< Var >

Open：Array［1 .. Max］of Node；（待扩展节点表）

Close：Array［1 .. Max］of Node；（已扩展节点表）

openL, closeL：Integer；（表的长度）

New － S：Tsituation；（新状态）

< Init >

Open < － 0；Close < － 0；

OpenL < － 1；CloseL < － 0；

Open ［1］. Situation < － 初始状态；

Open〔1〕. Level < － 1;

Open〔1〕. Last < － 0;

< Main Program >

While（openL > 0）and（closeL < Max）and（openL < Max）do

Begin

closeL：= closeL + 1;

Close〔closeL〕：= Open〔openL〕;

openL：= openL － 1;

For I：= 1 to TotalExpendMethod do（扩展一层子节点）

Begin

New － S：= ExpendNode（Close〔closeL〕. Situation，I）;

If Not（New － S in List）then

（扩展出的节点从未出现过）

Begin

openL：= openL + 1;

Open〔openL〕. Situation：－ New － S;

Open〔openL〕. Level · = Close〔closeL〕. Level + 1;

Open〔openL〕. Last：= closeL;

End － If

End － For;

End;

【解题钥匙】

例题一 编码网格。

有一种网格，有时被用作信息编码。我们的海军舰队官员决定使用这种编码信息同他们的船长联系。这种编码网格是一张正方形的薄纸，被分成了 $2N * 2N$ 个小的正方形，上面有 N^2 个小正方形被切除掉了。（看图 6 - 8（1））

让我们简单描述这种编码过程：取一篇长度为 $4N^2$ 的信息文本，然后放一个编码网格到一张空白纸上，在已切除了的小方格内写上开始的 N^2 个信息字符（每个格子一个字符，先在第一行中从左至右在切除的方格内写字符，然后是第二行，依此类推）。看图 6 - 8（2）中的例子，信息为"HELLO YELLOWWORLD"。在完成第一步后，将编码网格顺时针旋转 90 度，并同样地写上字符。再做两步，所有的字符将被写上（看图 6 - 8（3）中的例子）。

```
O###      H###      HOOY
#O##      #E##      LREO
O##O      L##L      LWE L
####      ####      LLDW
 (1)       (2)       (3)
```

图 6 - 8 编码网格

构造一个正确的网格是有必要的，它意味着当我们使用上述的方法旋转后，新的 N^2 个空格子将会在切掉的格子下方出现。

海军舰队官员用他们的网格将成千的信息编码，然后他们想将它发送到船上。不幸的是，他们丢失了网格；幸运的是，海军上将还记得那些原始的信息文本中的一篇。

你的任务是根据这个原始的信息文本和编码后的文本，找出一种可能的正确构造的编码网格，上述的信息符号可能是用它来进行编码的。

输入数据：

输入文件的第一行包括一个整数 N（$1 \leq N \leq 10$），第二行包括 $4N^2$ 个大写字母代表原始信息，接下来的 $2N$ 行包括已编码的文本（每行 $2N$ 个大写字母）。

输出数据：

输出文件中包含一个正确构造的能将给出的信息进行编码的网格。在 $2N$ 行中的每一行，网格中的一行（$2N$ 个文字）在"O"处将被显示。（大写字母'O'代表切掉的小方块，"#"代表没切的小方块。）

输入输出示例：

GRID. IN：

2

HELLOYELLOWWORLD

HOOY

LREO

LWEL

LLDW

GRID. OUT：

O####

##O#

O##O

####

方法与技巧：

本题最简单的做法是搜索网格中每一个被切割的小方格的位置，得到一个符合要求的网格便可打印输出。在此基础上可以进行优化，因为编码网格要顺时针旋转 90 度四次，所以，在确定一个位置为被切割的小方格后，其旋转所对应的另外三个位置必然不可能是被切割的小方格，将其置为"#"，搜索下一个小方格时避开这样的位置即可，这样能节省 3/4 的搜索量。进一步研究可发现，将格子按照行优先的顺序从 1 至 $4N^2$ 标号，即位置 (x, y) 的方格编号为 $(2*N)*(x-1)+y$，假设第 $i-1$ 个被切割的小方格编号为 j，则第 i 个被切割的小方格的编号必是在 $j+1$ 到 $3N^2+i$ 的范围之内，因此在搜索位置时只需枚举这一范围内的编号，再将其转为位置坐标即可，可避免一部分不可能是正确解的搜索，使搜索直接朝正解的方向逼近。其实，上述算法均忽略了题目中的一句话——"在已切除了的小方格内写上开始的 N^2 个信息字符"，它实际上提醒了我们：被切除的小方格必定是原始文本前 N^2 个字符出现的位置，虽然原始文本中可能有重复字符，重复字符出现的位置不属搜索范围，但按这个范围搜索毕竟比上述算法中搜索整个棋盘优化了不少。

还有一点值得注意，本题采用的是深度优先搜索，对空间的要求不是很大，因此可采用"用空间换时间"的做法，用一个数组将搜索假定的网格坐标记录下来，判断其是否符合要求时，不必将整个棋盘翻转 3 次，只需将网格的位置进行翻转，少了 3/4 的操作量。下面给出问题的源程序。

```pascal
program ex. const infns = 'Input. txt';
        outfns  = 'Output. txt';
        maxn  = 10;
type ta  = record
                x, y : Integer;
            end;
    tMap  = array [1 .. 2 * Maxn, 1 .. 2 * Maxn] of Byte;
var Str       : array [1 .. 4 * Maxn * Maxn] of Char;
    Code      : array [1 .. 2 * Maxn, 1 .. 2 * Maxn] of Char;
    Len       : array ['A' .. 'Z'] of Integer;
    a         : array ['A' .. 'Z', 1 .. 4 * Maxn * Maxn] of Ta;
    Map       : TMap;
    x, y      : array [0 .. Maxn * Maxn] of Integer;
    n         : Integer;
procedure Init;
var Inf       : Text;
    i, j      : Integer;
    Ch        : Char;
begin
  assign (Inf, Infns);
  reset (Inf);
    readln (Inf, n);
    for i : = 1 to 4 * n * n do read (Inf, Str [i]);
    readln (Inf);
    for i : = 1 to 2 * n do begin
      for j : = 1 to 2 * n do read (Inf, Code [i, j]);
      readln (Inf);
    end; {for i}
  close (Inf);
  for i : = 1 to 2 * n do
    for j : = 1 to 2 * n do begin
    ch : = code [i, j];
        inc (len [Ch]);
        a [Ch, Len [Ch]] . x : = i; a [Ch, Len [Ch]] . y : = j;
    end; {for j}
end; {Init}
```

```
function same : Boolean;
var i, j          : Integer;
    t             : array [2 .. 4] of Integer;
begin
  same : = False;
  t [2] : = n * n; t [3] : = 2 * n * n; t [4] : = 3 * n * n;
  for i : = 1 to 2 * n do
    for j : = 1 to 2 * n do
      if Map [i, j] > 1 then begin
        inc (t [Map [i, j]]);
        if Str [t [Map [i, j]]] < > Code [i, j] then exit;
      end; {then}
  same : = True;
end; {Same}
Procedure Out;
var Outf         : Text;
    i, j         : Integer;
begin
  assign (Outf, Outfns);
  rewrite (Outf);
    for i : = 1 to 2 * n do begin
      for j : = 1 to 2 * n do
        if Map [i, j] = 1 then write (Outf, 'O')
                    else write (Outf, '#');
        writeln (Outf);
      end; {for i}
  close (Outf);
  halt;
end; {Out}
function Ok (t : integer) : Boolean;
var i, x1, y1, s : integer;
    Map1         : TMap;
begin
Ok : = False;
Map1 : = Map;
x1 : = x [t]; y1 : = y [t];
for i : = 1 to 4 do begin
if Map1 [x1, y1] < > 0 then exit;
Map1 [x1, y1] : = i;
```

```
    s : = x1; x1 : = y1; y1 : = 2 * n - s + 1;
end; {for i}
OK : = True;
end; {Ok}
procedure search (t : Integer);
var i, j, x1, y1, s : integer;
begin
if t > n * n then begin
if Same then Out;
exit;
end; {then}
for i : = 1 to Len [Str [t]] do begin
    x [t] : = a [Str [t], i].x; y [t] : = a [Str [t], i].y;
    if (x [t] > x [t - 1]) or (x [t] = x [t - 1]) and (y [t] > y [t - 1]) then
      if Ok (t) then begin
      x1 : = x [t]; y1 : = y [t];
      for j : = 1 to 4 do begin
        Map [x1, y1] : = j;
        s : = x1; x1 : = y1; y1 : = 2 * n - s + 1;
      end; {for j}
      search (t + 1);
      for j : = 1 to 4 do begin
      Map [x1, y1] : = 0;
      s : = x1; x1 : = y1; y1 : = 2 * n - s + 1;
    end; {for j}
  end; {then}
end; {for i}
end; {Search}
begin
init;
search (1);
end.
```

例题二 单词接龙。单词接龙是一个与我们经常玩的成语接龙相类似的游戏，现在我们已知一组单词，且给定一个开头的字母，要求出以这个字母开头的最长的"龙"（每个单词都最多在"龙"中出现两次），在两个单词相连时，其重合部分合为一部分，例如 beast 和 astonish，如果接成一条龙则变为 beastonish，另外相邻的两部分不能存在包含关系，例如 at 和 atide 间不能相连。

输入：输入的第一行为一个单独的整数 n（$n \leqslant 20$）表示单词数，以下 n 行每行有一个单词，输入的最后一行为一个单个字符，表示"龙"开头的字母。你可以假定以此字母开头的"龙"一定存在。

输出：只需输出以此字母开头的最长的"龙"的长度

样例：

输入

5

At

Touch

Cheat

Choose

Tact

a

输出

23（连成的"龙"为 atoucheatactactouchoose）

解析：本题是给出开头的一个字母和单词接龙的规则，从给定的一组单词中找出一条包含字母个数最多的"龙"，由于问题规模很小，且适合搜索求解，因此采用深度优先方法求解。

方法与技巧：

选择的搜索对象是各个单词，采用对各个单词逐位比较的方法，比较后，符合条件的压入栈，如果找不到，就赋值为 0。当然还要注意对单词使用次数的记录。

即：

If j 能接在 I 之后，map［I，j］＝len else map［I，j］＝0；

算法设计如下：

```
for i：= 1 to n do begin
    s：= "；
    for k：= length（word［i］）downto 2 do begin
        s：= word［i，k］+ s；
        for j：= 1 to n do
            if（map［i，j］= 0）and（pos（s，word［j］）= 1）then
                map［i，j］：= length（word［j］）- length（s）；
    end；
end；
for i：= 1 to n do
    if word［i，1］= start then map［n + 1，i］：= length（word［i］）；
for i：= 1 to n + 1 do
    for j：= 1 to n + 1 do
        if map［i，j］> maxV［j］then maxV［j］：= map［i，j］；
for i：= 1 to n + 1 do for j：= 1 to n + 1 do sort［i，j］：= j；
for k：= 1 to n + 1 do
    for i：= 1 to n + 1 do
        for j：= i + 1 to n + 1 do
            if map［k，sort［k，i］］< map［k，sort［k，j］］then begin
```

```
          x ： = sort［k, i］; sort［k, i］： = sort［k, j］; sort［k, j］： = x;
        end;
    for k ： = 1 to n + 1 do begin
      sort［k, 0］： = n + 1;
      while (sort［k, 0］ > 0) and (map［k, sort［k, sort［k, 0］］］ = 0) do
        sort［k, 0］： = sort［k, 0］ - 1;
    end;
```

源程序：

```
const
max = 50;
maxTime = 60 * 18;
var
map, {记录某两个单词连接后，第二个单词除公共部分后的长度}
sort: array［1 .. max, 0 .. max］of integer; {记录所有能接在某个单词后的单词除去公共部分后的长度接从长到短排序后的结果}
  vis: array［1 .. max］of integer; {标记某个单词已访问过的次数}
  maxV: array［1 .. max］of integer; {某个单词接上另一个单词能增加的最大长度}
  word: array［1 .. max］of string; {单词}
  n: integer;
  best: integer;
  start: char;
  quit: longint;
procedure init; {读入数据}
var
    i: integer;
begin
  assign (input, ″); reset (input);
  readln (n);
  for i ： = 1 to n do readln (word［i］);
  readln (start);
  close (input);
end;
procedure prepare; {准备过程}
var
  i, j, k, x: integer;
  s: string;
begin
  fillChar (map, sizeOf (map) , 0);
  fillChar (maxV, sizeOf (maxV) , 0);
```

○ 解题金钥匙系列 · 信息学

```
for i : = 1 to n do begin {求单词 I 与 J 是否可接, 若不可接则 Map [I, J] = 0, 否则为连
接后单词 J 除开公共部分的最大长度}
    s : = '';
    for k : = length (word [i]) downto 2 do begin
      s : = word [i, k] + s;
      for j : = 1 to n do
        if (map [i, j] = 0) and (pos (s, word [j]) = 1) then
          map [i, j] : = length (word [j]) – length (s);
    end;
  end;
  for i : = 1 to n do {增加一个开始的节点 N + 1, 即开始时的字符}
    if word [i, 1] = start then map [n + 1, i] : = length (word [i]);
  for i : = 1 to n + 1 do {得到每个节点能够连接的所有单词除公共部分后的最长的一个单
词的长度}
    for j : = 1 to n + 1 do
      if map [i, j] > maxV [j] then maxV [j] : = map [i, j];
  for i : = 1 to n + 1 do for j : = 1 to n + 1 do sort [i, j] : = j; {对每个单词能连接的所
有单词除去公共部分后的长度进行排序, 以确保能尽快搜到最优解}
  for k : = 1 to n + 1 do
    for i : = 1 to n + 1 do
      for j : = i + 1 to n + 1 do
        if map [k, sort [k, i]] < map [k, sort [k, j]] then begin
          x : = sort [k, i]; sort [k, i] : = sort [k, j]; sort [k, j] : = x;
        end;
  for k : = 1 to n + 1 do begin
    sort [k, 0] : = n + 1;
    while (sort [k, 0] > 0) and (map [k, sort [k, sort [k, 0]]] = 0) do
      sort [k, 0] : = sort [k, 0] – 1;
  end;
end;
procedure search (const v, l: integer); {搜索以第 V 个单词结尾, 还能向后加的方案}
var
  i, k: integer;
begin
  if meml [$40 : $6C] > quit then exit; {卡时}
  vis [v] : = vis [v] + 1;
  if l > best then best : = l;
  for k : = 1 to sort [v, 0] do begin
    i : = sort [v, k];
```

```
        if vis [i] < 2 then search (i, l + map [v, i]);
      end;
      vis [v] : = vis [v] – 1;
    end;
  begin
    quit : = meml [$40 : $6C] | maxTime;
    init;
    prepare;
    fillChar (vis, sizeOf (vis), 0);
    best : = 0;
    search (n + 1, 0);
    writeln (best);
  end.
```

【解题尝试】

第一题　货物问题。

某商店经理已将所有的货物按它们的标号的字母顺序进行了分类。所有的标号首字母相同的货物被存储在同一仓库中，该仓库也用该字母进行标记。在某天中，经理接到并登记了许多订货单，每张订货单仅需一种货物。经理按照登记的顺序处理了这些要求。

你已知道了该天经理所需处理的所有订货单，但你不知道它们的登记顺序。计算出所有可能的访问仓库的方法，来为经理解决该天所有的订货要求。

输入：

输入文件 ORDER. IN 中仅有一行，包含所有所需货物的标号（一个随机的顺序）。每一种货物是用它标号的首字母来表示的，只使用英文小写字母。订货单的数目不超过200。

输出：

输出文件 ORDER. OUT 要包含经理访问仓库的所有可能顺序。每个仓库由一个英文小写字母来代表所存货物标号的首字母。每一种仓库访问顺序写在输出文件中单独的一行上，并且所有行上的这些访问顺序要按字母顺序先后列出。（见例）输出不能超过2兆字节。

例子：

ORDER. IN：

　　　bbjd

ORDER. OUT：

　　　bbdj

　　　bbjd

　　　bdbj

　　　bdjb

　　　bjbd

　　　bjdb

　　　dbbj

dbjb

djbb

jbbd

jbdb

jdbb

第二题 矩形问题。

现在我们在一个平面上画了 n 个矩形。每一个矩形的两边都与坐标轴相平行，且矩形定点的坐标均为整数。现我们定义满足如下性质的图形为一个块：

（1）每一个矩形都是一个块；

（2）如果两个块有一段公共的部分，那么这两个块就会形成一个新的块，否则这两个块就是不同的。

示例：

图 6－9 中的矩形形成了两个不同的块。

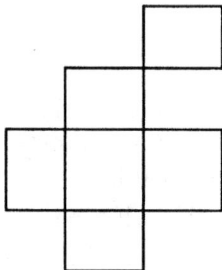 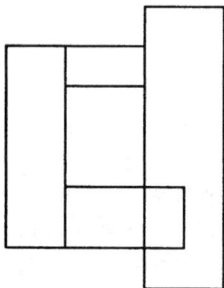

图 6－9　　　　　　　　　　　图 6－10

图 6－10 中的矩形形成了一个块。

请写一个程序：从文本文件 PRO. IN 中读入各个矩形的顶点坐标，找出这些矩形中不同的块的数目，把结果输出到文本文件 PRO. OUT 中。

输入格式：

在文本文件 PRO. IN 的第一行包括一个整数 n，$1 < n < 7000$，为矩形的数目。以下的 n 行为矩形顶点的坐标。每一个矩形都是用四个整数来描述的：左下角的 x 坐标、左下角的 y 坐标、右上角的 x 坐标和右上角的 y 坐标。所有的坐标都是不大于 10000 的非负整数。

输出格式：

你应该在文本文件 PRO. OUT 中输出惟一的一个整数——这些矩形所形成的不同的块的数目。

样例：

输入（PRO. IN）：

9

0 3 2 6

4 5 5 7

4 2 6 4

2 0 3 2

5 3 6 4
3 2 5 3
1 4 4 7
0 0 1 4
0 0 4 1
输出（PRO. OUT）：
2

6.4 广度优先搜索

【学习目标】

广度优先搜索与深度优先搜索在本质上是相同的，都是对问题的搜索树进行遍历，深度搜索是沿着一个树枝扩展下去直到不能扩展为止，因此采用堆栈这一"后进先出"的数据结构，而广度优先搜索则逐层地扩展，因此，先扩展的节点在下一次扩展时优先扩展，故采用"先进先出"的队列这一数据结构。通过本节的学习，读者应能够熟练掌握广度优先搜索在求解最优解问题上的广泛应用，体会广度优先搜索时需要巨大的存储空间，并学习如何减少问题的空间需求方法。我们给出广度优先搜索的一般框架结构。

```
< Type >
Node （节点类型）= Record
Situation：TSituation（当前节点状态）；
Level：Integer（当前节点深度）；
Last ：Integer（父节点）；
End
< Var >
List（节点表）：Array [1 . . Max（最多节点数）] of Node（节点类型）；
open（总节点数）：Integer；
   close（待扩展节点编号）：Integer；
New－S：TSituation；（新节点）
< Init >
List < － 0；
open < － 1；
close < － 0；
List [1] . Situation < － 初始状态；
List [1] . Level ：= 1；
List [1] . Last ：= 0；
< Main Program >
While（close < open（还有未扩展节点））and
（open < Max（空间未用完））and
（未找到目标节点）do
```

```
Begin
    close : = close + 1;
For I : = 1 to TotalExpendMethod do（扩展一层子节点）
Begin
New － S : = ExpendNode（List［close］.Situation，I）;
If Not（New － S in List）then
（扩展出的节点从未出现过）
Begin
open : = open + 1;
List［open］.Situation : = New － S;
List［open］.Level : = List［close］.Level + 1;
List［open］.Last : = close;
End － If
End － For;
End － While;
```

【解题钥匙】

例题一　冰原探险。

传说中，南极有一片广阔的冰原，在冰原下藏有史前文明的遗址。整个冰原被横竖划分成了很多个大小相等的方格。在这个冰原上有 N 个大小不等的矩形冰山，这些巨大的冰山有着和南极一样古老的历史，每个矩形冰山至少占据一个方格，且其必定完整地占据方格。冰山和冰山之间不会重叠，也不会有边或点相连。以下两种情况均是不可能出现的（图 6 – 11）：

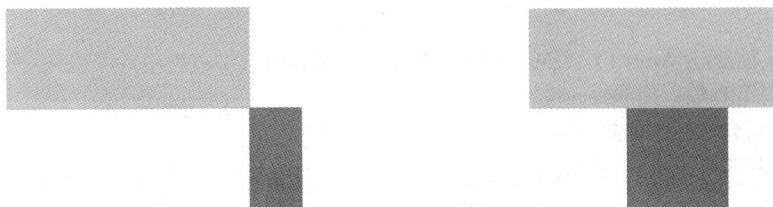

图 6 – 11　不可能出现情况

ACM 探险队在经过多年准备之后决定在这个冰原上寻找遗址。根据他们掌握的资料，在这个冰原上一个大小为一格的深洞中，藏有一个由史前人类制作的开关，而惟一可以打开这个开关的是一个占据接近一格的可移动的小冰块。显然，在南极是不可能有这样小的独立冰块的，所以这块冰块也一定是史前文明的产物。他们在想办法把这个冰块推到洞里去，这样就可以打开一条通往冰原底部的通道，发掘史前文明的秘密。冰块的起始位置与深洞的位置均不和任何冰山相邻。

这个冰原上的冰面和冰山都是完全光滑的，轻轻地推动冰块就可以使这个冰块向前滑行，直到撞到一座冰山就在它的边上停下来。冰块可以穿过冰面上所有没有冰山的区域，也可以从两座冰山之间穿过（图 6 – 12），冰块只能沿网格方向推动。请你帮助他们以最少的推动次数将冰块推入深洞中。

图 6-12 冰块移动示意图

输入文件格式：

输入文件第一行为冰山的个数 N（$1 \leqslant N \leqslant 4000$），第二行为冰块开始所在的方格坐标 X_1，Y_1，第三行为深洞所在的方格坐标 X_2，Y_2，以下 N 行每行有四个数，分别是每个冰山所占的格子左上角和右下角坐标 X_{i1}，Y_{i1}，X_{i2}，Y_{i2}。

输出文件格式：

输出文件仅包含一个整数，为最少推动冰块的次数。如果无法将冰块推入深洞中，则输出 0。

样例输入（ice. in）：

2

1 1

5 5

1 3 3 3

6 2 8 4

样例输出（ice. out）：

3

解析：由于本题是求从起点移动到终点的最少推动次数，因而较容易想到采用广度优先搜索的方法。但如何选择节点的存储方式，用以减少存储的节点数量，是不容忽视的问题。

采用队结构，依次扩展出每一个节点所能到达的所有节点。为了让结束条件更简单，我们可以把终点看作是一块边长为一的小冰山，这样在冰块撞到这块小冰山时，程序就找到了正确解。如果无法继续扩展队中的点，即队的头指针等于尾指针，就输出无解。在计算冰块能到达的位置时，可以朝一个方向搜索，直到找到一块能挡住冰块前进的冰山为止。例如在输入样例中队的扩展情况如下：

$(1, 1) \rightarrow (2, 1) \rightarrow (2, 5) \rightarrow (4, 5)$

在扩展到 $(4, 5)$ 时，冰块撞到了代表终点的小冰山，所以样例的最优值就是 3，其方案如图 6-13 所示。

方法与技巧：

（1）节点表示方法以及空间优化。

对于广度优先搜索，最大的难点莫过于空间的承受能力，广度优先搜索中的节点是不能太多的。因为冰块遇到冰山就必须马上停止，而撞到冰山的又有很多不同的位置（如图 6-14 的斜线

155

○ 解题金钥匙系列·信息学

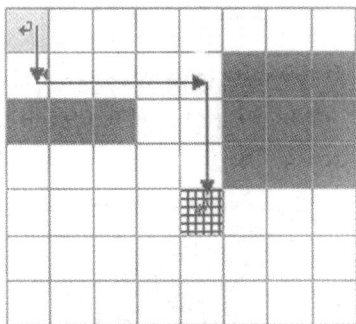

图 6 - 13

条部分），如果每个位置都要作为节点进行存储，其空间的要求显然是不能承受的。

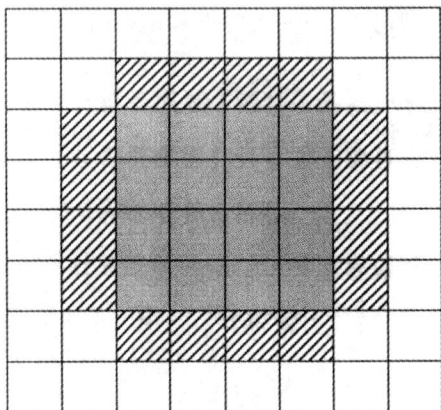

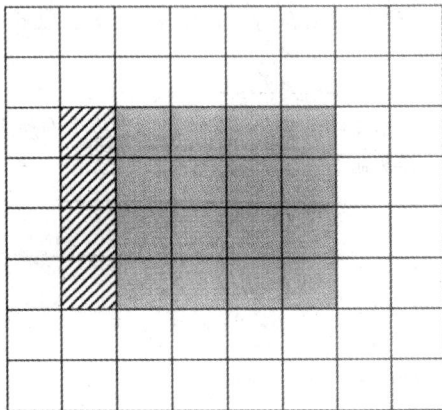

图 6 - 14   方案一   图 6 - 15   方案二

此时，我们对问题进行进一步的分析，可以发现这样的一个规律：对于图 6 - 15 中斜线条部分的网格，它们具有几乎完全相同的性质，即下一步只能向上或向下两个方向移动，因而它们所能到达的网格是完全相同的。至于是否需要考虑向左移动，因为这些网格必然是由左边的网格向右移动而来，所以向左移动并没有意义。因此，这些位于冰山同一侧的网格，我们只需看作一个节点。

这样，由于每个冰山只需记录上下左右四条边上的节点，因而我们可以用 $p[i, j]$ 表示撞到第 i 个冰山 j 方向上的边所需的最少推动次数。而此时我们最多只需记录 $4n$（$n \leqslant 4000$）个节点，空间上完全能够满足要求。

（2）节点的扩展方法。

从节点的表示方法中可以看出，对于冰山的四条边，其下一步移动的方向是不同的（左右两边考虑向上下移动，上下两边考虑向左右移动），并且每移动一次直到撞上冰山都需要对每座冰山进行判断，必须进行 n 次循环来判断。这里有一个减少判断次数的方法，就是将冰山按坐标从左到右和从上到下分别进行排序。这样在判断冰块所撞到的冰山时，我们只需找到该方向上遇到的第一块冰山即可。该方法虽然编程可能比较复杂，但由于每次判断的次数都要远比 n 小，因而对效率的提高还是比较有作用的。

（3）初始和终止条件。

由于从起点出发可以选择四个方向，与一般节点只需考虑两个移动方向有所不同，因而应在广度优先搜索之前先进行扩展。至于终止条件，只需在扩展节点时顺便求出此次扩展可到达的网格范围，再判断终点是否包含于其中。若无法继续扩展节点，并且尚未能到达终点，则必然无解。

由于数据在地图的大小上没有限制，我们不能以一个二维数组来表示地形，所以在计算冰块可到达位置时只能对所有冰山进行搜索。为了提高在计算冰块可到达的位置时的速度，可以在开始时按每一个方块的四个坐标先进行四次排序，这样在计算时只要依次查找每一块冰山，再找到一块能挡住冰块前进的冰山后，冰块就停在此冰山的前面。同时，还可以记录下每个节点的父亲，避免冰块来回在一个地方移动。在扩展后的每一个节点与前面所有节点进行比较，避免重复。在空间上，可以把一个冰山记录在一个指针里。这样在四次排序中，只要对指针的地址进行排序。下面是解决本题的源程序。

```
{ $ A + , B - , D + , E + , F - , G - , I - , L + , N - , O - , P - , Q - , R - , S - , T - ,
V + , X + , Y + }
program. ex { $ M 65520，0，655360}
const st1 = 'ice. 001';
      st2 = 'ice. out';
      maxn = 4000;
type aa = record
              x1，y1，x2，y2：integer;
          end;
      arr = array [1..16000] of integer;
      arrn = array [1..maxn，1..4，1..2] of word;
var min，s，t，xx1，yy1，xx2，yy2，n：longint;
      a：array [1..maxn] of aa;
      old：word;
      p1，p2：^arr;
procedure readp;
var i：integer;
begin
      assign（input，st1）; reset（input）;
      readln（n）;
      readln（xx1，yy1）; readln（xx2，yy2）;
      for i：= 1 to n do
          with a [i] do readln（x1，y1，x2，y2）;
      close（input）;
end;
```

```pascal
procedure print (i: longint);
begin
    if i < >65535 then writeln (i) else writeln (0);
    close (output);
    assign (output,"); rewrite (output);
    writeln (word (memw [$40: $6c] -old) /18.2: 0: 2);
    close (output);
    halt;
end;
procedure main;
var k1, k2, num, d, i, j, k, x, y, ox1, ox2, oy1, oy2: integer;
    p: array [1..maxn, 1..4] of word;
begin
    new (p1); new (p2);
    min: =65535; s: =0; t: =0;
    fillchar (p, sizeof (p), 255);
    x: =xx1; y: =yy1;
    oy1: =32767; oy2: = -32767;
    for j: =1 to n do
        if (a [j] .x1 < =x) and (a [j] .x2 > =x) then begin
            if (a [j] .y1 <oy1) and (a [j] .y1 >y) then begin
                oy1: =a [j] .y1; k1: =j;
            end
            else if (a [j] .y2 >oy2) and (a [j] .y2 <y) then begin
                oy2: =a [j] .y2; k2: =j;
            end;
        end;
    if oy1 < >32767 then
        if p [k1, 3] =65535 then begin
            inc (t); p [k1, 3]: =1;
            p1^ [t]: =k1; p2^ [t]: =3;
        end;
    if oy2 < > -32767 then
        if p [k2, 4] =65535 then begin
            inc (t); p [k2, 4]: =1;
            p1^ [t]: =k2; p2^ [t]: =4;
        end;
    if xx2 = x then
        if (oy1 > =yy2) and (oy2 < =yy2) then
```

```
        min：=1；
ox1：=32767；ox2：=-32767；
for j：=1 to n do
    if (a [j] . y1 < = y) and (a [j] . y2 > = y) then begin
        if (a [j] . x1 < ox1) and (a [j] . x1 > x) then begin
            ox1：=a [j] . x1；k1：=j；
        end
        else if (a [j] . x2 > ox2) and (a [j] . x2 < x) then begin
            ox2：=a [j] . x2；k2：=j；
        end；
    end；
if ox1 < > 32767 then
    if p [k1，1] = 65535 then begin
        inc (t)；p [k1，1]：=1；
        p1^ [t]：=k1；p2^ [t]：=1；
    end；
if ox2 < > -32767 then
    if p [k2，2] = 65535 then begin
        inc (t)；p [k2，2]：=1；
        p1^ [t]：=k2；p2^ [t]：=2；
    end；
if yy2 = y then
    if (ox1 > = xx2) and (ox2 < = xx2) then
        min：=1；
s：=0；
while s < t do begin
        inc (s)；
        num：=p1^ [s]；d：=p2^ [s]；
        if p [num，d] > = min then break；
        if d < = 2 then begin
            if d = 1 then x：=a [num] . x1-1 else x：=a [num] . x2+1；
            y：=a [num] . y1；
            oy1：=32767；oy2：=-32767；
            for j：-1 to n do
                if (a [j] . x1 < = x) and (a [j] . x2 > = x) then begin
                    if (a [j] . y1 < oy1) and (a [j] . y1 > y) then begin
                        oy1：=a [j] . y1；k1：=j；
                    end
                    else if (a [j] . y2 > oy2) and (a [j] . y2 < y) then begin
```

```
            oy2：= a [j] . y2; k2：= j;
                end；
            end；
        if oy1 < > 32767 then
          if p [k1, 3] = 65535 then begin
            inc (t); p [k1, 3]：= p [num, d] + 1;
            p1^ [t]：= k1; p2^ [t]：= 3;
          end；
        if oy2 < > - 32767 then
          if p [k2, 4] = 65535 then begin
            inc (t); p [k2, 4]：= p [num, d] + 1;
              p1^ [t]：= k2; p2^ [t]：= 4;
            end；
        if xx2 = x then
          if (oy1 > = yy2) and (oy2 < = yy2) and (p [num, d] + 1 < min) then
            min：= p [num, d] + 1;
    end
  else begin
        if d = 3 then y：= a [num] . y1 - 1 else y：= a [num] . y2 + 1;
        x：= a [num] . x1;
          ox1：= 32767; ox2：= - 32767;
          for j：= 1 to n do
            if (a [j] . y1 < = y) and (a [j] . y2 > = y) then begin
              if (a [j] . x1 < ox1) and (a [j] . x1 > x) then begin
                ox1：= a [j] . x1; k1：= j;
              end
              else if (a [j] . x2 > ox2) and (a [j] . x1 < x) then begin
                    ox2：= a [j] . x2; k2：= j;
              end；
          end；
      if ox1 < > 32767 then
        if p [k1, 1] = 65535 then begin
          inc (t); p [k1, 1]：= p [num, d] + 1;
          p1^ [t]：= k1; p2^ [t]：= 1;
        end；
      if ox2 < > - 32767 then
        if p [k2, 2] = 65535 then begin
          inc (t); p [k2, 2]：= p [num, d] + 1;
          p1^ [t]：= k2; p2^ [t]：= 2;
```

```
                    end；
                if yy2 = y then
                    if ( ox1 > = xx2 ) and ( ox2 < = xx2 ) and ( p ［ num，d ］ + 1 < min ) then
                        min： = p ［ num，d ］ + 1；
            end；
        end；
    print ( min )；
    end；
    begin
    old： = memw ［ $ 40： $ 6c ］；
    readp；
    assign ( output，st2 )；rewrite ( output )；
    if ( xx1 = xx2 ) and ( yy1 = yy2 ) then print ( 0 )；
    main；
    end.
```

例题二 棋盘游戏。

在一个 4 * 4 的棋盘上，有 8 粒白子，8 粒黑子，即每个小区域上放一粒棋子。这样一种外形，我们称它为一种棋局。仅当两粒棋子处于有一条公共边的两个区域时，这两粒棋子相邻（即它们水平相邻或垂直相邻，而不是在对角线上），这意味着每粒棋子至多有 4 位邻居。在我们的游戏中，只有惟一一种合法的动作，即交换两粒相邻的棋子。你的任务是找到一个最短的动作序列，将给出的初始棋局变换成给定的最终棋局。

输入：

在输入文件 GAME. IN 中，用头 4 行来描述初始棋局。每行有 4 个符号，用来定义该行中从左至右棋子的颜色，该 4 行依次对棋盘从顶到下进行描述。符号"0"表示一粒白色的棋子，"1"表示一粒黑色的棋子，一行中符号之间无空格。第 5 行为空，在接下来的 4 行用同样的方法描述最终的棋局。

输出：

输出文件 GAME. OUT 中的第一行包括动作的次数，接下来的行描述该游戏中的动作序列。一行描述一次动作，它包括 4 个正整数 $R\_1 C\_1 R\_2 C\_2$，分别被一空格隔开。这是对与动作相关的相邻两个区域的描叙，即区域 $[R\_1, C\_1]$ 和 $[R\_2, C\_2]$，此处，R_1（或 R_2）是行号，C_1（C_2）是列号。棋盘上的行自顶向下编号依次为 1（顶行）到 4（底行）。列自左向右编号依次为 1（最左列）到 4（最右列）（那就是说，左上角的那个区域被描述为 $[1,1]$）。如果有相同长度的动作序列可将棋局由初始状态变至最终状态，你可任选其中一种。

例子：

GAME. IN：

```
    1111
    0000
    1110
    0010
```

```
    1010
    0101
    1010
    0101
```
GAME. OUT：（one of the correct solution）
```
4
1 2 2 2
1 4 2 4
3 2 4 2
4 3 4 4
```

解析：看了题目觉得没有什么高效的算法可以解决它。通过观察数据范围发现，棋盘的大小固定为4，最多可以放16枚棋子，范围好像不是很大。进一步分析发现，由于每一个位置上只可以放黑棋或白棋，所以16枚棋子放在棋盘上的方案数为 $2^{16} = 1048576$。又由于从初始状态走到目标状态的黑白棋子数都是不变的，所以从初始状态开始，可以产生出的棋子摆放方案数远少于1048576，最多为 $C(16, 8) = 12870$，（此时的黑白棋子数均为8）。既然状态总数最多也不过1万多，用搜索应该能解决该问题。首先应该排除深度优先搜索，因为当初始状态和目标状态为下面的情况时要16步。

初始状态　　　　　　　　　　　　　　　　目标状态

 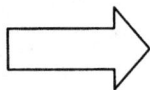 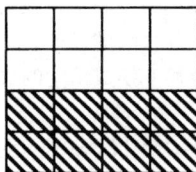

每搜索一步，由于要枚举交换的两枚棋子的位置号，需要 $16*4$ 的循环，深度优先搜索的时间复杂度将会达到 $(16*4)^{16}$！这是不可能在规定时限内出解的，如果要加上一些优化也不能从本质上起到优化的作用。造成低效的主要原因是深度优先搜索的过程中产生了很多重复的状态，由于搜索树的各节点之间联系不紧密，使我们无法排除这些重复的计算，从而降低了算法的时效。

方法与技巧：

用广度优先搜索每一次拿一个状态出来扩展同深度优先搜索一样需要一个 $16*4$ 的循环，此外还要一个判重的循环，当状态很多时循环次数可能会达到 12870^2，虽然这只是一些初步估计，但实际的运算次数不会比这少很多，而程序计算主要是花在了判重上。我们可以用 Hash 表来判重，如果将整个棋盘的黑白棋看成是0、1，任何一个棋子的摆放方案都可以看成是一个二进制数。比如上面的初始状态与目标状态分别为 1111111100000000 与 0000000011111111，将这些二进制数转换成十进制数后，0 到 1048575 的自然数刚好对应了所有的棋盘状态。我们可以用一个 0 到1048575 的布尔数组 A 表示每一种状态是否产生过，这样一来，利用标志数组可以得出每次判重的时间复杂度将为 $O(1)$，那么广度优先搜索总的循环次数就降为 $12870*4*16$，时间上已经没有什么问题了。至于空间上，一个 0 到1048575 的布尔数组是存不下来的，我们可以用集合将多个布尔变量压到一个变量里。空间复杂度可以降到 $O(1048576/8) = O(131072) \approx 128K$，完全可以存下来，而时间复杂度也没有受到大的影响，用该算法解决本题已经可以轻松地通过所有数据了。

这是一道较简单的搜索问题。题目首先考查了我们选择算法与正确估量算法时空复杂度的能力。在确定了用广度优先搜索来做这道题后，题目又考查了我们优化广度优先搜索时空的能力。像利用 Hash 表和压缩存储的优化方法都是在竞赛中的常用方法，是必须掌握的。由此可以看出，该题主要是考查我们基本功。下面是本题的源程序。

```
program. ex
const Infns = 'Input. txt';
      outfns = 'Output. txt';
      n = 4;
      num : array [1 .. 16] of Word = (1, 2, 4, 8, 16, 32, 64, 128, 256,
                   512, 1024, 2048, 4096, 8192, 16384,
                   32768);
      move : array [1 .. 4] of Integer = (-1, 1, -4, 4);
type TMap = array [1 .. n * n] of Byte;
      TNode = ^TList;
      TList = record
              Fa, Next : TNode;
              Code : Word;
              a, b : Byte;
              end;
var a : TNode;
    Hash : array [0 .. 256 * 256 div 8 - 1] of set of 0 .. 7;
    Fi, La, Map : TMap;
    Fi_ Code, La_ Code : Word;
    Now, Tail : TNode;
    i, j : Integer;
procedure Out;
var Outf : Text;
    Move_ a, Move_ b : array [1 .. 30000] of Byte;
    Step, a1, b1, a2, b2 : Integer;
    List : TNode;
begin
  list : = Tail;
  step : = 0;
  while List^. a < > 0 do begin
    inc (Step);
    Move_ a [Step] : = List^. a;
    Move_ b [Step] : = List^. b;
  list : = List^. Fa;
  end; {while}
```

```pascal
      assign (Outf, Outfns);
      rewrite (Outf);
        writeln (Outf, Step);
        for i : = Step downto 1 do begin
          a1 : = (Move_ a [i] − 1) div 4 + 1;
          b1 : = Move_ a [i] mod 4;
          if b1 = 0 then b1 : = 4;
          a2 : = (Move_ b [i] − 1) div 4 + 1;
          b2 : = Move_ b [i] mod 4;
          if b2 = 0 then b2 : = 4;
          writeln (Outf, a1, ' ', b1, ' ', a2, ' ', b2);
        end; {for i}
      close (Outf);
      halt;
    end; {Out}
    procedure Work (Map : TMap; var Code : Word);
    var i : Integer;
    begin
      Code : = 0;
      for i : = 1 to n * n do
        Code : = Code + Map [i] * Num [i];
    end; {Work}
    procedure Init;
    var Inf : Text;
        i, j : Byte;
        Ch : Char;
        x, y : Word;
    begin
      assign (Inf, Infns);
      reset (Inf);
        for i : = 1 to n do begin
          read (Inf, Ch);
          while Ch = ' ' do read (Inf, Ch);
          for j : = 1 to n do begin
            Fi [ (i − 1) * n + j] : = ord (Ch) − 48;
            if j < n then read (Inf, Ch);
          end; {for j}
          readln (Inf);
        end; {for i}
```

```
    readln (Inf);
    for i : = 1 to n do begin
       read (Inf, Ch);
       while Ch = ' ' do read (Inf, Ch);
       for j : = 1 to n do begin
          La [ (i - 1) * n + j] : = ord (Ch) - 48;
          if j < n then read (Inf, Ch);
       end; {for j}
       readln (Inf);
    end; {for i}
    readln (Inf);
  close (Inf);
  work (Fi, Fi_ Code);
  work (La, La_ Code);
  x : = Fi_ Code div 8;
  y : = Fi_ Code mod 8;
  hash [x] : = Hash [x] + [y];
  new (Now);
  Now^. Fa : = nil; Now^. Next : = nil;
  Now^. Code : = Fi_ Code;
  Now^. a : = 0;
  Now^. b : = 0;
  Tail : = Now;
  if Fi_ Code = La_ Code then Out;
end; {Init}
procedure GetMap (Code : Word; var Map : TMap);
var i : Integer;
begin
  for i : = n * n downto 1 do begin
    map [i] : = Code div Num [i];
    code : = Code mod Num [i];
  end; {for i}
end; {GetMap}
procedure doing;
var k, s : integer;
    code, x, y : word;
    Map1 : TMap;
begin
  if (i mod n = 1) and (j = 1) or (i mod n = 0) and (j = 2) then exit;
```

```
        k : = i + Move [j];
        if (k < 1) or (k > n * n) or (Map [i] = Map [k]) then exit;
        Map1 : = Map;
        s : = Map1 [k]; Map1 [k] : = Map1 [i]; Map1 [i] : = s;
        work (Map1, Code);
        x : = Code div 8;
        y : = Code mod 8;
        if y in Hash [x] then exit;
        hash [x] : = Hash [x] + [y];
        new (Tail^. Next);
        Tail : = Tail^. Next;
        Tail^. Fa : = Now; Tail^. Next : = nil;
        Tail^. Code : = Code;
        Tail^. a : = i;
        Tail^. b : = k;
        if Code = La_ Code then Out;
    end; {Doing}
begin
    Init;
    repeat
        GetMap (Now^. Code, Map);
        for i : = 1 to n * n do
            for j : = 1 to 4 do
                Doing;
        now : = Now^. Next;
    until Now = nil;
end.
```

【解题尝试】

第一题　倒水。

有两个无刻度标志的水壶，分别可装 x 升和 y 升（x、y 为整数，x、$y \le 100$）的水，设另有一水缸，可用来向水壶灌水或倒出水，两水壶间的水也可以相互倾灌。已知 x 升壶为满壶，y 升壶为空壶。问如何通过倒水或灌水操作，用最少步数能在 y 升壶中量出 z（$z \le 100$）升的水来。

第二题　土地问题。

有这样一块土地，它可以被划分成 $N * M$ 个正方形小块，每块面积是一平方英寸，第 i 行第 j 列的小块可以表示成 $P(i, j)$。这块土地高低不平，每一小块地 $P(i, j)$ 都有自己的高度 $H(i, j)$（单位是英寸）。

一场倾盆大雨后，这块地由于地势高低不同，许多低洼地方都积存了不少降水。假如你已经知道这块土地的详细信息，你能求出它最多能积存多少立方英寸的降水么？

输入文件

输入文件名：WOD. IN

输入文件第一行有两个数，N，M（$1 \leq N, M \leq 100$），表示土地的规模是 $N*M$ 平方英寸。

以下有 N 行，每行有 M 个整数，表示每块地的高低（每个整数在 ［1，10000］内，以英寸为单位）。

输出文件

输出文件名：WOD. OUT

输出文件只有一行，一个数，表示土地中最多能积存多少立方英寸的水。

样例输入

3 6

3 3 4 4 4 2

3 1 3 2 1 4

7 3 1 6 4 1

样例输出

5

样例图示

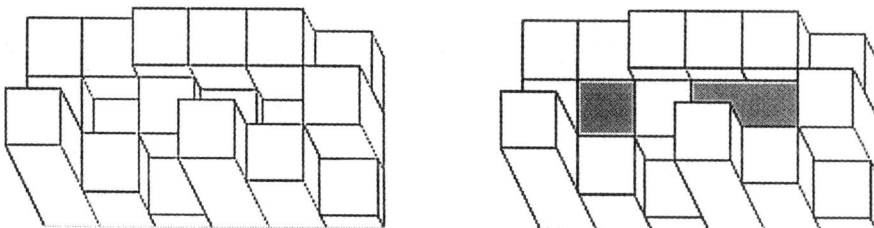

第三题 追赶游戏。

追赶是两个人在木板上玩的游戏。板子由从 1 到 n 编号的正方形组成。对于每对不同的正方形，很显然，它们要么相邻，要么相离。每位游戏者在他的部署里有一个棋子。游戏开始，游戏者的棋子是放在固定的、不同的正方形上。游戏者可以将他的棋子移开它所在的位置，将它移动到一个相邻的正方形上。

游戏板有下列特征：

1. 它不含三角形，例：没有三个不同的正方形满足每两个都是相邻的。

2. 每个正方形有可能被每个游戏者走到。

一场游戏由许多轮组成，一轮中每位游戏者最多能走一步。每轮都是由游戏者 A 开始。当两个棋子在同一个正方形上，那么我们说游戏者 B 抓住了游戏者 A。如果对于给定的初始位置，游戏者 B 能够抓住游戏者 A，并且不依靠对手的移动，这样，游戏者 B 需要多少轮抓住游戏者 A（游戏者 A 尽可能地逃而游戏者 B 尽其可能快地抓游戏者 A）？例：

考虑图 6 - 17 中的板子。相邻的正方形（由圆表示）由边相连。如果在游戏的开始，游戏者 A 和 B 的棋子各自处于编号为 9 和 4 的正方形上，那么在第 3 轮游戏者 B 能抓住游戏者 A（如果两个游戏者都尽其可能地移动）。如果游戏开始时，棋子分别位于编号为 8（游戏者 A）和编号为

4（游戏者 B）上，那么游戏者 B 不能抓住游戏者 A（如果 A 走得正确）。

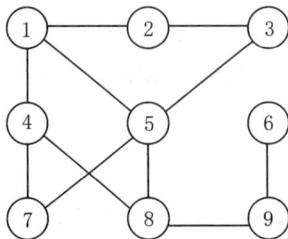

图 6-17　示例图

编写程序：

(1) 从文件 GON. IN 读入板子的描述和棋子开始时所处的正方形的编号；

(2) 判断是否游戏者 B 能够抓住游戏者 A（假定两个游戏者尽其能力地对抗）；

(3) 将结果写入文件 GON. OUT 中。

输入：

文件 GON. IN 的第一行有四个整数 n，m，a，b，它们由空格分开，$2 \leqslant n \leqslant 3000$，$n-1 \leqslant m \leqslant 15000$，$1 \leqslant a$，$b \leqslant n$ 并且 $a < b$。它们各自代表：板子上的正方形数目，相邻正方形对数的数目（无序），游戏者 A 的棋子所放的正方形的编号，游戏者 B 的棋子所放的正方形的编号。在随后行中的每一行有两个不同的由空格分开的正整数，表示相邻正方形的编号。

输出：

文件 GON. OUT 的惟一一行应该是：一个单词 NIE（意思是 NO），如果游戏者 B 不能抓住游戏者 A，或者一个整数——游戏者 B 抓住游戏者 A 所需要的轮数（如果 B 能抓住 A）。

Sample Input

9 11 9 4

1 2

3 2

1 4

4 7

7 5

5 1

6 9

8 5

9 8

5 3

4 8

Sample Output

3

7　搜索优化策略

搜索是计算机解题中常用的方法，它实质上是枚举法的应用。由于它相当于枚举法，所以其效率是相当低的。因此，为了提高搜索的效率，人们想出了很多剪枝的方法，如分枝定界，启发式搜索等等。在竞赛中，我们不仅要熟练掌握这些方法，而且要因地制宜地运用一些技巧，以提高搜索的效率。

7.1　搜索剪枝

【学习目标】

剪枝，顾名思义就是通过一定的约束条件，在搜索的过程当中将一棵搜索树不必要的部分砍掉，以减小搜索的范围。剪枝的方案是多种多样的，一般分为最优化剪枝和可行性剪枝两大类。就一个合理剪枝方案而言，它具有两大特点：

（1）准确：一个剪枝方案首先要保证它的准确性，如果它把最优解都减掉了的话，那就失去了价值，因此，采用的剪枝方案必须是准确的。

（2）高效：采用某一个剪枝方案，它会在一定程度上提高算法的效率，但是也会增加一些判断，如果前者与后者之差为负值的话，也就是说，加入了这条剪枝以后反而降低了算法的效率，那就没有采用的价值。因此，采用的剪枝方案必须是高效的。

剪枝至少有两方面：一是从方法上剪枝，如采用分枝定界，启发式搜索等，适用范围比较广；二是使用一些小技巧，这类方法适用性虽不如第一类，有时甚至只能适用一道题，但也十分有效，并且几乎每道题都存在一些这样那样的剪枝技巧，只是每题有所不同而已。

通过本节的学习，读者应能够掌握常用的剪枝方法，并领会剪枝对搜索效率的影响。

【解题钥匙】

例题一　最短编号序列。

表 7-1 和表 7-2 各含 k（$k \le 20$）个元素，元素编号从 1 到 k。两个表中的每个元素都是由 0 和 1 组成的字符串（不是空格），字符串的长度 ≤ 20。例如表 7-1 和表 7-2 两个表，每个表都含 3 个元素（$k=3$）。

<table>
<tr><td colspan="2" align="center">表 7-1</td></tr>
<tr><td align="center">元素编号</td><td align="center">字符串</td></tr>
<tr><td align="center">1</td><td align="center">1</td></tr>
<tr><td align="center">2</td><td align="center">10111</td></tr>
<tr><td align="center">3</td><td align="center">10</td></tr>
</table>

<table>
<tr><td colspan="2" align="center">表 7-2</td></tr>
<tr><td align="center">元素编号</td><td align="center">字符串</td></tr>
<tr><td align="center">1</td><td align="center">111</td></tr>
<tr><td align="center">2</td><td align="center">10</td></tr>
<tr><td align="center">3</td><td align="center">0</td></tr>
</table>

对于表 7 - 1 和表 7 - 2，存在一个元素编号的序列 2113，分别用表 7 - 1 和表 7 - 2 中的字符串。

元素编号序列	2	1	1	3
用表 A 的字符串替换	10111	1	1	10
用表 B 的字符串替换	10	111	111	0

对表 7 - 1 和表 7 - 2，具有上述性质的元素编号序列称之为 S（AB）。对于上例 S（AB）= 2113。

编写程序：从文件中读入表 7 - 1 和表 7 - 2 的各个元素，寻找一个长度最短的具有上述性质的元素编号序列 S（AB）。（若找不到长度≤100 的编号序列，则输出"No Answer"）。

解析：对于这道题，因为表 7 - 1 和表 7 - 2 不确定，所以不可能找到一种数学的方法。因为所求的是最优解，而深度优先搜索很容易进入一条死胡同而浪费时间，所以必须采用广度优先搜索的方法。

方法与技巧：利用广度优先搜索解决此问题，当表 7 - 1 和表 7 - 2 中的元素过多时，扩展的节点也是相当多的，搜索所耗费的时间也无法达到测试的要求。为了解决这个问题，就必须对搜索的算法加以改进。分枝限界似乎不行，因为无法确定代价，而且，由于目标不确定，也无法设定估价函数。但是，因为此题的规则既可以正向使用，又可以逆向使用，于是便可以采用双向搜索。

在大方法确定后，算法的框架就已经基本形成，但即使如此，算法也还有可改进的地方。

存储当前的 A 串和 B 串是很费空间的，但因为 A 串和 B 串的大部分相同，故只需记录不同部分，并做个标记，再换成动态存储。

为了保证两个方向扩展节点的速度相对平衡，可以采取每次扩展节点数较少的方向，而不是两方向轮流扩展。如此一来，搜索的效率就比单纯的广度优先搜索有了明显的提高。

下面是解决本题的源程序。

```
program sab;
type aa = string [100];
    ltype = record
                f: integer; {父指针}
                k, d, la, lb: shortint;
        {k - - 剩余串标志, d - - 序列中元素的编号, la, lb - - A, B 两串的串长}
                st: ^aa; {剩余串}
        end;
const maxn = 1300;
var t, h: array [0..1] of integer; {h - - 队首指针, t - - 队尾指针, 0 表示正向, 1 表示逆向}
    p: array [0..1, 1..maxn] of ltype; {p [0] - - 正向搜索表, p [1] - - 逆向搜索表}
    strs: array [1..2, 1..20] of string [20]; {strs [1] - - 表 A 元素, strs [2] - - 表 B 元素}
    n: integer; {表 7 - 1 和表 7 - 2 的元素个数}
```

```
procedure readp; {读入数据}
var f: text;
    st: string;
    i, j: integer;
begin
    write ('File name:');
    readln (st);
    assign (f, st);
    reset (f);
    readln (f, n);
    for i: = 1 to n do
        readln (f, strs [1, i]);
    for i: = 1 to n do
        readln (f, strs [2, i]);
    close (f);
end;
procedure print (q, k: integer); {从 k 出发, 输出沿 q 方向搜索的元素编号}
begin
    if k < > 1 then begin
      if q = 1 then
        writeln (p [q, k] . d);
      print (q, p [q, k] . f);
      if q = 0 then
        writeln (p [q, k] . d);
    end;
end;
procedure check (q: shortint); {判断两方向是否重合, q 表示刚产生节点的方向的相反方向}
var i: integer;
begin
    for i: = 1 to t [1 - q] - 1 do
        if (p [q, t [q]] . k < > p [1 - q, i] . k) and (p [q, t [q]] . st^ = p [1 - q, i]
. st^) and
            (p [q, t [q]] . la + p [1 - q, i] . la < = 100) and (p [q, t [q]] . lb + p [1 -
q, i] . lb < = 100)
                then begin
                    if q = 0 then
                        begin
                            print (0, t [q]);
                            print (1, i);
```

```
                    end
                else begin
                        print (0, i);
                        print (1, t [q]);
                    end;
                halt;
            end;
    end;
procedure find (q: shortint); {沿 q 方向扩展一层节点}
var i: integer;
    sa, sb: aa;
begin
    for i: = 1 to n do
        if (p [q, h [q]] . la + length (strs [1, i]) < = 100) and
            (p [q, h [q]] . lb + length (strs [2, i]) < = 100) then
            begin
                sa: = ''; sb: = '';
                if p [q, h [q]] . k = 1
                    then sa: = p [q, h [q]] . st^
                    else sb: = p [q, h [q]] . st^;
                if q = 0 then {沿不同方向将编号为 i 的元素加到序列中}
                begin
                    sa: = sa + strs [1, i];
                    sb: = sb + strs [2, i];
                    while (sa < > '') and (sb < > '') and (sa [1] = sb [1]) do
                        begin
                            delete (sa, 1, 1);
                            delete (sb, 1, 1);
                        end;
                end;
            else begin
                    sa: = strs [1, i] + sa; sb: = strs [2, i] + sb;
                    while (sa < > '') and (sb < > '') and
                        (sa [length (sa)] = sb [length (sb)]) do
                        begin
                            delete (sa, length (sa), 1);
                            delete (sb, length (sb), 1);
                        end;
                end;
            end;
```

```
        if (sa = ″) or (sb = ″) then {生成一个新的节点}
            with p [q, t [q]] do
                begin
                    f：= h [q]; d：= i;
                    la：= p [q, h [q]] . la + length (strs [1, i]);
                    lb：= p [q, h [q]] . lb + length (strs [2, i]);
                    new (st);
                    if sa = ″ then
                        begin
                            k：2; st^：= sb
                        end;
                    else begin
                            k：= 1; st^：= sa;
                        end;
                    check (q);
                    inc (t [q]);
                end;
            end;
            inc (h [q]);
    end;
    begin
        readp;
        h [0]：= 1; h [1]：= 1;
        t [0]：= 2; t [1]：= 2;
        new (p [0, 1] . st); p [0, 1] . st^：= ″;
        new (p [1, 1] . st); p [1, 1] . st^：= ″;
        {队列初始化}
        while (h [0] < t [0]) and (h [1] < t [1]) and (t [0] < maxn) and (t [1] < maxn)
do
            if t [0] < t [1] {比较两方向的节点数，向节点数少的方向扩展}
                then find (0)
                else find (1);
        writeln ('No answer!');
    end.
```

例题二 任务安排。

N 个城市，若干城市间有道路相连，一辆汽车在城市间运送货物，总是从城市 1 出发，又回到城市 1。该车每次需完成若干个任务，每个任务都是要求该车将货物从一个城市运送至另一个城市。例如若要完成任务 2→6，则该车一次旅程中必含有一条子路径，先到 2，再到 6。

如图 7-1 所示，如果要求的任务是 2→3，2→4，3→1，2→5，6→4，则一条完成全部任务的路径是 1→2→3→1→2→5→6→4→1。

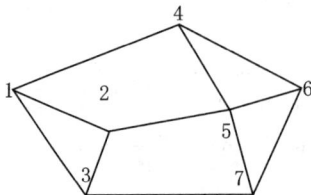

图 7-1　道路图

　　编程由文件读入道路分布的邻接矩阵，然后对要求完成的若干任务，寻找一条旅行路线，使得在完成任务最多的前提下，经过的城市总次数最少。如上例中经过城市总次数为 8，城市 1 和 2 各经过 2 次均以 2 次计（起点不计），$N < 60$。

　　解析：这道题因为很难找到数学规律，便只有采用搜索的方法。

　　首先，第一感觉便是：从城市 i 出发，便搜索所有相邻的城市，再根据当前所处的城市，确定任务的完成情况，从中找到最优解。这种搜索的效率是极低的，其最大原因就在于目标不明确。

　　方法与技巧：

　　事实上，根据题意，我们只需到达需上货和下货的城市，其他的城市仅作为中间过程，而不应作为目标。因此，首先必须确定可能和不可能完成的任务，然后求出任意两城市间的最短路径。在搜索时，就只需考虑有货要上的城市，或者是要运到该城市的货全在车上，其他不须考虑。同时，还可以设定两个简单的槛值。如果当前费用 + 还需达的城市≥当前最优解，或当前费用 + 返回城市 1 的费用≥当前最优解，则不需继续往下搜索。

　　这种方法与最初的方法有天壤之别。

　　下面是解决本题的源程序。

```
program travell;
var path, {path [i, j]  --以i为起点第j个运输终点}
    next, {next [i, j]  --从i到j的最短路径中，i顶点的下一个顶点}
    dist, {dist [i, j]  --从i到j的最短路径长度}
    road: array [1..60, 1..60] of integer; {道路的邻接矩阵}
    head, {head [i]  --以i为起点的任务数}
tail, {tail [i]  --0 表示以i为终点无任务或已完成}
         {1 表示以i为终点的任务的所有顶点都在完成任务路径中}
         {k +1 表示以i为终点的所有任务，还有k个顶点未到达}
    arrive: array [1..60] of integer; {arrive [i]  --顶点i的经过次数}
    d, {完成任务路径}
    bestd: array [1..100] of integer; {当前最佳完成任务路径}
    left, {必经节点个数}
    cost, {当前代价}
    mincost, {最佳完成任务代价}
    s, {经过顶点数}
```

```pascal
    bests,{最佳完成任务所经过的顶点数}
    m,{任务数}
    n: integer;{城市数}
procedure findshortest;{求任意两点间的最短路径}
var i, j, k: integer;
begin
    for i: = 1 to n do
        for j: = 1 to n do
            if road [i, j] = 1 then
              begin
                  dist [i, j]: = 1;
                  next [i, j]: = j
              end;
            else dist [i, j]: = 100;
        for k: = 1 to n do
            for i: = 1 to n do
                for j: = 1 to n do
                    if dist [i, k] + dist [k, j] < dist [i, j] then
                        begin
                            dist [i, j]: = dist [i, k] + dist [k, j];
                            next [i, j]: = next [i, k];
                        end;
end;
procedure init;{读入数据并初始化数据}
var i, j, k: integer;
    st: string;
    f: text;
begin
    write ('File name:');
    readln (st);
    assign (f, st);
    reset (f);
    readln (f, n);
    for i: = 1 to n do
        for j: = 1 to n do
            read (f, road [i, j]);
    findshortest;
    readln (f, m);
    for i: = 1 to m do
```

```
            begin
                read (f, j, k);
                if (dist [1, j] <100) and (dist [1, k] <100) then
                    begin
                        inc (head [j]);
                        inc (tail [k]);
                        path [j, head [j]]: = k;
                    end;
            end;
        close (f);
        for i: = 1 to m do
            if tail [i] >0 then
                inc (tail [i]);
        for i: = 1 to head [1] do
            dec (tail [path [1, i]]);
        head [1]: =0; inc (s); d [s]: =1; left: =0;
        cost: =0; mincost: = maxint;
        for i: = 2 to n do
            if (head [i] >0) or (tail [i] >0) then
                inc (left);
    end;
    procedure try; {搜索过程}
    var i, j, k: integer;
        p: boolean;
    begin
        if (cost + left > = mincost) or (cost + dist [1, d [s]] > = mincost) then exit;
        if left =0 then {是否完成了所有任务}
            begin
                mincost: = cost + dist [1, d [s]];
                bestd: = d;
                bests: = s;
                inc (bests); bestd [bests]: =1;
                exit;
            end;
        for i: = 2 to n do
            if (head [i] >0) or (tail [i] =1) then {如果去 i 顶点有必要}
                begin
                    inc (cost, dist [d [s], i]);
                    inc (arrive [i]);
```

```
                inc（s）；
                d［s］：=i；
                if arrive［i］=1 then
        ｛如果i顶点第一次到达，则所有以i为起点的任务的终点tail值减1｝
                    for j：=1 to head［i］do
                        dec（tail［path［i，j］］）；
            k：=head［i］；
            head［i］：=0；
            if tail［i］=1 then
                ｛如果完成了以i为终点的所有任务，该点则不需再经过｝
                begin
                    p：=true；
                    dec（tail［i］）；
                    end；
                    else p：=false；
                if tail［i］=0 then
                    dec（left）；
                try；
            ｛恢复递归前的数据｝
                if tail［i］=0 then
                    inc（left）；
                if true then
                    inc（tail［i］）；
                head［i］：=k；
                if arrive［i］=1 then
                    for j：=1 to head［i］do
                        inc（tail［path［i，j］］）；
                dec（s）；
                dec（arrive［i］）；
                dec（cost，dist［d［s］，i］）；
        end；
    end；
procedure show（i，j：integer）；｛输出从i到j的最短路径｝
begin
    while i<>j do begin
        write（'-->'，next［i，j］）；i：=next［i，j］；
    end；
end；
procedure print；｛输出最佳任务安排方案｝
```

```
        var i: integer;
        begin
            write (1);
            for i: = 1 to bests - 1 do
                show (bestd [i], bestd [i + 1]);
            writeln;
            writeln ('Min cost = ', mincost);
        end;
    begin
        init;
        try;
        print;
    end.
```

例题三 多处理机调度问题。

设定有若干台相同的处理机 P_1，P_2，…，P_n，和 m 个独立的作业 J_1，J_2，…，j_m，处理机以互不相关的方式处理作业，现约定任何作业可以在任何一台处理机上运行，但未完工之前不允许中断作业，作业也不能拆分成更小的作业，已知作业 J_i 需要处理机处理的时间为 T_i（$i = 1$，2，…，m），编程完成以下两个任务：

任务一：假设有 n 台处理机和 m 个作业及其每一个作业所需处理的时间 T_i 存放在文件中，求解一个最佳调度方案，使得完成这 m 个作业的总工时最少并输出最少工时。

任务二：假设给定作业时间表和限定完工时间 T 于文件中，求解在限定时间 T 内完成这批作业所需要最少处理机台数和调度方案。

方法与技巧：

此题有两种搜索方法：

方法一：按顺序搜索每个作业。当搜索一个作业时，将其放在每台处理机搜索一次。

方法二：按顺序搜索每台处理机。当搜索一台处理机时，将每个作业放在上面搜索一次。

对比上述两种方法，可以发现：方法二较方法一更容易剪枝。

下面是两种方法剪枝的对照。对于方法一：只能根据目前已确定的需时最长的处理机的耗时与目前最佳解比较。对于方法二：可约定 Time [1] > Time [2] > Time [3] > … > Time [n]（Time [i] 表示第 i 台处理机的处理时间），从而可以设定槛值，如当前处理机的处理时间≥目前最佳解，或剩下的处理机台数×上一台处理机的处理时间 < 剩余的作业需要的处理时间，则回溯。因为在前面的约束条件下，已经不可能有解，因此，从上面的比较来看，第二种方法显然比第一种要好。下面就针对第二种方法更深一层地进行探讨。

对于任务一，首先可以用贪心求出 Time [1] 的上界。然后，还可以 Time [1] 的下界，UP（作业总时间/处理机台数）（UP 表示大于等于该小数的最小整数）。搜索便从上界开始，找到一个解后，若等于下界即可停止搜索。下面是任务一的解决程序。

```
program jobs_ 1;
const maxn = 100; {处理机的最多数目}
      maxm = 100; {作业的最多数目}
```

```
var
    t: array [1..maxm] of timeint; {t [i] －－处理作业 i 需要的时间}
    time, {time [i] －－第 i 台处理机的处理时间}
    l, {l [i] －－第 i 台处理机处理作业的数目}
    l1: array [0..maxn] of timeint; {l1 [i] －－目前最优解中第 i 台处理机处理作业的数目}
    a, {a [i, j] －－第 i 台处理机处理的第 j 个作业耗费的时间}
    a1: array [1..maxn, 1..maxm] of integer;
        {a1 [i, j] －－目前最优解中第 i 台处理机处理的第 j 个作业耗费的时间}
    done: array [1..maxm] of boolean; {done [i] －－true 表示作业 i 已完成, false 表示未完
成}
    least, {处理时间的下界}
    i, j, k, n, m,
    min, {目前最优解的处理时间}
    rest: integer; {剩余作业的总时间}
procedure print; {输出最优解}
var i, j: integer;
begin
    for i: =1 to n do
        begin
            write (i, ‘:’);
            for j: =1 to l1 [i] do
                write (a1 [i, j]: 4);
            writeln;
        end;
    writeln ( ‘T0 =’, time [0] +1);
end;
procedure readp; {读入数据}
var
    f: text;
    st: string;
    i, j, k: integer;
begin
    write ( ‘File name:’); readln (st);
    assign (f, st); reset (f);
    readln (f, n, m);
    for i: =1 to m do
    begin
        read (f, t [i]); inc (rest, t [i]);
    end;
```

○ 解题金钥匙系列 · 信息学

```pascal
        close (f);
        least：= (rest - 1) div n + 1;｛定下界｝
        for i：= 1 to m - 1 do｛排序｝
            for j：= i + 1 to m do
                if t [j] > t [i] then
                    begin k：= t [i]; t [i]：= t [j]; t [j]：= k end;
    end;
    procedure try (p, q: integer);｛从 p - - m 中选取作业放到处理机 q 上｝
    var j: integer;
        z：boolean;
    begin
        z：= true;
        for j：= p to m do
            if not done [j] and (time [q] + t [j] < = time [q - 1]) then｛选择合适的作业｝
                begin
                    z：= false; done [j]：= true;
                    inc (l [q]); a [q, l [q]]：= t [j]; inc (time [q], t [j]); dec (rest, t
[j]);
                    try (j + 1, q);
                    dec (l [q]); dec (time [q], t [j]); inc (rest, t [j]); done [j]：= false;
                if time [1] > time [0] then exit;
                ｛找到解后退回处理机 1，需更新 time 1，使之减小到 time 0｝
                ｛2 - - n 台处理机就不需再搜索｝
                end;
        if z and ((n - q) * time [q] > = rest) then｛如果处理机 q 已无法放任何作业｝
            if rest = 0 then｛找到一组解｝
                begin
                    a1：= a; l1：= l;
                    time [0]：= time [1] - 1;
                    if time [1] = least then
                        begin print; halt end;
                end;
            else if q < n then｛继续搜索｝
                    try (1, q + 1);
    end;
    begin
        readp;
        fillchar (time, sizeof (time), 0);
        fillchar (a, sizeof (a), 0);
```

```
fillchar (l1, sizeof (l1), 0);
fillchar (l, sizeof (l), 0);
for i：=1 to m do {贪心求上界}
    begin
        k：=1;
        for j：=2 to n do
            if time [j] < time [k] then k：=j;
        time [k]：= time [k] + t [i];
        l1 [k]：= l1 [k] +1;
        a1 [k, l1 [k]]：= t [i];
    end;
min：= time [1]; time [0]：= min-1;
for i：=2 to n do
    if time [i] > min then min：= time [i];
if min = least then {如上下界相等}
    begin
        print;
        halt;
    end;
fillchar (time, sizeof (time), 0);
time [0]：= min-1; {将上界减1，以找到更优的解}
try (1, 1);
print;
end.
```

对于任务二，可采用深度 + 可变下界。下界为：UP（作业总时间/限定时间），即至少需要的处理机台数，并设定 Time [1] 的上界为 T。

任务二：jobs_ 2. pas

```
program jobs_ 2;
const maxn = 100; {处理机的最多数目}
    maxm = 100; {作业的最多数目}
var
    t: array [1..maxm] of timeint; {t [i] ——处理作业 i 需要的时间}
    time,              {time [i] ——第 i 台处理机的处理时间}
    l,            {l [i] ——第 i 台处理机处理作业的数目}
    l1: array [0..maxn] of timeint; {l1 [i] ——目前最优解中第 i 台处理机处理作业的数目}
    a,            {a [i, j] ——第 i 台处理机处理的第 j 个作业耗费的时间}
    a1: array [1..maxn, 1..maxm] of integer;
    {a1 [i, j] ——目前最优解中第 i 台处理机处理的第 j 个作业耗费的时间}
    done: array [1..maxm] of boolean; {done [i] ——true 表示作业 i 已完成，false 表示未完
```

成}

```
      least,              {处理时间的下界}
      i, j, k, tmax, m,
      min,                {目前最优解的处理时间}
      rest: integer;              {剩余作业的总时间}
procedure print;{输出最优解}
var i, j: integer;
begin
      for i: = 1 to least do
            begin
                  write (i, ':');
                  for j: = 1 to l1 [i] do
                        write (a1 [i, j]: 4);
                  writeln;
            end;
      writeln ('Min = ', least);
end;
procedure readp; {读入数据}
var
   f: text;
   st: string;
   i, j, k: integer;
begin
      write ('File name:'); readln (st);
      assign (f, st); reset (f);
      readln (f, tmax, m);
      for i: = 1 to m do begin
            read (f, t [i]); inc (rest, t [i]);
      end;
      close (f);
      least: = (rest - 1) div tmax + 1; {确定下界}
      for i: = 1 to m - 1 do {排序}
            for j: = i + 1 to m do
                  if t [j] > t [i] then
                        begin k: = t [i]; t [i]: = t [j]; t [j]: = k end;
end;
procedure try (p, q: integer); {从 p - - m 中选取作业放到处理机 q 上}
var j: integer;
   z: boolean;
```

```
    begin
        z：＝true；
        for j：＝p to m do
            if not done［j］and（time［q］＋t［j］＜＝time［q－1］）then｛找到合适的作业｝
                begin
                    z：＝false；done［j］：＝true；
                    inc（l［q］）；a［q，l［q］］：＝t［j］；inc（time［q］，t［j］）；dec（rest，
t［j］）；
                    try（j＋1，q）；
                    dec（l［q］）；dec（time［q］，t［j］）；inc（rest，t［j］）；done［j］：＝
false；
                end；
        if z and（（least－q）＊time［q］＞＝rest）then｛如果处理机 q 已无法放任何作业｝
            if rest＝0 then｛找到最优解｝
                begin
                    a1：＝a；l1：＝l；
                    print；halt
                end
            else if q＜min then｛继续搜索｝
                    try（1，q＋1）；
    end；
    begin
        readp；
        for i：＝1 to m do｛判断无解情况，即某一任务所需时间超过规定时间｝
            if t［i］＞tmax then
                begin writeln（‘No answer！’）；exit end；
        repeat
            fillchar（time，sizeof（time），0）；
            fillchar（l，sizeof（l），0）；
            fillchar（l1，sizeof（l1），0）；
            for i：＝1 to m do｛贪心求上界｝
                begin
                    k：＝1；
                    for j：＝2 to least do
                        if time［j］＜time［k］then k：＝j；
                    time［k］：＝time［k］＋t［i］；
                    l1［k］：＝l1［k］＋1；
                    a1［k，l1［k］］：＝t［i］；
                end；
```

```
        min：=time［1］；
        for i：=2 to least do
            if time［i］>min then min：=time［i］；
        if min = least then｛如果贪心得出了最优解｝
          begin
              print；halt；
          end；
        fillchar（time，sizeof（time），0）；
        time［0］：=tmax；
        try（1，1）；
        inc（least）；｛下界加一｝
    until least > m；
    print；
end.
```

【解题尝试】

第一题　埃及分数。

在古埃及，人们使用单位分数的和（形如 $1/a$ 的，a 是自然数）表示一切有理数，如：$2/3 = 1/2 + 1/6$，但不允许 $2/3 = 1/3 + 1/3$，因为加数中有相同的。

对于一个分数 a/b，表示方法有很多种，但是哪种最好呢？首先，加数少的比加数多的好；其次，加数个数相同的，最小的分数越大越好。

如：

$19/45 = 1/3 + 1/12 + 1/180$

$19/45 = 1/3 + 1/15 + 1/45$

$19/45 = 1/3 + 1/18 + 1/30$，

$19/45 = 1/4 + 1/6 + 1/180$

$19/45 = 1/5 + 1/6 + 1/18.$

最好的是最后一种，因为 $1/18$ 比 $1/180$，$1/45$，$1/30$，$1/180$ 都大。给出 a，b（$0 < a < b < 1000$），编程计算最好的表达方式。

输入：a b

输出：若干个数，自小到大排列，依次是单位分数的分母。

样例：

input. txt

19 45

output. txt

5 6 18

第二题　传染病控制。

近来，一种新的传染病肆虐全球。蓬莱国也发现了零星感染者，为防止该病在蓬莱国大范围流行，该国政府决定不惜一切代价控制传染病的蔓延。不幸的是，由于人们尚未完全认识这种传染病，难以准确判别病毒携带者，更没有研制出疫苗以保护易感人群。于是，蓬莱国的疾病控制中心决定采取切断传播途径的方法控制疾病传播。经过 WHO（世界卫生组织）以及全球各国科研部门的努力，这种新兴传染病的传播途径和控制方法已经研究清楚，剩下的任务就是由你协助蓬莱国疾病控制中心制定一个有效的控制办法。

问题描述：

研究表明，这种传染病的传播具有两种很特殊的性质：

第一是它的传播途径是树型的，一个人 X 只可能被某个特定的人 Y 感染，只要 Y 不得病，或者是 XY 之间的传播途径被切断，则 X 就不会得病。

第二是，这种疾病的传播有周期性，在一个疾病传播周期之内，传染病将只会感染一代患者，而不会再传播给下一代。

这些性质大大减轻了蓬莱国疾病防控的压力，并且他们已经得到了国内部分易感人群的潜在传播途径图（一棵树）。但是，麻烦还没有结束。由于蓬莱国疾病控制中心人手不够，同时也缺乏强大的技术，以致他们在一个疾病传播周期内，只能设法切断一条传播途径，而没有被控制的传播途径就会引起更多的易感人群被感染（也就是与当前已经被感染的人有传播途径相连，且连接途径没有被切断的人群）。当不可能有健康人被感染时，疾病就中止传播。所以，蓬莱国疾病控制中心要制定出一个切断传播途径的顺序，以使尽量少的人被感染。你的程序要针对给定的树，找出合适的切断顺序。

输入格式

输入格式的第一行是两个整数 n（$1 \leqslant n \leqslant 300$）和 p。接下来 p 行，每一行有两个整数 i 和 j，表示节点 i 和 j 间有边相连（意即，第 i 人和第 j 人之间有传播途径相连）。其中节点 1 是已经被感染的患者。

输出格式：

只有一行，输出总共被感染的人数。

样例：

input. txt

7 6

1 2

1 3

2 4

2 5

3 6

3 7

output. txt

3

第三题 旅行。

有一个 $N * N$ 的矩形，要求从该矩形最左上角的方格出发，通过上下左右四种移动方法，不重复地遍历所有的方格，并最后到达矩形最左下角。求不同的移动方案总数。

7.2 搜索与其他算法的结合

【学习目标】

搜索是我们在计算机编程中一直研究的重点，搜索的剪枝很繁多，关键在于如何灵活地应用。另外，搜索作为一种解题思想，与其他算法结合使用会大大提高搜索的效率。通过本节的学习，读者应能够体会搜索与贪心、搜索与动态规划方法结合在解题中的作用，并学会在具体的程序设计中如何使用。

【解题钥匙】

例题一 彩票问题。

某地发行一套彩票，彩票上写有 1 到 M 这 M 个自然数。彩民可以在这 M 个数中任意选取 N 个不同的数打圈。每个彩民只能买一张彩票，不同的彩民的彩票上的选择不同。

每次抽奖将抽出两个自然数 X 和 Y。如果某人拿到的彩票上，所选 N 个自然数的倒数和恰好等于 X/Y，则他将获得一个纪念品。

已知抽奖结果 X 和 Y。现在的问题是，必须准备多少纪念品，才能保证支付所有获奖者的奖品。输入输出要求：

输入文件有且仅有一行，就是用空格分开的四个整数 N，M，X，Y。

输出文件有且仅有一行，即所需准备的纪念品数量。

$1 \leq X$，$Y \leq 100$，$1 \leq N \leq 10$，$1 \leq M \leq 50$。

输入数据保证输出结果不超过 105。

输入输出样例

Money. in	Money. out
2 4 3 4	1

解析：本题似乎找不到任何的数学公式可以直接求得方案的总数，我们只好用搜索解决。如果不加任何剪枝，其复杂度将达到 n^m，即最坏的情况下将达到 10^{50}，根本不可能在时限内出解，我们必须加入剪枝。

方法与技巧：

剪枝 1：贪心剪枝。

贪心的剪枝是我们最常用的剪枝手段之一，在本题中同样也可以加入贪心的剪枝。设当前搜索过程 try（step：搜索到第 step 个数，last：上一个所取的数字，sum：前 step − 1 个数字的倒数和）（注意：我们规定所取的数字严格递增，避免重复的方案）。

① sum + 后面 $n - step + 1$ 个数字所能组成的最小的数值和 $> x/y$

② sum + 后面 $n - step + 1$ 个数字所能组成的最大的数值和 $< x/y$

①②两种情况都是利用了贪心的剪枝，这是剪枝中最常用也是最普通的剪枝手段。应用了这种剪枝，以后还是不能达到时限的要求，在最坏的情况下大约仍然需要 5s 以上。

剪枝 2：动态规划剪枝。

我们将所有的分母通分之后会发现，本题转化为了一个 01 背包问题。我们用 $F[I, J]$ 表示

用 $I \sim M$ 组成 J 需要的最少的分子个数。

$$F[I, J] := MIN(F[I+1, J-A[I]]+1)$$

注意：因为 J 的值将达到很大，这里需要用到 01 背包问题的同余优化。我们将 J MOD 较大的质数，将取余的结果作为数组的下标，解决了空间问题。同时，这个较大的质数取 9973 较为合适。

我们可以将 $F[I, J]$ 应用于最优化剪枝中：

③$F[LAST, REST] > N - STEP + 1$

有了这三个剪枝，程序就可以达到时限的要求了。

对于本题①②是较容易想到的最优化的贪心剪枝。而③则需要通过一定的模型转变才能发现，同时还穿插了动态规划，以及动态规划中的同余优化。可以说本题是有一定难度的，需要选手灵活地转化模型，消去冗繁，同时也考查了对基础的经典问题的研究。

例题二 有一个棋子，其 1、6 面 2、4 面 3、5 面相对。现给出一个 $M * N$ 的棋盘，棋子起初处于 $(1, 1)$ 点，摆放状态给定，现在要求用最少的步数从 $(1, 1)$ 点翻滚到 (M, N) 点，并且 1 面向上。

方法与技巧：

这道题目用简单的搜索很容易发生超时，特别当 M、N 较大时，所以可以考虑使用动态规划来解题。对于一个棋子，其总共只有 24 种状态。在 $(1, 1)$ 点时，其向右翻滚至 $(2, 1)$ 点，向上翻滚全 $(1, 2)$ 点。而任意 (I, J) 点的状态是由 $(I-1, J)$ 和 $(I, J-1)$ 点状态推导出来的，所以如果规定棋子只能向上和向右翻滚，则可以用动态规划的方法将到达 (M, N) 点的所有可能的状态推导出来。显然，从 $(1, 1)$ 到达 (M, N) 这些状态的路径是最优的。如果这些状态中有 1 面向上的，则已求出解。如果没有，则可以从 (M, N) 点开始广度搜索，以 (M, N) 点的状态组作为初始状态，每扩展一步时，检查当前所得的状态组是否有状态与到达格子的状态组中的状态相同，如果有，则由动态规划的最优性和广度搜索的最优性可以保证求出最优解。

例题三 贴邮票问题。

给定一个信封，最多允许贴 N 张邮票，计算在给定 K（$N + K \leqslant 40$）种邮票的情况下（假定所有的邮票数量都足够），如何设计邮票的面值，能得到最大值 MAX，使在 $1 \sim$ MAX 之间的每一个邮票值都能得到。

例如，$N = 3$，$K = 2$，如果面值分别为 1 分、4 分，则在 $1 \sim 6$ 分之间的每一个邮资值都能得到（当然还有 8 分、9 分和 12 分）；如果面值分别为 1 分、3 分，则在 $1 \sim 7$ 分之间的每一个邮资值都能得到。可以验证当 $N = 3$，$K = 2$ 时，7 分就是可以得到的连续的邮资最大值，所以 MAX = 7，面值分别为 1 分、3 分。

输入格式：输入数据为两个整数，均在第一行，第一个数为 N，第二个数为 K。

输出格式：输出数据共两行。

第一行由小到大输出 K 个整数，表示邮票的面值。

第二行为一个整数，表示 MAX。

注意：数与数之间用空格分开。

样例：

INPUT

3 2

OUTPUT

1 3

7

解析：此题很难找到一个正确的规划方法，其他比较高效的算法也很难有用武之地，看来只好用搜索解决。大致算法如下：

```
procedure search（k1：integer）；{依次搜索 K 个面值}
var I：integer；
begin
   if k1 > k then begin {K 个面值是否已确定}
      if better then 记录当前方案 {如果当前方案更优，则记录该方案}
      exit；
   end；
   for I：= stamp［k1 - 1］+1 to 前面 K1 - 1 张邮票的可贴出的最大值 do begin
      stamp［k1］：= I；
      search（k1 + 1）；
   end；
end；
```

方法与技巧：现在主要搜索过程出来了，该如何根据每一种方案求出相应的 MAX 呢？在此我们不难想到可以用动态规划解决。

设 $F［I］$ 表示使用当前面值的邮票是否可以贴出 I 来。

$F［I］= f［I - stamp［j］］+1$（$1 \leq j \leq k$，$stamp［j］\leq I$）

边界：

$F［0］= 0$

I 从 1 开始累加，当 $F［I］> N$ 的时候，$I - 1$ 即为 MAX。

这样一来，我们可以顺利地解决本题了。

例题四 最少相乘次数。

已知 N，求 X 的 N 次方需要的最小相乘次数。

输入：为一个整数 N（$1 \leq n \leq 1000$）。

输出：一个整数 MIN，表示最少相乘次数。

样例：

INPUT

5

OUTPUT

3

解析：这道题从题面上来看非常像一道动态规划题，$a^n = a^{x_1} * a^{x_2}$。在保证 a^{x_1} 和 a^{x_2} 的最优性之后，a^n 的最优性应该得到保证。因此，初看此题，很多人都会想到如下规划方法：设 $F［I］$ 为求 X 的 I 次方的最少相乘次数，那么可得以下方程：$f［I］= \min \{\min \{f［I - k］+ f［k］+1\}$ $(1 \leq k \leq I - 1)$，$f［I \ div \ 2］+1$（$I \ MOD \ 2 = 0$）$\}$。

边界：$f［1］= 0$，$f［2］= 1$

方法与技巧：用这种方法规划可以顺利通过样例数据，但这个方程是否正确呢？当 $N = 14$ 时，用上述方法算出的最优值为 6，而真正的最优值应为 5。由此可见该题用动态规划有问题。其实这种方法有后效性，不满足最优子结构。因为我们在求 $F[I]$ 的时候，并不知道求出 $F[I-K]$ 是否用到了 $F[K]$，一旦用到，就会出现重复计算，而此题也很难找到一个理想的规划方法，只能用搜索解决。上述动态规划虽然求不出最优值，但它可以求出一个正确的较优解，我们可以用这个较优解作为搜索的下界，而不是让搜索的下界每次都从 1 开始，这样可以加大剪枝力度，避免很多不必要的计算，使问题顺利解决。下面给出解决本题的源程序。

```
< Type >
link = ^Node；（使用链表结构记录所有的可能解）
node = Record
  split：Integer；
  next ：Link；
end；
< var >
solution：Array [1..1000] of Link；（对于 a^n 的所有可能解）
cost ：Array [1..1000] of Integer；（解的代价）
max ：Integer；（推算的上界）
< Main Program >
procedure GetSolution；
var i，j：Integer；
  min，c：Integer；
  count：Integer；
  temp，tail：Link；
  plan ：Array [1..500] of Integer；
  nUsed：Array [1..1000] of Boolean；
  procedure GetCost（From，Cost：Integer）；（搜索计算最优解）
  var temp：Link；
    a，b：Boolean；
    i ：Integer；
  begin
  if Cost > c then Exit；（剪枝）
  if From = 1 then（递归终结条件）
  begin
  if Cost < c then c：= Cost；
  exit；
  end；
  temp：= Solution [From]；
  while temp < > NIL do（搜索主体）
  begin
  a：= nUsed [temp^.Split]；
```

```
if not a then inc (cost);
nUsed [temp^. Split]: = True;
b: = nUsed [From - temp^. Split];
if not b then inc (cost);
nUsed [From - temp^. Split]: = True;
i: = From - 1;
while (i > 1) and (not nUsed [i]) do dec (i);
getCost (i, Cost);
if not a then dec (cost);
if not b then dec (cost);
nUsed [From - temp^. Split]: = b;
nUsed [temp^. Split]: = a;
temp: = temp^. next;
end;
end;
begin
for i: = 2 to Max do (动态规划计算所有解)
begin
count: = 0;
min: = 32767;
for j: = 1 to i div 2 do (将 I 分解为 I - J 和 J)
begin
c: = 32767;
fillChar (nUsed, Sizeof (nUsed), 0);
nUsed [j]: = True; nUsed [i - j]: = True;
if j = i - j then GetCost (i - j, 1)
else GetCost (i - j, 2);
if c < min then
begin
count: = 1;
min: = c;
plan [count]: = j;
end
else if c = min then
begin
inc (count);
plan [count]: = j;
end;
end;
```

```
new（solution［i］);（构造解答链表）
solution［i］^. split：= plan［1］;
solution［i］^. next：= NIL;
cost［i］：= min;
tail：= solution［i］;
for j：= 2 to count do
begin
new（temp）;
temp^. split：= plan［j］;
temp^. next：= NIL;
tail^. next：= temp;
tail：= temp;
end;
end;
end.
```

【解题尝试】

第一题　生日蛋糕。

7 月 17 日是 Mr. W 的生日，ACM - THU 为此要制作一个体积为 $N\pi$ 的 M 层生日蛋糕，每层都是一个圆柱体，如图 7 - 2 所示。

设从下往上数第 i（$1 \leqslant i \leqslant M$）层蛋糕是半径为 R_i，高度为 H_i 的圆柱，当 $i < M$ 时，要求 $R_i < R_i + 1$ 且 $H_i > H_i + 1$。

由于要在蛋糕上抹奶油，为尽可能节约经费，我们希望蛋糕外表面（最下一层的下底面除外）的面积 Q 最小。

令 $Q = S\pi$。

请编程对给出的 N 和 M，找出蛋糕的制作方案（适当的 R_i 和 H_i 的值），使 S 最小。（除 Q 外，以上所有数据皆为正整数。）

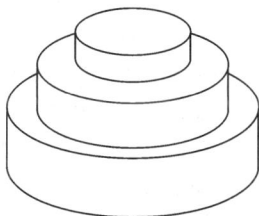

图 7 - 2　蛋糕

输入：

有两行，第一行为 N（$N \leqslant 10000$），表示待制作的蛋糕的体积为 $N\pi$；第二行为 M（$M \leqslant 20$），表示蛋糕的层数为 M。

输出：

仅一行，是一个正整数 S（若无解，则 $S = 0$）。

附：圆柱公式

体积 $V = \pi R^2 H$

侧面积 $A' = 2\pi R H$

底面积 $A = \pi R^2$

样例：

input. txt

100

2

output. txt

68

第二题　木棒游戏。

这是一个很古老的游戏。用木棒在桌上拼出一个不成立的等式，移动且只移动一根木棒使得等式成立。现在轮到你了。

任务：从文件读入一个式子（该式子肯定是一个不成立的等式）。

如果移动一根木棒可以使等式成立，则输出新的等式，否则输出 No。

说明和限制：

（1）式子中的数可能是正数或负数，运算符号只会出现加号和减号，并且有且仅有一个等号，不会出现括号、乘号或除号，也不会有 ＋＋，－－，＋－或－＋出现。

（2）式子中不会出现 8 个或 8 个以上的连续数字（数的绝对值小于等于 9999999）。

（3）你只能移动用来构成数字的木棒，不能移动构成运算符（＋、－、＝）的木棒，所以加号、减号、等号是不会改变的。移动前后，木棒构成的数字必须严格与图 7 – 3 中的 0 ~ 9 相符。

（4）从文件读入的式子中的数不会以 0 开头，但允许修改后等式中的数以数字 0 开头。

输入数据

从文件 game. in 中读入一行字符串。该串中包括一个以 "#" 字符结尾的式子（ASCII 码 35），式子中没有空格或其他分隔符。输入数据严格符合逻辑。字符串的长度小于等于 1000。

注意："#" 字符后面可能会有一些与题目无关的字符。

输出数据

将输出结果存入文件 game. out，输出仅一行。

如果有解，则输出正确的等式，格式与输入的格式相同（以 "#" 结尾，中间不能有分隔符，也不要加入多余字符）。此时输入数据保证解是惟一的。

如果无解，则输出 "No"（N 大写，o 小写）。

样例 1：

input. txt

1 + 1 = 3#

output. txt

1 + 1 = 2#

样例 2：

input. txt

1 + 1 = 3 + 5#

output. txt

no

样例 3：

input. txt

11 + 77 = 34#

output. txt

17 + 17 = 34#

图 7 – 3

8   图论算法

在计算机科学与技术领域中，常常需要表示不同事物之间的关系。而客观事物之间的关系往往是千变万化、错综复杂的。图是用点和边来描述事物和事物之间的关系，是对实际问题的一种抽象。之所以用图来解决问题，是因为图能够把纷杂的信息变得有序、直观、清晰。

在前几章中我们已经学习了表和树这两个图的简化模型，一个用来表示线性关系，另一个用来表示层次关系。本章要介绍的是较复杂的图，主要内容如下：

图的基本概念：顶点，边，有向图，无向图，路径，连同分量，生成树。

图的表示法：邻接矩阵，邻接链表和边集数组。

图的遍历方法：宽度优先遍历和深度优先遍历。

图的基本算法：拓扑排序，最小生成树，最短路径和关键路径。

8.1   图的基本概念

【学习目标】

本节介绍图的基本概念和相关术语，并介绍了图有关度数的两个性质。希望读者牢固掌握本节中的基础知识，并且能够将生活中的一些具体事物与图模型联系起来。

简单地说，图（graph）是一个用线或边连接在一起的顶点或节点的集合。正式一点的说法是，图 G 是由 V 和 E 两个有限集合组成的二元组，记为 $G = (V, E)$。元素 V 称为顶点（vertex，也叫作节点或点），元素 E 称为边（edge，也叫作弧或连线）。E 中的每一条边连接 V 中两个不同的顶点。可以用 (u, v) 来表示一条边，其中 u 和 v 是边所连接的两个顶点。

若图 G 中的每条边都是有方向的，则称 G 为有向图（digraph）。在有向图中，一条有向边是顶点的有序对，例如 (u, v) 示从顶点 u 指向顶点 v 的一条有向边，其中顶点 u 称为有向边 (u, v) 的起点，顶点 v 称为该有向边的终点。有向边 (u, v) 常被表示为 $u{\rightarrow}v$，并画成如图 8 - 1 所示：

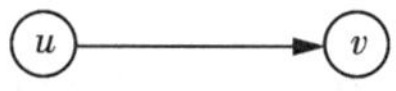

图 8 - 1   有向边示意图

若图 G 中的每条边都是没有方向的，则称 G 为无向图（graph）。无向图中的边表示图中顶点的无序对，因此在无向图 (u, v) 和 (v, u) 表示同一条边。

如果两个顶点 u，v 之间有一条边相连，则称 u，v 这两个顶点是关联的。

例如，图 8 - 2 的 G_1 是一个有向图，该图的顶点集和边集分别为：

$V(G_1) = \{1, 2, 3, 4\}$

$E(G_1) = \{(1, 2), (1, 3), (2, 4), (3, 2), (4, 3)\}$

而 G_2 是一个无向图，该图的顶点集和边集分别为：

$V(G_2) = \{1, 2, 3, 4, 5\}$

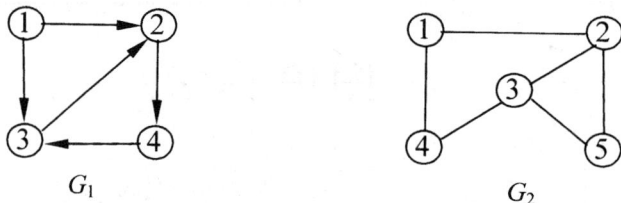

图 8-2　图的示意图

$E(G_2) = \{(1, 2), (1, 4), (2, 3), (2, 5), (3, 4), (3, 5)\}$

在以下的讨论中，我们不考虑定点到其身的边（自环，loop），即若 (u, v) 或 (v, u) 是图 G 的一条边，则要求 $u \neq v$。此外，不允许一条边在图中重复出现，换句话说，我们只讨论简单的图。

图中顶点的个数称为图的阶。如上面两个图的阶分别是 4 和 5。

设 G 是一个无向图，顶点 u 的度（degree）d_u 是与顶点 u 相连的边的个数。度为奇数的顶点称为奇点，度为偶数的顶点称为偶点。

性质 1：设 $G = (V, E)$ 是一个无向图，令 $|V| = n$，$|E| = e$，d_u 为顶点 u 的度，则

① $\sum_{u=1}^{n} d_u = 2e$。

② $0 \leq e \leq n(n-1)/2$。

③ 任意一个无向图一定有偶数个奇点。

证明：要证明①，注意到无向图中的每一条边与两个顶点相连，因此顶点的度之和等于边的数量的 2 倍。对于②，一个顶点度是在 0 到 $n-1$ 之间，因此度的和在 0 到 $n(n-1)$ 之间，从①可知，e 在 0 到 $n(n-1)/2$ 之间，对于③)，留给读者自己思考。

设 G 是一个有向图，顶点 u 的入度（in-degree）d_u^{in} 是指以顶点 u 位终点的边的数量。顶点 u 的出度（out-degree）d_u^{out} 是指以该顶点为起点的边的数量。

性质 2：设 $G = (V, E)$ 是一个有向图，n 和 e 的定义与性质 1 相同，则有：

① $\sum_{u=1}^{n} d_u^{in} = \sum_{u=1}^{n} d_u^{out} = e$

② $0 \leq e \leq n(n-1)$

证明请读者自行思考。

一个具有 n 个顶点，有 $n(n-1)/2$ 条边的无向图或有 $n(n-1)$ 条边的有向图是一个完全图（complete graph）。当一个图接近完全图时，称为稠密图，相反，当一个图的边很少时，称为稀疏图。

设有两个图 $G = (V, E)$ 和 $G' = (V', E')$，若 V' 是 V 的子集，E' 是 E 的子集，则称 G' 为 G 的子图。

一个图中的两顶点间不仅是关联的，而且在边上还标明了数量关系，那么这个图称作带权图。这种数量关系可能是距离、费用、时间等等，这些数值称为相应边的权。带权图又被称为网络，简称网，如图 8-3 所示就是一个网。

在一个图 $G = (V, E)$ 中，从顶点 u 到顶点 v 的一条路径是一个顶点序列 $v_1, v_2, v_3, \cdots, v_m$，

其中 $u = v_1$，$v = v_2$，且对于任意 $1 \leq i \leq m-1$，都有 (v_i, v_{i+1}) 属于边集 E。路径的长度是指路径上的边或弧的数目，也可是路径上的边权之和。序列中顶点不重复出现的路径称为简单路径，顶点 u 和顶点 v 相同的路径称为回路（或环）。除了第一个顶点和最后一个顶点之外，其余点不重复出现的回路，称为简单回路（或简单环）。

在无向图 G 中，如果从顶点 u 到顶点 v 有路径，则称 u 和 v 是连通的。如果对于图 G 中的任意两个顶点 u 和 v 都是连通的，则称图 G 是连通图，否则称为非连通图。

在有向图 G 中，如果对于图 G 中的任意两个顶点 u 和 v，都存在从 u 到 v 和从 v 到 u 的路径，则称图 G 是强连通图。

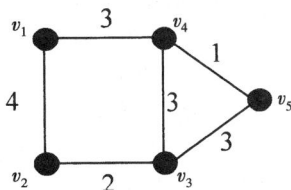

图 8-3　网的示意图

【解题尝试】

第一题　证明本节中关于有向图度数的性质 2。

第二题　设 G 是任意无向图，证明有偶数个度数为奇数的顶点。

第三题　设 $G = (V, E)$ 是 $|V| > 1$ 的连通图，证明 G 中包含一个度数为 1 的顶点或一个环路（或两者都有）。

8.2　图的表示法及存储结构

【学习目标】

无向图和有向图最常用的描述方法都是基于邻接的方式：邻接矩阵、边集数组和邻接链表。本节的学习目标是掌握这些常用存储方法，并能够在不同情况下选择合适的数据结构。

8.2.1　邻接矩阵

一个 n 顶点的图 $G = (V, E)$ 的邻接矩阵（adjacency matrix）是一个 $n * n$ 矩阵 A，若 G 不是带权图，则 A 中的每一个元素是 0 或 1，否则 A 中的每一个元素代表边上的权值或无穷大。假设 $V = \{1, 2, \cdots, n\}$，如果 G 是一个无向图，那么 A 中的元素定义如下：

$$A[i, j] = \begin{cases} 1\text{ 或权值} & \text{如果 } (i, j) \in E \text{ 或 } (j, i) \in E \\ 0\text{ 或}\infty & \text{其他} \end{cases}$$

如果 G 是有向图，那么 A 中的元素定义如下：

$$A[i, j] = \begin{cases} 1\text{ 或权值,} & \text{如果 } (i, j) \in E \\ 0\text{ 或}\infty, & \text{其他} \end{cases}$$

上节中图所对应的邻接矩阵分别如下：

$$A(G_1) = \begin{matrix} & \begin{matrix} 1 & 2 & 3 & 4 \end{matrix} \\ \begin{matrix} 1 \\ 2 \\ 3 \\ 4 \end{matrix} & \begin{bmatrix} 0 & 1 & 1 & 0 \\ 0 & 0 & 0 & 1 \\ 0 & 1 & 0 & 0 \\ 0 & 0 & 1 & 0 \end{bmatrix} \end{matrix}$$

$$A(G_2) = \begin{matrix} & \begin{matrix} 1 & 2 & 3 & 4 & 5 \end{matrix} \\ \begin{matrix} 1 \\ 2 \\ 3 \\ 4 \\ 5 \end{matrix} & \begin{bmatrix} 0 & 1 & 0 & 1 & 0 \\ 1 & 0 & 1 & 0 & 1 \\ 0 & 1 & 0 & 1 & 1 \\ 1 & 0 & 1 & 0 & 0 \\ 0 & 1 & 1 & 0 & 0 \end{bmatrix} \end{matrix}$$

$$A(G_3) = \begin{matrix} & \begin{matrix} 1 & 2 & 3 & 4 & 5 \end{matrix} \\ \begin{matrix} 1 \\ 2 \\ 3 \\ 4 \\ 5 \end{matrix} & \begin{bmatrix} 0 & 4 & 0 & 3 & 0 \\ 4 & 0 & 2 & 0 & 0 \\ 0 & 2 & 0 & 3 & 3 \\ 3 & 0 & 3 & 0 & 0 \\ 0 & 0 & 3 & 0 & 0 \end{bmatrix} \end{matrix}$$

从上图的矩阵描述中可以得到如下结论：

1）对于 n 个顶点的无向图，有 $A(i, i) = 0$，$1 \leqslant i \leqslant n$。

2）无向图的邻接矩阵是关于主对角线对称的，即 $A(i, j) = A(j, i)$，$1 \leqslant i \leqslant n$，$1 \leqslant j \leqslant n$。

在 Pascal 中，可以按如下的方法定义邻接矩阵：

Const n = 20; max = 10000;（这里的 max 表示无穷大，只要定义一个足够大的数即可）

Type A = array [1..n, 1..n] of 0..1;（对于带权图可以用其他的整型或实型变量）

那么建立图的 Pascal 过程如下：

```
           for i : = 1 to n do //初始化
              for j : = 1 to n do
                 A [i, j] : = max; //若为不带权的图则 A [i, j] : = 0
           readln (e); //读入边数
           for k : = 1 to e do
           begin
              read (i, j, w); //读入两个顶点序号及权值
              A [i, j] : = w; //对于不带权的图 A [i, j] : = 1
              A [j, i] : = w; //无向图的对称性，若为有向图删除此句
           end;
```

上文是用二维数组存储邻接矩阵的。有另一种方法，映射 $a((i-1) * n + j) = A[i, j]$ 可以将 $n * n$ 的邻接矩阵映射到一个大小为 $n * n$ 的一维数组 a 中。如果一个元素占用 2 个字节，映射的结果需要 $2n^2$ 字节的存储空间。注意到所有对角线元素都是零而不需要储存，所以还可以进一步减少 $2n$ 字节的存储空间。

又根据无向图邻接矩阵的对称性，事实上无向图的邻接矩阵只需要保存对角线上三角（或下三角）的元素即可。因此映射只需要一个大小为 $n(n-1)/2$ 的一维数组，占用空间为 $n(n-1)$ 个字节。

邻接矩阵的优点是直观方便，很容易查找图中任意两个顶点 i 和 j 之间的边（或弧），以及边上的权值，因为只要看 $A[i, j]$ 的值即可，查找的复杂度为 $O(1)$。而添加和删除边的时间复杂度也为 $O(1)$。很容易计算图中任意一个顶点的度数，只需要统计相关的行或者列即可，其时间复杂度为 $O(n)$。

但邻接矩阵也有其缺点，其空间复杂性为 $O(n^2)$，虽然上文有优化，但当程序要处理的图为稀疏图时，仍然浪费了大量的空间。

8.2.2　边集数组

边集数组是利用将图中的边映射到一维数组的方法，又叫做邻接压缩表（packed - edjacency - list），与上文的邻接矩阵的压缩存储有一些区别，更充分地利用了图的稀疏性。

边集数组的元素可以看作是记录类型，每个数组元素存储了一条边的起点、终点和权值等。相同起点的边在边集数组中是相邻的（对于无向图，一条弧可以看成两条边，方便以后的查找）。对于图中的每个顶点 i，建立一个索引表 $l[i]$ 和 $r[i]$，记录着由 i 发出的边存储在边集数组的 $l[i]$ 到 $r[i]$ 位。由于有了索引表，边集数组中也可以不记录每条边的起点。

第一节中 G_2 的边集数组如图 8 - 4 所示。

对于 n 个顶点、e 条边的图 G，用边集数组描述的数据结构如下：

$l[1]$　$r[1]$　$l[2]$　　　$r[2]$　$l[3]$　　　$r[3]$　$l[4]$　$r[4]$　$l[5]$　　$r[5]$

边数	1	2	3	4	5	6	7	8	9	10	11	12
终点	2	4	1	3	5	2	4	5	1	3	2	3

图 8 - 4　边集数组示意图

Const

n = 10；e = 30；

Type

Tnode = record

endv：integer；

weight：integer；//可省

end；

Tedgelist = array［1..e］of Tnode；//边集数组类型

Tindex = array［1..n］of Integer；//索引表类型

当 e 远远小于 n^2 时，边集数组需要的空间远远小于邻接矩阵需要的空间。如果 G 为无向图，顶点 i 的度是 $r[i] - l[i] + 1$，G 中边的数目是 $r[n] / 2$。使用边集数组可以比使用邻接矩阵更容易确定这些数量。但边集数组也有其缺点：增加或删除一条边需要 $O(n+e)$ 的时间。

8.2.3　邻接链表

在邻接链表（linked - edjacency - list）中，邻接表是作为链表保存的。邻接链表表示法对图中的每个顶点 i 建立一个邻接关系的链表，并把这些链表的表头指针用一维向量数组存储起来。在每个顶点 i 的链表中，存储了以该顶点为起点的所有边的信息。

第一节 G_2 的邻接链表表示如图 8 - 5 所示：

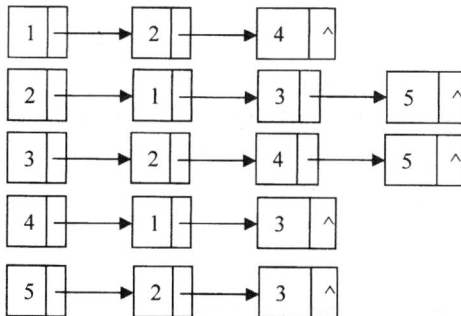

图 8 - 5　邻接链表示意图

在程序实现的过程中，既可以用 Pascal 自带的动态指针实现，也可以用静态指针来实现。下面用静态指针来实现：

Const

n = 10；e = 20；

```
Type
Pnode = integer; //静态指针
Tnode = record //边界点信息
Adv：1..n；//边的终点
Next：Pnode；//指向下一条边的链接
end；
Tedge = array［0..e］of Tnode；//存储所有的边
Tlist = array［1..n］of Pnode；//邻接链表头
下面给出有向图的邻接链表的建立过程：
var g：Tlist；es：Tedge；
begin
read（n，e）；
for i：= 1 to n do g［i］= 0；//初始化邻接表
for k：= 1 to e do begin
read（i，j）；//读入一条边
es［k］.adv：= j；//插入到边集中
es［k］.next：= g［i］；//将边插入i的链接表的表头
g［i］：= k；
end；
end；
```

图的邻接表表示法便于查找任意顶点的关联边及邻接点，只要从表头向量中取出相应的表头指针，然后进行查找即可。邻接表表示法比较边集数组的优点是，插入和删除边的复杂度大大降低，插入边只需要 $O(1)$ 的时间复杂度，删除边平均只需要 $O(e/n)$ 的时间复杂度。缺点是邻接表需要额外的指针空间，空间耗费比边集数组大。

【解题尝试】

第一题 编写程序分别在图的三种不同表示方法下，计算每个顶点的度数。
第二题 编写程序分别在图的三种不同表示方法下，插入和删除边。
第三题 编写建立边集数组的程序，时间复杂度为 $O(e)$。
第四题 编写程序，用边集数组存储树结构。

8.3 图的遍历法

【学习目标】

正确理解图的连通性的基本概念和定义，掌握判断图的连通性的基本方法——图的遍历法，包括广度优先遍历和深度优先遍历。

8.3.1 图的遍历法的相关概念

图的连通性的概念在图论中十分重要，在8.1中已经介绍了无向图的连通图和有向图的强连通图概念。

对于一个子图 G′属于无向图 G，若 G′是一个连通图，那么 G′是 G 的一个连通子图。若 G 中不存在顶点 v（v 不属于 G′），使得它是一个更大的连通子图，则 G′是图 G 的极大连通子图。

在寻找图 G 的所有极大连通子图时，往往是这样做的：选择一个不在已经找出的连通子图的顶点，以这个点为起点，访问图中所有与它连通的点，那么这些点就构成了一个极大连通子图。

问题的关键是：从图中某一顶点出发系统地访问图中所有相连的顶点，使每个顶点恰好被访问一次。这种运算便被称作图的遍历。为了避免重复访问某个顶点，可以设一个标志数组 visited[i]，为访问时的值为 false，访问一次后就改为 true。

而根据访问顺序的不同，图的遍历又分为深度优先遍历和广度（宽度）优先遍历两种方法。

8.3.2 深度优先遍历

深度优先遍历（Depth - First Search, DFS）的方法如下：从顶点 v 出发，DFS 按如下过程进行：首先将 v 标记为已到达顶点，然后选择一个与 v 邻接的尚未到达的顶点 u，如果这样的 u 不存在，搜索中止。假设这样的 u 存在，那么从 u 又开始一个新的 DFS 进行递归搜索。当从 u 开始的搜索结束时，则回溯到 v，再选择另外一个与 v 邻接的尚未到达的顶点，如果这样的顶点不存在，那么搜索终止。而如果存在这样的顶点，又从这个顶点开始 DFS，如此循环下去。

如图 8-6 所示，图 8-6（1）中从 v_1 开始出发，遍历的结果为 v_1，v_3，v_5，v_6，v_7，v_4，v_2。图 8-6（2）中从 v_1 开始出发遍历的结果为 v_1，v_2，v_4，v_8，v_5，v_3，v_6，v_7。

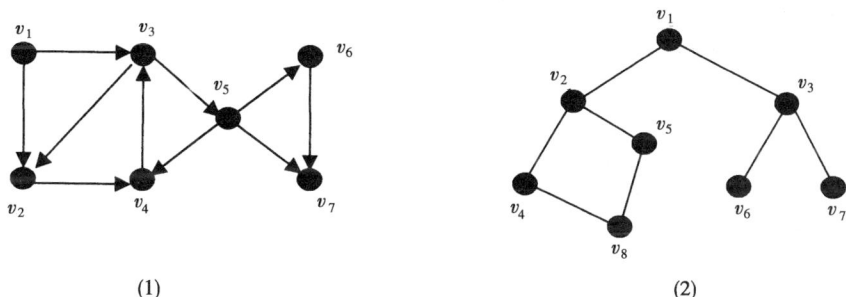

(1)　　　　(2)

图 8-6　DFS 搜索示意图

对于连通图，深度优先遍历的递归过程如下，而非连通图需要调用多次。

代码如下：

```
procedure DFS（v : integer）;
begin
        write（v）;//输出最简单的访问方式
        visited[v] : = true;//标记已访问节点
        for u : = 1 to n do
            if（g[v, u] = 1）and not visited[u]//u 与 v 相连
            then DFS（u）;
end;
begin
    fillchar（visited, sizeof（visited）, false）;//初始化
```

○ 解题金钥匙系列·信息学

```
for i : = 1 to n do
        if not visited［i］then DFS（i）；//非连通图需要调用多次
end；
```

由于每个顶点只访问一次，且每条边也只检查一次，因此深度优先遍历的时间复杂度为 $O(E)$，E 为图 G 中的边数。

8.3.3　广度（宽度）优先遍历

从图中某个顶点 v_0 出发，访问此顶点，然后一次访问与 v_0 邻接的、未被访问过的所有顶点，然后再分别从这些顶点出发进行广度优先遍历，直到图中所有被访问过的顶点的相邻顶点都被访问到。若此时图中还有顶点尚未被访问，则另选图中一个未被访问过的顶点作为起点，重复上述过程，直到图中所有顶点都被访问为止。如图 8 - 6，图 8 - 6（1）中从 v_1 开始出发，遍历的结果为 v_1，v_2，v_3，v_5，v_4，v_6，v_7。图 8 - 6（2）中从 v_1 开始出发遍历的结果为 v_1，v_2，v_3，v_4，v_5，v_8，v_6，v_7。

在深度优先遍历中，用到了栈这种数据结构（递归就是系统中的一个栈）。而广度优先搜索需要用到队列对遍历到的顶点进行保存。其实现的代码如下：

```
procedure BFS（start : integer）；
begin
    head : = 0；tail : = 1；//初始化队列 q
    q［tail］: = start；
    fillchar（visited, sizeof（visited）, false）；//初始化 visited
    visited［start］: = true；
    while head ＜ tail do begin
        inc（head）；u : = q［head］；//顶点出队
        writeln（u）；
        for v : = 1 to n do //扩展 v 相邻的未访问的顶点
        if（g［u, v］= 1）and not visited［v］then begin
            inc（tail）；q［tail］: = v；
            visited［v］: = true；
        end；
    end；
end；
```

容易知道，BFS 和 DFS 有着相同的时间复杂度。

【解题钥匙】

例题一　安全网络。

问题描述：

Telecom 是一家跨国大型网络技术公司，主要从事局域网和广域网的开发研究工作。最近 Telecom 的工程师们在研究安全网络的问题。让我们来看看他们的研究成果。

一台服务器 S 被称为关键的，当且仅当存在另外两台服务器 A 和 B，且 A 与 B 之间相连的网

络连线必须从 S 通过（即如果 S 不幸崩溃，A 和 B 将无法相连）。例如，在图 8-7 所示网络中，服务器 1 和 3 就是关键的。

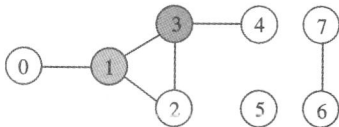

图 8-7

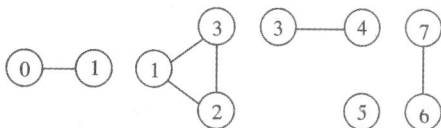

图 8-8

一个网络被称为安全的，当且仅当其不包含关键的服务器。此外，还有如下规定：①两台服务器之间的连接是双向的；②服务器不会与自身直接相连；③允许网络中存在孤立的子网络。

一个子网被称为最大安全子网当且仅当其不被其他安全子网所包含，即无法跟其他安全子网合并而形成一个更大的安全子网。图 8-8 列出了图 8-7 中所示网络的所有最大安全子网。

现在，你要到 Telecom 应聘，负责面试的工程师们给你留了一道难题，如何在给定的网络中找出所有最大安全子网呢？

输入格式：

输入文件第一行是一个正整数 N（$N \leqslant 200$），代表网络中服务器的个数。接下来是 N 行数据，每一行的格式如下（各个数之间用一个或多个空格分川）：

$I \quad K \quad C_1 \quad C_2 \quad \cdots \quad C_K$

I 是服务器编号，K 表示与服务器 I 直接相连的服务器个数，紧接着的 K 个数字 C_1、$C_2 \cdots C_K$ 是与服务器 I 的直接相连的服务器的编号。

注意：服务器的编号是小于 10000 的任意非负整数。

输出格式：

输出文件第一行是一个正整数 M，为所求的最大安全子网的个数。接下来的 M 行列出每一个子网的组成情况，其中第一个数字是该子网所包含的服务器个数 A_i，后面紧跟着 A_i 个正整数，为组成该子网的服务器的编号（各个数之间用一个空格分开）。

输入输出样例：

Safenet. in	Safenet. out
8	5
0 1 1	2 0 1
1 3 2 0 3	3 1 2 3
2 2 1 3	2 3 4
3 3 1 2 4	1 5
4 1 3	2 6 7
7 1 6	
6 1 7	
5 0	

解析：这是图论中经典的无向图的割顶与块问题。问题中的"关键的服务器"就是无向图中的割顶，而最大安全子网便是图中的块。显然各个块之间的关系或者互不连接，或者通过割顶连接。这个割顶可以属于不同的块，也可以两个块共有一个割顶。因此无向图寻找块，关键是找出

割顶。求割顶与块可以用深度优先遍历来实现。

方法与技巧：

首先在 DFS 搜索期间，根据顶点 x 被首次访问的次序安排了不同的整数 dfn (x)，如 dfn (x) $=i$，则 x 是第 i 个首次被访问的顶点，dfn (x) 称为 x 的深度优先搜索序数，当搜索返回根时，连通图的所有顶点都访问完毕。

当在一个无向连通图或网络中执行 DFS 时，到达新顶点的边正好有 $n-1$ 条，这些边组成的子图正好是一棵树，用这种方法所得到的叫作深度优先生成树（depth-first spanning tree）。

在 DFS 过程中，割顶可以根据下面两个基本事实来确定：

对一个给定的无向图，实施 DFS 搜索得到所有顶点的 dfn 值和 DFS 树后：

（1）如 u 不是根，u 成为割顶当且仅当存在 u 的某一个儿子顶点 v，从 v 或 v 的后代点到 u 的祖先点之间不存在后向边（即 DFS 树中儿子指向祖先的边）；

（2）如 u 被选为根，则 u 成为割顶当且仅当它有不止一个儿子点。

上述两个基本事实是构思算法的精华，为此引入一种顶点 u 的标号函数 low (u)。

$$low\ (u)\ =\ min\ \{dfn\ (u),\ low\ (v),\ dfn\ (w)\}$$

其中：v 是 u 的一个儿子，(u, w) 是后向边。

显然 low (u) 值是 u 或 u 的后代所能追溯到的最早（序号小）的祖先点序号。一般约定，顶点自身也认为自己是祖先点，所以有可能 low (u) = dfn (u) 或 low (u) = dfn (w)。

利用标号函数 low，我们可以将基本事实 1 重新描述成：

顶点 u 不是根，作为 G 的割顶当且仅当 u 有一个儿子 v，使得 low (u) ≥ dfn (v)，即 v 和 v 的后代不会追溯到比 E_u 更早的祖先点。

low (u) 值的计算步骤如下：

$$low\ (u)\ =\ \begin{cases} dfn\ (u) \\ u\ 在\ dfs\ 过程中首次被访问 \\ min\ (low\ (u),\ dfn\ (w)) \\ 检查后向边\ (u, w)\ 时 \\ min\ (low\ (u),\ low\ (v)) \\ u\ 的儿子\ v\ 的关联的边全部被检查时 \end{cases}$$

在算法执行中，对任何顶点 u 计算 low (u) 值是不断修改的，只有当以 u 为根的 dfs 子树和后代的 low 值、dfn 值产生后才停止。

题目的程序如下：

```
program SafeNet_ rk;
const
   inf = 'safenet. in';
   outf = 'safenet. out';
   maxn = 200;
var
   g, cmp : array [1.. maxn, 1.. maxn] of integer; //存储图 G 和连通分块
   d, tono : array [1.. maxn] of integer;
   stack, cmps : array [1.. maxn] of integer; //栈 stack, cmps 计算连通分块
```

```
   dfn, low : array [1..maxn] of integer;
   instack : array [1..maxn] of boolean; //判断一个点是否在栈中
   no : array [1..maxn shl 1] of integer;
   n, top, count, ans : integer;
procedure init;
var
   i, j, x : integer;
begin
   assign (input, inf); reset (input);
   readln (n);
   for i : = 1 to n do begin
     read (tono [i], d [i]);
     no [tono [i]] : = i;
     for j : = 1 to d [i] do
        read (g [i, j]);
   end;
   for i : = 1 to n do
     for j : = 1 to d [i] do
        g [i, j] : = no [g [i, j]];
   close (input);
end;
procedure search (u : integer);
var
   i, v : integer;
begin
  inc (tot);
  inc (count); dfn [u] : = count; low [u] : = dfn [u]; //计算 dfn 值，初始化 low 值
  inc (top); stack [top] : = u; instack [u] : = true; //把点入栈
  for i : = 1 to d [u] do begin
  v : = g [u, i]; //枚举与 u 相邻的点
  if dfn [v] = 0 then begin //若是未访问点，则进行遍历
    search (v);
    if low [v] > = dfn [u] then begin
      //根据基本事实一，u 是一个割顶，导出一个块
      inc (ans);
      cmps [ans] : = 0;
      //将属于块中的顶点出栈
      while (low [stack [top]] > = dfn [u]) and (stack [top] < > u) do begin
        inc (cmps [ans]);
```

```
        cmp [ans, cmps [ans]] : = stack [top];
        instack [stack [top]] : = false;
        dec (top);
      end;
      inc (cmps [ans]);
      cmp [ans, cmps [ans]] : = u;
    end else
    if low [v] < low [u] then //更新 u 的 low 值
      low [u] : = low [v];
    end else
    if instack [v] and (dfn [v] < low [u]) then //说明是后向边，更新 low 值
      low [u] : = dfn [v];
  end;
end;
procedure main;
var
  i : integer;
begin
  fillchar (dfn, sizeof (dfn), 0);
  fillchar (instack, sizeof (instack), false);
  count : = 0;
  for i : = 1 to n do
    if dfn [i] = 0 then begin
      top : = 0;
      search (i);
      if d [i] = 1 then //处理孤立点的情况
      begin
        inc (ans);
        cmps [ans] : = 1;
        cmp [ans, cmps [ans]] : = i;
    end;
  end;
end;
procedure print;
var
  i, j : integer;
begin
  assign (output, outf); rewrite (output);
  writeln (ans);
```

```
      for i ：＝ 1 to ans do begin
        write（cmps［i］）；
        for j ：＝ 1 to cmps［i］do
          write（'  '，tono［cmp［i，j］］）；
        writeln；
      end；
      close（output）；
    end；
    begin
      init；
      main；
      print；
    end.
```

【解题尝试】

第一题　一个有向图是强连通（strongly connected）的充要条件是：对于每一对不同顶点 i 和 j，从 i 到 j 和从 j 到 i 都有一个有向路径。极大强连通子图是有向图的一个子图，且是强连通的、极大的。用类似求割顶和块的深度优先搜索的方法求出有向图所有的极大强连通子图。

第二题　任给一个 M 条边的连通图，给它的每条边不重复不遗漏地用 1 到 M 的整数编号，使得任意与顶点 u 关联的所有边的编号最大公约数为 1。

第三题　街道赛跑［IOI 95］。

已知一个有向图，一个起点和一个终点，找出所有的 p，使得从起点到终点的任何路径都必须经过 p。

8.4　图的基本算法

【学习目标】

本节将介绍图论的一些最基本的问题：最小生成树、最短路径和关键路径，并给出三个问题相关的常用算法。这些算法在竞赛中的应用十分广泛，且相关的题目也有一定难度，请读者务必牢固掌握。

8.4.1　最小生成树

在一个连通图 G 中，如果取它的全部顶点和一部分边构成一个子图 G'，即：

$V(G') = V(G)$ 和 $E(G') \subset E(G)$

若边集 $E(G')$ 中的边既将图中的所有顶点连通又不形成回路，则称子图 G' 是原图 G 的一棵生成树。显然，在只有 n 个顶点的图中，生成树只有 $n-1$ 条边。上一节介绍的 DFS 和 BFS 搜索树就是图 G 的一棵生成树。

对于加权连通图（连通网）（假设边上的权都非负）的生成树的权是树中所有边上的权值总和，其中权最小的生成树为带权图的最小生成树（minimum spanning tree）。

在图 8－9 中，G_2 是 G_1 的一个可最小生成树。

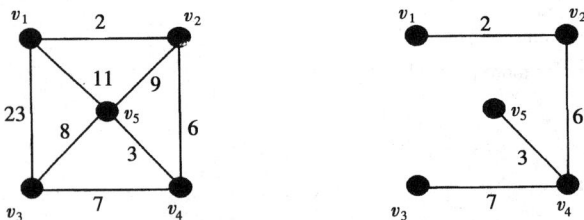

图 8－9　最小生成树示意图

下面介绍计算最小生成树的 Prim 算法和 Kruskal 算法。

Prim 算法：

设 $G = (V, E)$ 是一个连通带权图，$V = \{1, 2, \cdots, n\}$，$c(i, j)$ 表示边 (i, j) 上的权值。构造 G 的一棵最小生成树的 Prim 算法的基本思想是：首先置 $U = \{1\}$，然后，只要 U 是 V 的真子集，就做如下的贪心选择：选取满足条件 $i \in U$，$j \in V - U$，且使 $c(i, j)$ 达到最小的边 (i, j)，并将顶点 j 添加到 U 中。这个过程一直进行到 $U = V$ 时为止。在这个过程中选取到的所有边恰好构成 G 的一棵最小生成树。

在上述 Prim 算法中，我们还应当考虑如何有效地找出满足条件 $i \in U$，$j \in V - U$，且权 $c(i, j)$ 最小的边 (i, j)。达到这个目的的一个较简单的办法是设置两个数组 closet 和 lowcost，对于每一个 $J \in V - U$，closest $[j]$ 是 j 在 U 中的一个邻接顶点，它与 j 在 U 中的其他邻接顶点 k 相比较有 $c(j, \text{closest }[j]) \leqslant c(j, k)$，而 lowcost $[j]$ 的值就是 $c(j, \text{closest }[j])$。

在 Prim 算法执行过程中，先找出 $V - U$ 中使 lowcost 值最小的顶点 j，然后根据数组 closest 选取边 $(j, \text{closest }[j])$，最后将 j 添加到 U 中，并对 closest 和 lowcost 做必要的修改。图 8－10 展示了用 Prim 算法求上例中最小生成树的过程：

用这个办法实现 Prim 的算法如下：

```
procedure Prim (c : array [1..n, 1..n] of integer);
var
  lowcost, closest: array [1..n] of integer;
  i, j, k, min : integer;
begin
  for i : = 2 to n do begin
    lowcost [i] : = c [1, i]; closest [i] : = 1;
  end;
  for i : = 2 to n do begin
    min : = lowcost [i]; j : = i;
    for k : = 2 to n do
      if lowcost [k] < min then begin
        min : = lowcost [k];
        j : = k;
      end;
```

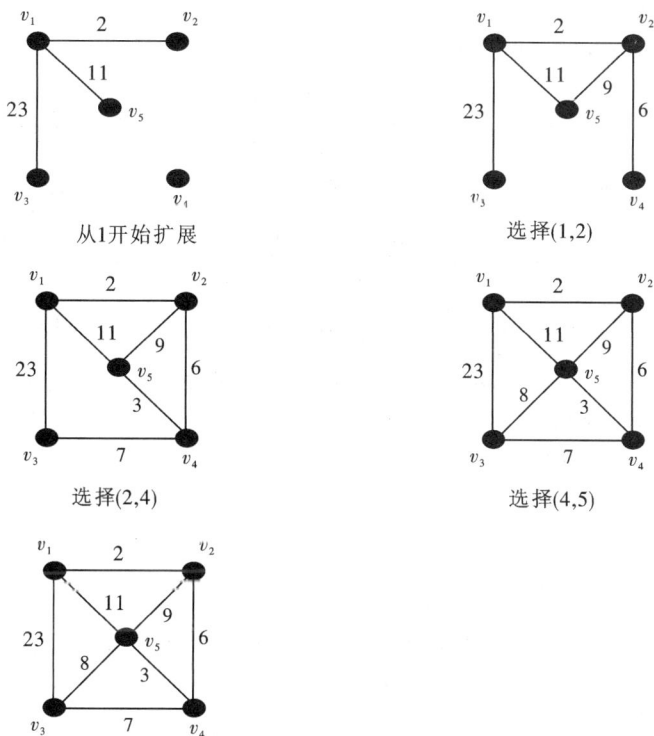

图 8 – 10 Prim **算法示意图**

print（j, closest［j］）; lowcost［j］: = maxint; //输出边（i, j），并将其添加到 U

for k : = 2 to n do //修改 lowcost 和 cloest

if（c［j, k］＜ lowcost［k］）and（lowcost［k］＜ maxint）then begin

lowcost［k］: = c［j, k］;

closest［k］: = j;

end;

end;

end;

Kruskal 算法:

Kruskal 算法所使用的贪心准则是: 从剩下的边中选择一条不会产生环路的具有最小耗费的边加入已选择的边的集合中。注意到所选取的边若产生环路则不可能形成一棵生成树。Kruskal 算法分 c 步，其中 e 是网络中边的数目。按权值递增的顺序米考虑这 e 条边，每次考虑一条边。当考虑某条边时，若将其加入到已选边的集合中会出现环路，则将其抛弃，否则，将它选入。

Kruskal 算法的实现可以使用并查集。每一集合包含当前森林中某个树的节点，操作 FIND - SET（u）返回包含 u 的集合中的一个代表元素，因此我们可以通过测试 FIND - SET（u）是否等同于 FIND - SET（v）来确定两节点 u 和 v 是否属于同一棵树，通过过程 UNION 来完成树与树的连接。

图 8 - 11 展示了 Kruskal 算法生成最小生成树的过程：

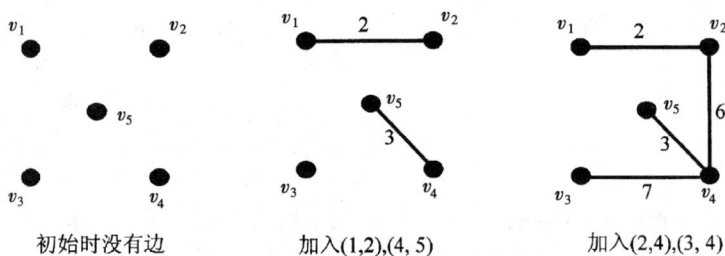

| 初始时没有边 | 加入(1,2),(4, 5) | 加入(2,4),(3, 4) |

图 8 - 11　Kruskal 算法示意图

Kruskal 用 Pascal 实现的代码如下：

```
function find_ set （i：longint）：longint；
  begin
    If i < >f [i] Then f [i]：= top （f [i]）；
    top：=f [i]；
  end；
procedure Union （i，j，c：longint）；//用并查集实现合并操作
  var
    x，y：longint；
  begin
    x：=find_ set （i）；y：=find_ set （j）；
    If x < >y then
    begin
      inc （ans，c）；
      f [y]：=x；
    end；
  end；
procedure Kruskal；
  var
    i：longint；
  begin
    将所有的边按照权值从小到大的顺序排序
    for i：=1 to n do f [i]：=i；//并查集初始化
    ans：=0；
    //将 （i，j） 添加进森林，如果不产生环就合并，否则舍弃
    for i：=1 to m do Union （e [i] . x，e [i] . y，e [i] . c）；
  end；
```

【解题钥匙】

例题一　繁忙都市。

城市 C 是一个非常繁忙的大都市，城市中的道路十分拥挤，于是市长决定对其中的道路进行改造。城市 C 的道路是这样分布的：城市中有 n 个交叉路口，有些交叉路口之间有道路相连，两个交叉路口之间最多有一条道路相连接。这些道路是双向的，且把所有的交叉路口直接或间接地连接起来了。每条道路都有一个分值，分值越小表示这个道路越繁忙，越需要进行改造。但是市政府的资金有限，市长希望进行改造的道路越少越好，于是他提出下面的要求：

①改造的那些道路能够把所有的交叉路口直接或间接地连通起来。

②在满足要求①的情况下，改造的道路尽量少。

③在满足要求①②的情况下，改造的那些道路中分值最大的道路分值尽量小。

任务：作为市规划局的你，应当做出最佳的决策，选择哪些道路应当被修建。

输入文件：第一行有两个整数 n，m，表示城市有 n 个交叉路口，m 条道路。接下来 m 行是对每条道路的描述，u，v，c 表示交叉路口 u 和 v 之间有道路相连，分值为 c。（$1 \leqslant n \leqslant 300$，$1 \leqslant c \leqslant 10000$）

输出文件：两个整数 s，max，表示你选出了几条道路，分值最大的那条道路的分值是多少。

样例

city. in		city. out
4 5	2 3 6	3 6
1 2 3	3 4 8	
1 4 5		
2 4 7		

解析：分析题目后，不难建立出题目对应的模型：给出一个有边权的图，要求其中的一棵生成树，使得这棵生成树的最大边权最小。

方法与技巧：

显然图的最小生成树满足这个性质，下面用反证法证明最小生成树最大边权最小。

反设图中存在一棵生成树 T，T 中的最大边权小于最小生成树 T_{min} 的最大边权。令 e 是 T_{min} 的最大边。e 将 T_{min} 分成两个连通分块 X 和 Y。由于 T_{min} 是最小生成树，那么对于任意边 $e' \in \{ (u, v) \mid u \in X, v \in Y \}$，都有 e' 的边权大于等于 e 的边权——结论 1。而 T 是图的一棵生成树，那么 T 中一定存在一条边 e'' 属于 $\{ (u, v) \mid u \in X, v \in Y \}$ 集合，而且 e'' 的边权一定小于 e 的边权。这与结论 1 矛盾，因此最小生成树最大边权最小的结论是成立的。

因此只要用 Prim 或 K 算法求出图的最小生成树即可。

```
program City_ rk;
const
  inf = ' city. in ';
  outf = ' city. out ';
  maxn = 300;
```

```
type
    tye = array [1.. maxn] of integer;
var
    g : array [1.. maxn] of ^tye;
    dis : array [1.. maxn] of integer;
mark : array [1.. maxn] of boolean;
    n, m, ans : integer;
procedure init; {读入数据，构图}
var i, a, b, c : integer;
begin
    assign (input, inf); reset (input);
    readln (n, m);
    for i : = 1 to n do begin
        new (g [i]);
        fillchar (g [i] ^, sizeof (g [i] ^), $ ff);
    end;
    for i : = 1 to m do begin
        readln (a, b, c);
        g [a] ^ [b] : = c; g [b] ^ [a] : = c;
    end;
    close (input);
end;
procedure solve; {用 Prim 求最小生成树}
var i, j, k, min : integer;
begin
    for i : = 2 to n do
        if g [1] ^ [i] > -1
then dis [i] : = g [1] ^ [i]
        else dis [i] : = maxint;
    fillchar (mark, sizeof (mark), true);
    mark [1] : = false;
    for i : = 2 to n do begin
        min : = maxint; k : = 0;
        for j : = 2 to n do
            if mark [j] and (dis [j] < min) then begin
                min : = dis [j]; k : = j;
            end;
        if k = 0 then break;
        mark [k] : = false;
```

```
        for j : = 2 to n do
          if mark [j] and (g [k] ^ [j] > - 1) and (g [k] ^ [j] < dis [j]) then
              dis [j] : = g [k] ^ [j];
        end;
      ans : = 0;
      for i : = 2 to n do
        if dis [i] > ans then ans : = dis [i];
    end;
  procedure print;
  begin
    assign (output, outf); rewrite (output);
    writeln (n - 1, ' ', ans);
    close (output);
  end;
  begin
    init;
      solve;
      print;
  end.
```

【解题尝试】

第一题　包裹寄送。

给出一些城市的位置，和轮船公司连接每对城市的航线的花费。找出使得一个包裹能够从任意一座城市送到任意的另外一座城市的花费最小。

第二题　高速公路建设。

为了经济效益，他们想要花最少的钱来做这件事。高速公路的花费正比于它的长度。给出 A 国所有城市的 x，y 坐标，设计使得所有城市互相连通的最便宜的建造方案。

8.4.2　最短路径

前面已经介绍了路径的长度的概念。由于从一顶点到另一顶点可能存在着多条路径。每条路径上所经过的边数可能不同，即路径长度不同，我们把路径长度最短（即经过的边数最少或边权之和最小）的那条路径叫做最短路径，其路径长度叫做最短路径长度或最短距离。

如图 8 - 12，节点 1 到节点 7 的最短路径为 v_1，v_2，v_6，v_7，长度为 9。

求最短路径主要有两个子问题：一是求单源最短路径问题，即以一个点为源点，到其他所有点的最短路径；二是求所有点对之间的最短路径问题。下面将对这两个问题进行分别讨论。

1. 单源最短路径问题

求（非负权图）单源最短路径问题可以用 Dijkstra 算法解决。Dijkstra 算法主要通过分步方法求出最短路径。每一步产生一个到达新的目的顶点的最短路径。下一步所能达到的目的顶点通过如下贪婪准则选取：在还未产生最短路径的顶点中，选择路径长度最短的目的顶点。也就是说，Dijkstra 的方法按路径长度顺序产生最短路径。

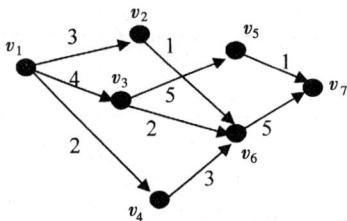

图 8 - 12　最短路径示意图

Dijkstra 的算法描述如下：首先最初产生从 s 到它自身的路径，这条路径没有边，其长度为 0。在算法的每一步中，产生下一个最短路径。产生的方法是在目前产生的每一条最短路径中，考虑加入一条最短的边，再从所有这些边中先选择最短的。

通过上述观察可用一种简便的方法来存储最短路径。可以利用数组 p，$p[i]$ 给出从 s 到达 i 的最短路径中顶点 i 前面的那个顶点。在上面的图例中，$p[1]=1$，$p[2]=1$，$p[6]=2$，$p[7]=6$。从 s 到顶点 t 的路径可反向创建。从 t 出发按 $p[t]$，$p[p[t]]$，$p[p[p[t]]]$ …… 的顺序，直到到达顶点 s 或 0。

为能方便地按长度递增的顺序产生最短路径，还需要定义 $d[i]$ 记录已产生的最短路径中加入一条最短边的长度，从而使得扩充的路径到达顶点 i。最初，仅有从 s 到 s 的一条长度为 0 的路径，这时对于每个顶点 i，$d[i]$ 等于 $c[s,i]$（无直接边连接的记作无穷大）。当获得一条新的最短路径后，由于新的最短路径可能会修改其他节点的 d 值，因此有些顶点的 d 值可能会发生变化。

算法的框架如下：

① 初始化 $d[i]=c[s,i]$（$1 \leqslant i \leqslant n$），对于邻接于 s 的所有顶点 i，置 $p[i]=s$，对于其余的顶点置 $p[i]=0$，对于 $p[i] \neq 0$ 的所有顶点建立 L 表。

② 若 mark 为空，终止，否则转至③。

③ 从 L 中删除 d 值最小的顶点。

④ 对于与 i 邻接的所有还未到达的顶点 j，更新 $d[j]$ 值为 $\min\{d[j], d[i]+c[i,j]\}$；若 $d[j]$ 发生了变化且 j 还未在 L 中，则置 $p[j]=1$，并将 j 加入 L，转至②。

给出 Pascal 实现的代码：

```
procedure Dijkstra_ rk (s : integer; c : array [1 .. n, 1 .. n] of integer);
var
  d, p : array [1 .. n] of integer;
  mark : array [1 .. n] of boolean;
  i, j, min : integer;
begin
  fillchar (p, sizeof (p), 0);
  for i : = 1 to n do begin
    d [i] : = g [s, i];
    p [i] : = s;
  end;
```

```
    fillchar（mark，sizeof（mark），true）；
    repeat
        j：= 0；min：= maxint；
        for i：= 1 to n do
            if mark［i］and（d［i］< min）then begin
                min：= d［i］；j：= i；
            end；
        if j = 0 then break；
        mark［j］：= false；
        for i：= 1 to n do
            if mark［i］and（d［j］+ g［j，i］< d［i］）then begin
                d［i］：= d［j］+ g［j，i］；
                p［i］：= j；
            end；
    until false；
end；
```

2. 每对顶点之间的最短路径

求图中每对顶点之间的最短路径是指把图中任意两个顶点 v_i 和 v_j（$i \neq j$）之间的最短路径都计算出来。解决此问题有两种方法：一是分别以图中的每个顶点为源点共调用 n 次迪杰斯特拉算法，此方法的时间复杂性为 $O(n^3)$；二是采用下面介绍的弗洛伊德（Floyed）算法，此算法的时间复杂性仍为 $O(n^3)$，但比较简单。

弗洛伊德算法实际上是一个动态规划的算法（在后一章将详细介绍）。从图的邻接矩阵开始，按照顶点 v_1，v_2，…，v_n 的次序，分别以每个顶点 v_k（$1 \leq k \leq n$）作为新考虑的中间点，在第 $k-1$ 次运算 A^{k-1}（$A^{(0)}$ 为原图的邻接矩阵 G）的基础上，求出每对顶点 v_i 到 v_j 的最短路径长度 $A_{i,j}^k$，计算公式为：

$$A_{i,j}^k = \begin{cases} G_{i,j}, & k=0 \\ \min\ (A_{i,j}^{k-1}，A_{i,j}^{k-1} + A_{k,j}^{k-1}) & 1 \leq k \leq n \end{cases}$$

其中 min 函数表示取参数表中的较小值。参数表中的前项表示在第 $k-1$ 次运算后得到的 v_i 到 v_j 的目前最短路径长度，后项表示考虑以 v_k 作为新的中间点所得到的 v_i 到 v_j 的路径长度。若后项小于前项，则表明以包含 v_k 作为中间点的路径长度更短，所以更新 $A_{i,j}^k$，使 $A_{i,j}^k$ 一直保存前 k 次运算后得到的从 v_i 到 v_j 的目前最短路径长度。当 k 从 1 取到 n 后，矩阵 A^n 就是最后得到的结果，其中 $A_{i,j}^n$ 就是顶点 v_i 到 v_j 的最短路径长度。

在实际编写的过程中，不需要用 n 个矩阵，而只需要对一个矩阵进行迭代即可。同时可以用 $P[i,j]$ 记录 i 到 j 的最短直接经过了哪个中间点。

其实现的 Pascal 代码如下：

```
procedure Floyed_ rk（G，P：array［1..n，1..n］of integer）；
var i，j，k：integer；
begin
```

```
fillchar (p, sizeof (p), 0);
for k : = 1 to n do
  for i : = 1 to n do
    if i ≠ k then
    for j : = 1 to n do
      if (i ≠ j) and (j ≠ k) then
        if g [i, k] + g [k, j] < g [i, j] then begin
          g [i, j] : = g [i, k] + g [k, j];
          p [i, j] : = k;
        end;
end;
```

【解题钥匙】

例题一 Car 的旅行路线（NOIP2001 提高组第 4 题）。

又到暑假了，住在城市 A 的 Car 想和朋友一起去城市 B 旅游。她知道每个城市都有四个飞机场，分别位于一个矩形的四个顶点上，同一个城市中两个机场之间有一条笔直的高速铁路，第 I 个城市中高速铁路的单位里程价格为 T_i，任意两个不同城市的机场之间均有航线，所有航线单位里程的价格均为 t。

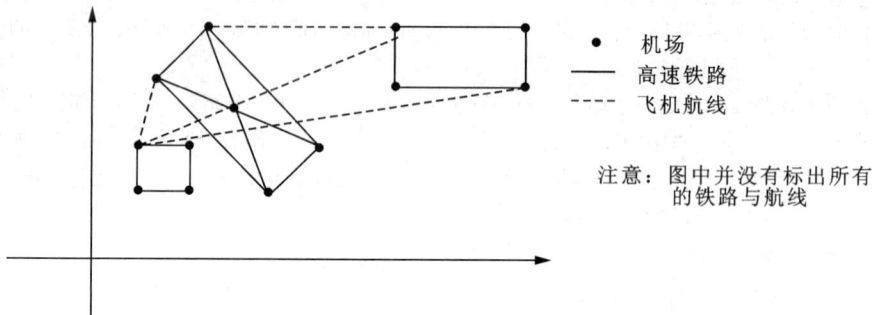

● 机场
—— 高速铁路
----- 飞机航线

注意：图中并没有标出所有的铁路与航线

图 8 - 13

那么 Car 应如何安排到城市 B 的路线才能尽可能地节省花费呢？她发现这并不是一个简单的问题，于是她来向你请教。

任务：找出一条从城市 A 到 B 的旅游路线，出发和到达城市中的机场可以任意选取，要求总的花费最少。

内存限制 1M。

输入格式：

第一行为一个正整数 n （$0 \leqslant n \leqslant 10$），表示有 n 组测试数据。

每组的第一行有四个正整数 s，t，A，B。

S （$0 < S \leqslant 100$） 表示城市的个数，t 表示飞机单位里程的价格，A，B 分别为城市 A，B 的序号，（$1 \leqslant A$，$B \leqslant S$）。接下来有 S 行，其中第 I 行均有 7 个正整数 x_{i1}，y_{i1}，x_{i2}，y_{i2}，x_{i3}，y_{i3}，T_i，

这当中的 (x_{i1}, y_{i1})，(x_{i2}, y_{i2})，(x_{i3}, y_{i3}) 分别是第 I 个城市中任意三个机场的坐标，Ti 为第 I 个城市高速铁路单位里程的价格。

输出格式：

共有 n 行，每行一个数据对应测试数据。

样例

输入：

1

3 10 1 3

1 1 1 3 3 1 30

2 5 7 4 5 2 1

8 6 8 8 11 6 3

输出：

47.55

解析：分析题目之后，题目事实上要求两个矩形上的任意顶点之间的最短距离。很容易为此题搭建图论模型：在不同矩形的两个顶点之间的距离为几何距离乘以 t；在同一个矩形（除起点和终点矩形）i 中的两个不同顶点之间的距离为几何距离乘以 ti；在起点和终点矩形中，由于可任选一个顶点作为起点或终点，也就是说这些顶点之间没有区别，因此这些顶点之间的距离为 0。问题转化为在构造的图中，求起点矩形任意一个顶点到终点矩形的任意一个顶点的最短距离。

方法与技巧：

首先看一下问题的预处理问题。由于给定的矩形只有三个顶点，所以要预处理计算出第四个顶点。由于不知道矩形中缺少的是哪个顶点的对角点，因此要通过枚举来确定。由于三个顶点一定构成直角三角形，因此枚举直角三角形的直角顶点即可。判断的时候可以利用向量的知识：若 C 为直角顶点，则 AC 和 BC 的点积为零。找到直角顶点后，那么另一个顶点坐标为 $x_4 = x_2 + x_3 - x_1$，$y_4 = y_2 + y_3 - y_1$。（其中 (x_3, y_3) 为直角顶点）

预处理之后，可以利用所学的单源最短路径算法 Dijkstra 算法求出两点之间的最短路径。由于图中最多有 $100 * 4 = 400$ 个顶点，而内存限制为 1M，因此不能把所有的边保存下来。可以通过在 Dijkstra 过程中进行距离的实时演算解决问题。

最终算法的复杂度为 $O(n^2)$。

例题二 产生数（NOIP2001 普及组第 3 题）。

问题描述

给出一个整数 n（$n < 10^{30}$）和 k 个变换规则（$k \leq 15$）。

规则：

一个数字可以变换成另一个数字。

规则的右部不能为零。

问颢·

给出一个整数 n 和 k 个规则。

求出：

经过任意次的变换（0 次或多次），能产生出多少个不同的整数？

解析：认真分析题目之后发现，本题搜索显然是不行的，而且对于只需计数而不需求具体方

○ 解题金钥匙系列 · 信息学

案的题目，一般都不会用搜索解决。其实本题不难看出，可以用乘法原理直接进行计数，用 F_i 表示数字 i 包括本身可以变成的数字总个数（这里的变成可以是直接变成也可以是间接变成，比如 $3\rightarrow5$，$5\rightarrow7$，那么 $3\rightarrow7$），那么对于一个数 a（用数组存，长度为 n），根据乘法原理它能产生出 $F[a[1]] * F[a[2]] * F[a[3]] * \cdots * F[a[n]]$ 个不同整数，相信这一点大家不难理解。那么现在的关键就是如何求 F_i。

方法与技巧：

由于这些变换规则都是反映数字与数字之间的关系，容易让我们想到用图来表示这种关系：

（1）建立一个有向图 G，初始化 $g[i, j] < - -$ False

（2）如果数字 i 能直接变成数字 j，那么 $g[i, j] < - -$ True

易知如果数字 i 能变成数字 j，那么 i 到 j 必须存在路径，否则 i 是不可能变成 j 的，这样一来，F_i 的求解就显得非常简单了。求一个顶点 v 包括本身能到达的顶点数的方法相当多，可以用 BFS、DFS、Dijkstra、Floyd，这里介绍一种类似 Floyd 的有向图的传递闭包算法，该算法实现简单，由于直接利用逻辑运算，所以效率很高。所谓有向图的传递闭包就是指可达性矩阵 $A = [a[i, j]]$，其中：

$a[i, j]$ = True 从 i 到 j 存在通路

$a[i, j]$ = False 从 i 到 j 不存在通路

所以有向图传递闭包算法只需将 Floyd 算法中的算术运算符操作 " + " 用相应的逻辑运算符 "and" 和 "or" 代替就可以了，其算法如下：

```
for k < - - 1 to n do
    for i < - - 1 to n do
        for j < - - 1 to n do
            a[i, j] = a[i, j] or (a[i, k] and a[k, j])
```

最后值得注意的是当 n 很大时输出可能会超过 Comp 类型的范围，所以要使用高精度乘法，这里不再赘述。

例题三 暴力摩托。

Fish 最喜欢玩暴力摩托，一个通宵之后，总算过了全关！正当他为自己的成绩洋洋得意的时候，却发现居然还有一个特别的附加关！Fish 虽然累得眼睛都睁不开了，但是他还是决定再试一试。

这一关与以前的关不同，包含有 N 个站，之间连了 M 条双向的通路，但每条路都规定了一个 Speed 值，在这条路上必须以这个速度前进。所以在前进的时候要频繁地调整速度，这对 Fish 来说是很痛苦的，所以 Fish 决定尽量使调整的幅度小一些，也就是使走过的路的速度最大值与最小值之差最小！

可最近 Fish 由于沉溺在暴力摩托中，已经荒废了编程技术，所以只有请你来帮忙了！

输入文件：

第一行有 2 个正整数 N，M，分别表示站点数、路径数。接下来 M 行，每行有 3 个正整数 X，Y，V 表示 X，Y 之间有一条路，其 Speed 值是 V。再接下来是数 K，表示任务数，下面 K 行，每行有一对正整数 P，Q，表示一个任务从 P 到 Q。

（$1\leqslant n\leqslant200$，$1\leqslant m\leqslant1000$，$1\leqslant K\leqslant10$）

输出文件：

对于每一个任务输出一行，仅一个数，即最大速度与最小速度之差。

输入样例	输出样例
4 4	1
1 2 2	0
2 3 4	
1 4 1	
3 4 2	
2	
1 3	
1 2	

解析：简单的最短路径无法满足题目的要求，因此需要对最短路径算法进行改造。由于求出的路径要求最大值与最小值之差最小，不妨枚举路径的最小值，这样就只要最大值最小了。

方法与技巧：

简单的算法思想如下：

将边按照权值从小到大排序。按权值从小到大枚举边，作为 P 到 Q 的路径的下界。设作为下界的边为 i，令 $G' = G - \{j \in E, c(j) < c(i)\}$，即 G' 是 G 中除去边权小于 i 的边后的残图。在 G' 中寻找一条 P 到 Q 的路径，使这条路径的最大权边的权值最小。寻找这样的路径可以通过修改 dijkstra 来完成：原 dijkstra 算法每次更新 $d[j]$ 值为 $\min\{d[j], d[i] + c[i, j]\}$，在修改后的算法中，每次更新节点的 $d[j]$ 值为 $\min\{d[j], \max\{d[i], c[i, j]\}\}$。

上述算法的时间复杂度为 $O(Kmn^2)$，时间有一点紧张，但可以进行如下的优化：

①设当前求出的最优值为 best，如果在一次 dijkstra 中，枚举边的权值下界为 low，而当前要扩展的顶点为 i，若 $d[i] - low \geq best$，则此次的 dijkstra 就没有必要继续做了。

②设上次 dijkstra 中 P 到 Q 的最优路径中的最小边为 $c[j]$，那么下次 dijkstra 的下界 $c[i]$ 一定大于 $c[j]$。

通过这两个剪枝，计算两个顶点的最优路径就十分快了。

此题基于枚举最小边的算法，还有另一种方法，是利用并查集来实现 P 到 Q 是否连通的判断，算法时间复杂度为 $O(Km^2)$。算法具体的实现方式请读者自行思考。

【解题尝试】

第一题 N（$N \leq 100$）个节点的带权图中可将一条边的权减半，求减哪条边可使从点 1 到 N 的最短路径长度下降最多。

输入文件：

第一行是一个整数 N，表示图中节点的个数。

第二行是 个 $N*N$ 的矩阵，表示节点之间的邻接关系。

输出文件：

第一行输出最简便的两个顶点。

第二行输出此边长度减半后的从 1 到 N 的最短路径长度。

第二题 路由选择问题。

在网络通讯中，经常需要求最短距离。但完全采用最短路径传输有这样一个问题：如果最终在两个终端节点之间给出的最短路径只有一条，则在该路径中的任一个节点或链路出现故障时，信号传输将面临中断的危险。因此，对网络路由选择做了以下的改进：为任意两节点之间通讯提供三条路径供选择，即最短路径、第二最短路径和第三最短路径。

第一最短路径的定义为：给定一个不含负回路的网络 $D = (V, A, W)$，其中 $V = \{V_1, V_2, \cdots, V_n\}$，$A$ 为边的集合，W 为权的集合，设 P_1 是 D 中最短 (V_1, V_n) 路，称 P_1 为 D 中最短 (V_1, V_n) 路径，如果 D 有一条 (V_1, V_n) 路，P_2 满足以下条件：

（1）$P_2 \neq P_1$

（2）D 中不存在异于 P_1 的路 P，使得

（3）$W(P_1) \leqslant W(P) < W(P_2)$

则称 P_2 为 D 的第二最短路径。

第三最短路径的定义为：设 P_2 是 D 中第二最短 (V_1, V_n) 路径，如果 D 中存在有一条 (V_1, V_n) 路 P_3 满足以下条件：

（1）$P_3 \neq P_2$ 且 $P_3 \neq P_1$

（2）D 中不存在异于 P_1，P_2 的路 P，使得

（3）$W(P_2) \leqslant W(P) < W(P_3)$

则称 $P3$ 为 D 的第三最短路径。

现给定一个有 n 个节点的网络，$n \leqslant 30$，求给定两点间的第一、第二和第三最短路径。

输入：

n	s	t	max
M_{11}	M_{12}	$\cdots$	M_{1n}
M_{21}	M_{22}	$\cdots$	M_{2n}
	$\cdots$		
M_{n1}	M_{n2}	$\cdots$	M_{nn}

其中，n 为节点数，S 为起点，T 为终点，max 为一代表无穷大的整数，M_{ij} 描述 i 到 j 的距离，若 $M_{ij} = $ max，则表示从 i 到 j 无直接通路，$M_{ii} = 0$。

输出：三条路径，每条路径占一行，形式为：路径长度（始点，$\cdots$，终点）。

输入输出示例：

输入 INPUT. TXT					输出 OUTPUT. TXT
5	1	5	10000		4 (1, 2, 3, 4, 5)
0	1	3	10000	7	5 (1, 3, 4, 5)
10000	0	1	10000	10000	6 (1, 2, 3, 5)
10000	10000	0	1	4	
10000	10000	10000	0	1	
10000	1	10000	10000	0	

第三题 图的直径。

图的直径是这样定义的：在一个带正权的图中，它的直径是指任意两点之间最短路的最大距离。

8.4.3　拓扑排序

在实际工作中，经常用一个有向图来表示施工的流程图，或产品生产的流程图。一个工作往往可以分为若干个子工程，我们把子工程称为"活动"。在有向图中若以顶点表示"活动"，有向边表示"活动"之间的优先关系，则这样的有向图称为以顶点表示"活动"的网（Activity On Vertex Network），简称为 AOV 网。

在 AOV 网中，若从顶点 i 到顶点 j 之间存在一条有向路径，则称顶点 i 是顶点 j 的前趋，或称 j 是 i 的后继。若 $<i, j>$ 是 AOV 网中一条弧，则称顶点 i 是顶点 j 的直接前趋，或称 j 是 i 的后继。AOV 网中的弧表示了"活动"之间的优先关系，也可以说是一种制约关系。例如：中学生要参加信息学（计算机）奥林匹克竞赛并取得好成绩，我们可以把它看成一个工程，必须要学好几门课程，用图 8－14 的 AOV 网来表示，网中的顶点表示各门课程的学习，有向边表示各门课程之间的制约关系。

课程代号	课程名称	先行课程
C_1	英语基础	无
C_2	数学基础	无
C_3	计算机基础知识	C_1，C_2
C_4	程序设计基础	C_1，C_2
C_5	Pascal 语言程序设计	C_1，C_2，C_3，C_4

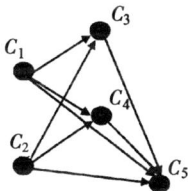

图 8－14　AOV 网示意图

对于一个 AOV 网，构造其所有顶点的线性序列，使此序列不仅保持网中各顶点间原有的先后关系，而且使原来没有先后关系的顶点之间也建立起人为的先后关系。这样的线性序列称为拓扑有序序列。构造 AOV 网的拓扑有序序列的运算称为拓扑排序。

某个 AOV 网，如果它的拓扑有序序列被构造成功，则该网中不存在有向回路，其各子工程可按拓扑有序序列的次序进行安排。显见，一个 AOV 网的拓扑有序序列并不是惟一的。

例如：下面的两个序列都是上图 8－14 所示的 AOV 网的拓扑有序序列。

$(C_1, C_2, C_3, C_4, C_5)$

$(C_1, C_2, C_4, C_3, C_5)$

对 AOV 网进行拓扑排序的方法和步骤是：

（1）在网中选择一个没有前趋的顶点且输出之；

（2）从网中删去该顶点，并且删去从该顶点发出的全部有向边；

○ 解题金钥匙系列·信息学

（3）重复上述两步，直至网中不存在没有前趋的顶点为止。

这样操作的结果有两种：一种是网中全部顶点均被输出，说明网中不存在有向回路，可以进行拓扑排序；另一种是网中顶点未被全部输出，剩余的顶点均有前趋顶点，说明网中存在有向回路，不能够进行拓扑排序。图 8 – 15 中的 AOV 网存在有向回路。

当用计算机进行拓扑排序时，首先要解决 AOV 网的存储结构问题。我们选用邻接链表作为它的存储结构。拓扑排序的 Pascal 语言过程如下：

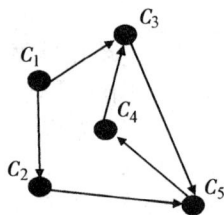

图 8 – 15　网中有回路图

```pascal
procedure toporder ( var al：adjelist；n：integer）；
var
    i，j，k，top：integer；
    q：link；
begin
    top：= 0；
    for i：= 1 to n do
        if al [i] . vex = 0 then
        begin
            al [I] . vex：= top；
            top：= i；
        end；
    i：= 0；
    while top < > 0 do
    begin
        j：= top；
        top：= al [top] . vex；
        write（' – – – V'，J：2）；
        i：= i + 1；
        q：= al [j] . next；
        while q < > nil do
        begin
            k：= q^. vex；
            al [k] . vex：= al [k] . vex – 1；
            if al [k] . vex = 0 then
            begin
                al [k] . vex：= top；
                top：= k；
            end
            q：= q^. next；
        end；
```

```
        writeln;
    end;
    if I < n then writeln ('No!, This network, has a cycle!')
            else writeln ('Yes!');
    end;
```

分析上述程序，如果网中有 n 个顶点，e 条边，则建立邻接链表的执行时间记为 $O(e)$。在拓扑排序过程中，搜索入度为零的顶点的时间为 $O(n)$。当网中不存在有向回路时，每个顶点需进栈一次，共输出 n 次，入度减 1 的运算需进行 e 次。所以，总的执行时间可记为 $O(n+e)$。

【解题钥匙】

例题一 士兵排队。

有 N 名士兵想要按照从高到矮的顺序排队，但并不知道他们的具体身高，仅仅知道他们中的一些高矮关系，如 (A, B) 表示士兵 A 的身高大于士兵 B 的身高。请你为他们给出一个可能的排队方式。

输入文件：

第一行为一个数 N（$N \leqslant 100$），表示士兵的个数。以下若干行，每行有两个数 A，B，表示士兵 A 的身高大于士兵 B 的身高。

输出文件：给出一个合法的排队序列。

解析：此题初看，不知道如何下手，因此不妨先用图将上述身高关系表示出来。图中有 N 个点分别代表 N 个士兵，若已知士兵 A 的身高大于士兵 B 的身高，则在 A，B 间连一条从 A 到 B 的有向边。我们会发现，原问题就是要求此图的一个拓扑排序。

方法与技巧：

数据结构：

```
Map：array [1..MaxN, 1..MaxN] of Byte; {用于记录有向边的情况}

Into：array [1..MaxN] of Byte; {用于记录每个点的入度}

const

Ifn = 'Input. txt';

Ofn = 'Output. txt';

MaxN = 100;

var

Map：array [1..MaxN, 1..MaxN] of Byte;

Into：array [1..MaxN] of Byte;

N：Byte;

Fp：Text;

procedure Init;
    var
        i, j：Byte;
    begin
        Assign (Fp, Ifn); Reset (Fp);
```

```
      Readln (Fp, N);
      Fillchar (Map, Sizeof (Map), 0);
      Fillchar (Into, Sizeof (Into), 0);
      while not SeekEof (Fp) do begin
         Readln (Fp, i, j);
         Map [i, j]: =1;
         Inc (Into [j]);
      end;
      Close (Fp);
   end;
procedure Main;
   var
      i, j, k: Byte;
   begin
      Assign (Fp, Ofn); Rewrite (Fp);
      for i: =1 to N do begin
         j: =1;
         while (j < =N) and (Into [j]  < >0) do Inc (j);
         Write (Fp, j, ' ');
         Into [j]: = $ FF;
         for k: =1 to N do
            if Map [j, k] =1 then Dec (Into [k]);
      end;
      Close (Fp);
   end;
begin
   Init;
   Main;
end.
```

8.5 图的应用

例题一 欧拉路径问题。

编程对给定的一个连通的图，找到一条路径，经过图中每条边一次且仅一次。若存在欧拉路，则输出欧拉路上经过边的顺序，否则输出"NO"。

解析：判断一幅图有没有欧拉路径或欧拉回路是很简单的，有两个不同的规则可用。

（1）当且仅当一幅图是相连的（只要你去掉所有度数为 0 的点）且每个点的度都是偶数，这幅图有欧拉回路；

（2）当且仅当一幅图是相连的且除两点外所有的点的度都是偶数；

（3）在第二种情况中，那两个度为奇数的节点一个为起点，剩下的一个是终点。

方法与技巧：

一个解决此类问题基本的想法是从某个节点开始，然后查出一个从这个点出发回到这个点的环路径。现在，环已经建立，这种方法保证每个点都被遍历。如果有某个点的边没有被遍历就让这个点为起点，这条边为起始边，把它和当前的环衔接上，这样直至所有的边都被遍历。这样，整个图就被连接到一起了。

更正式地说，要找出欧拉路径，就要循环地找出出发点。按以下步骤：

（1）任取一个起点，开始下面的步骤。

（2）如果该点没有相连的点，就将该点加进路径中然后返回。

（3）如果该点有相连的点，就列一张相连点的表然后遍历它们，直到该点没有相连的点。（遍历一个点，删除一个点。）

（4）处理当前的点，删除和这个点相连的边，在它相邻的点上重复上面的步骤，把当前这个点加入路径中。

下面是算法框架：

procedure Find_ circuit （节点 u）；

当节点 u 有邻居时选择任意一个邻居 v

删除（u，v）

Find_ circuit （节点 v）

circuit ⌊circuitpos⌋ = 节点 v

circuitpos：= circuitpos + 1

要找欧拉路径，只要简单地找出一个度为奇数的节点，然后调用 find_ circuit 就可以了。这两个算法的效率都是 $O (m + n)$，m 是边数，n 是节点数。

例题二 maintain （IOI2003 试题）。

农夫约翰的牛群希望在农场的 N（$1 \leqslant N \leqslant 200$）块连续编号、被森林分割的草场上自由地走来走去。牛群希望在每两块草场之间维护一定的通路，使之能够从一块草场走到其他任意一块草场。牛群可以沿着路径的任一方向行走。

牛群并不建造这些通路，它们只是维护所发现的野生动物踩出来的小道。每一周，它们都可以选择维护任意一些或全部已知的小道。

牛群每一周的开始会发现一条新的野生动物踩出来的小道。它们需要决定该周内需要维护的小道的集合，以便能够从一块草场走到其他任意一块草场。牛群只能使用它们当前维护的小道。

牛群总想把必须维护的道路总长度减到最小。牛群可以选择维护已知的这些小道的任意子集，而不必考虑上一周维护过哪些路径。野生动物踩出来的小道，即使经过维护，也绝非笔直。连接两块相同草场的两条小道的长度也可能不相同。即使两条小道相交，牛群也不会从一条道转换到另一条道，除非它们在草场上。

在每一周的开始，牛群将要描述它们发现的野生动物小道。你的程序必须输出牛群在这一周内必须维护的能够使它们从 块草场走到其他任意一块草场小道集合的最短长度，如果这一集合存在的话。

输入：标准输入

（1）输入的第一行包含两个由空格分隔的整数 N 和 W。W 是程序要处理的总周数（$1 \leqslant W \leqslant 6000$）。

（2）对于每一周，读入一行。该行描述被发现的野生动物踏出的小道。该行包含三个由空格分隔的整数，分别说明小道的端点所在的草场的编号和长度的整数值（1…10000）。没有任何一条小道的两个端点都处在同一块草场上。

输出：标准输出

一旦你的程序得知了一条新发现的小道，应该立即输出一个包含牛群必须维护以便它们能够从一块草场走到其他任意一块草场小道集合的最短长度。如果不存在这样的集合，则输出 -1。

解析：根据题意，程序应该完成以下三个任务：

（1）判断图中是否存在最小生成树。只要图是连通的，就会存在生成树，而生成树中最小的即为最小生成树。因此问题转化为判断图是否连通，这可以用并查集在 $O(N+W)$ 的时间内实现。

（2）在图连通后求出最小生成树。这是基本的图论问题，可以用 Prim 算法或 Kruskal 算法实现。如果采用不加任何优化的 Prim 算法，时间复杂度为 $O(N^2)$。

（3）在求出最小生成树后用添加的边更新最小生成树。这是算法最主要的部分，在下面会进行详细分析。

方法与技巧：

如果在每次添加边后用堆优化的 Prim 算法重新求最小生成树，总时间复杂度会达到 $O(WN\log N + W^2\log N)$，并且还有着较大的常数项。这在题目给定的数据范围与时间限制下是无法承受的。

让我们仔细分析问题。可以发现，添加一条新边后的图比原图只多一条边，最小生成树的差异应该也不会很大。因此我们得到一个猜想：对于任意图 G，设 T 为 G 图的一棵最小生成树，新添加一条边 $\langle u, v \rangle$，则 $G + \langle u, v \rangle$ 的最小生成树各边权值和等于 $T + <u, v>$ 的最小生成树各边权值和。

证明：

含 N 个点的最小生成树 T 有 $N-1$ 条边。若在原图中存在边 $<u, v>$，则 $<u, v>$ 与 T 的某个子图必形成一个环，环上权值最大的边必为 $<u, v>$。否则用 $<u, v>$ 替换环上比它权值大的边，不影响生成树的连通性，却使得各边的权值和变小，与 T 为最小生成树矛盾。

若命题不成立，即 $G + <u, v>$ 的最小生成树各边权值和小于 $T + <u, v>$ 的最小生成树各边权值和，则 $G + <u, v>$ 的所有最小生成树必含边 $<u, v>$，否则与 T 为图 G 的最小生成树矛盾。计从树 T 中 u 到 v 路径上边的集合为 Path，边 e 是 Path 集合中权值最大的一条边。

（1）当 $e \leqslant <u, v>$ 时，e 与 $<u, v>$ 处在同一圈内，因此用 e 替换 $<u, v>$ 得到生成树各边的权值和变小或不变，$<u, v>$ 不一定是最小生成树的边，与假设矛盾。

（2）当 $e > <u, v>$ 时，e 将被 $<u, v>$ 替换，而图 G 中没有任何边可以替换 e，当然也没有边可以替换权值更小的 $<u, v>$，因此 $T + <u, v> - e$ 是 $G + <u, v>$ 的最小生成树。

综上可知，$G + <u, v>$ 的最小生成树各边权值和等于 $T + <u, v>$ 的最小生成树各边权值和。

由证明可知，在每次添加新边后 $<u, v>$，只需求 $T + <u, v>$ 的最小生成树。由于 $T + <u, v>$ 中有且仅有一个环（可能为自环），把环中权值最大的边删除即得到新的最小生成树。可以通过深度优先遍历图来找环，每次操作的时间复杂度为 $O(N)$。结合以上分析，可以得到以下算法：

Step1：读入并添加一条新边。

Step2：判断图是否连通，若否则输出 -1 并转 1。

Step3：判断添边前是否存在最小生成树，若是则转 5。

Step4：使用 Prim 算法求出最小生成树，转 6。

Step5：使用深度优先遍历更新最小生成树。

Step6：输出当前最小生成树的权值和，若处理完所有的边则退出，否则转 1。

算法的总时间复杂度取决于对最小生成树的更新，为 $O(NW + N^2)$。

例题三 出纳员的雇佣。

Tehran 的一家每天 24 小时营业的超市，需要一批出纳员来满足它的需要。超市经理雇佣你来帮他解决他的问题——超市在每天的不同时段需要不同数目的出纳员（例如：午夜只需一小批，而下午则需要很多）来为顾客提供优质服务。他希望雇佣最少数目的出纳员。

经理已经提供你一天的每一小时需要出纳员的最少数量——R_0，R_1，…，R_{23}。R_0 表示从午夜到上午 1：00 需要出纳员的最少数目，R_1 表示上午 1：00 到 2：00 之间需要的，等等。每一天，这些数据都是相同的。有 N 人申请这项工作，每个申请者 I 在每 24 小时中，从一个特定的时刻开始连续工作恰好 8 小时，定义 t_i（$0 \leqslant t_i \leqslant 23$）为上面提到的开始时刻，也就是说，如果第 I 个申请者被录取，他（她）将从 t_i 时刻开始连续工作 8 小时。你将编写一个程序，输入 R_i（$I = 0..23$）和 t_i（$I = 1..N$），它们都是非负整数，计算为满足上述限制需要雇佣的最少出纳员数。在每一时刻可以有比对应的 R_i 更多的出纳员在工作。

输入文件：

输入文件的第一行为 24 个整数，表示 R_0，R_1，…，R_{23}（$R_i \leqslant 1000$）。接下来一行是 N，表示申请者数目（$0 \leqslant N \leqslant 1000$），接下来每行包含一个整数 t_i（$0 \leqslant t_i \leqslant 23$）。

输出文件：

对于每个测试点，输出只有一行，包含一个整数，表示需要出纳员的最少数目。如果无解，你应当输出"No Solution"。

解析：初看本题，很容易使人往贪心、动态规划或网络流这些方面思考，但这些算法对于本题都无能为力。

方法与技巧：

由于本题的约束条件很多，为了理清思路，我们先把题目中的约束条件用数学语言表达出来。设 S_i 表示 $0 \sim i$ 时刻雇佣出纳员的总数，W_i 表示在时刻 i 开始工作的申请者的人数。那么我们可以将题目中的约束条件转化为下面的不等式组：

$$\begin{cases} 0 \leqslant S_i - S_{i-1} \leqslant W_i \\ S_i - S_{i-8} \leqslant R_i \\ S_{23} - S_i - S_{i+16} \leqslant R_i \end{cases} \quad \begin{cases} 0 \leqslant i \leqslant 23 \\ 8 \leqslant i \leqslant 23 \\ 0 \leqslant i \leqslant 7 \end{cases}$$

这样的不等式组，不禁使我们想到了差分约束系统。对于每条不等式 $S_i - S_j \leqslant K$，从顶点 j 向顶点 i 引一条权值为 K 的有向边。我们要求的 S_{23} 的最小值，只要求顶点 0 到顶点 23 的最短路。但是注意上面第三条不等式：它包含三个未知数，无法在图中表示为边的关系。

思考到这一步，似乎陷入了僵局。难道本题不能用差分约束系统解决吗？不，我们还需要一些转化。退一步海阔天空，如果把 S_{23} 作为未知数，那是肯定做不下去的。但是如果把 S_{23} 作为已知数，那么第三条不等式就只有两个未知数 S_i，S_{i+16}，我们从顶点 $i+16$ 向顶点 i（$0 \leqslant i \leqslant 7$）引一条权值为 $R_i - S_{23}$ 的边。

那么，该不等式组可以完全转化为一个有向图，未知数 S_i 的解，就是图中顶点 0 到顶点 i 的最短路。而当图中存在负权回路时，不等式组无解。上面的解法是把 S_{23} 当成了已知数，而实际上 S_{23} 不但是未知的，而且正是我们要求的。怎么办？我们可以用二分法枚举 S_{23} 的值，逐步缩小范围，用迭代法判断是否存在负权回路（判定可行性）。如果当 S_{23} 取到 N 仍不可行，则输出 "No Solution"，否则输出 S_{23} 的最小值。时间复杂性为 $O(243 * \log 2N)$。

这样题目就完全转化成了一个图论问题。用经典的 Bellman_ Ford 算法判断是否存在负权回路。Bellman_ Ford 算法其实就是一种迭代算法，图中的点不需要存在拓扑序列，只要满足没有负权回路，对于节点 v_i，用 l_i 表示当前从源点到该点的最短距离长度，每次都更新它的子节点。由于一次更新至少能确定一个点，所以在 $n-1$ 次更新后 n 个点的值应该都确定了，如果在第 n 次迭代后仍然有节点的 l_i 值被更新，那么就可以得知图中含有负权回路，否则 l_i 就是从源点到该点的最短路径长度。

下面给出 Bellman_ Ford 的算法描述：

Bellman_ Ford（G, S）

    For I ← 1 to n do li ← ∞

    ls ← 0

    Count ← 0

    repeat

      more ← false

      count ← count + 1

      for i ← 1 to n do

        for j ← 1 to n do

          if $l_i + g_{i,j} < l_j$ then

            l_j ← $l_i + g_{i, j}$

            more ← true

    until not more or（count ＝ n）

    if more then return（no solution）else return（L）

例题四 图像重叠。

看下面的五张 9 × 8 的图像：

```
.........      .........      .........      .........      . CCC…
EEEEEE..      .........      .........      . . BBBB. .      . C. C…. .
E…. E. .      DDDDDD. .      .........      . . B. . B. .      . C. C…. .
E…. E. .      D…. D. .      .........      . . B. . B. .      . CCC…. .
E…. E. .      D…. D. .      …. AAAA      . . B. . B. .      .........
E…. E. .      D…. D. .      …. A. . A      . . BBBB. .      .........
E…. E. .      DDDDDD. .      …. A. . A      .........      .........
E…. E. .      .........      …. AAAA      .........      .........
EEEEEE..      .........      .........      .........      .........
    1              2              3              4              5
```

现在，把这些图像按照 1~5 的编号从下到上重叠，第 1 张在最下面，第 5 张在最顶端。如果一张图像覆盖了另外一张图像，那么底下的图像的一部分就变得不可见了。我们得到下面的图像：

```
. CCC….
ECBCBB. .
DCBCDB. .
DCCC. B. .
D. B. ABAA
D. BBBB. A
DDDDAD. A
E…AAAA
EEEEEE. .
```

对于这样一张图像，计算构成这张图像的矩形图像从底部到顶端堆叠的顺序。

下面是这道题目的规则：

矩形的边的宽度为 1 ，每条边的长度都不小于 3 。

矩形的每条边中，至少有一部分是可见的。注意，一个角同时属于两条边。

矩形用大写字母表示，并且每个矩形的表示符号都不相同。

输入文件格式：

第一行	两个用空格分开的整数. 图像高 H（$3 \leq H \leq 30$）和图像宽 W（$3 \leq W \leq 30$）。
第二行到第 $H+1$ 行	H 行，每行 W 个字母。

输出文件格式：

按照自底向上的顺序输出字母。如果有不止一种情况，按照字典顺序输出每一种情况（至少会有一种合法的顺序）。

输入输出样例：

输入文件	输出文件
9 8 CCC…. ECBCBB. . DCBCDB. . DCCC. B. . D. B. ABAA D. BBBB. A DDDDAD. A E…AAAA EEEEEE. .	EDABC

解析：首先考虑如何判断一个图像的位置和边长。注意到题目给出的条件：矩形的边的宽度

为 1，每条边的长度都不小于 3；矩形的每条边中，至少有一部分是可见的。因此对于一个图像，只需要计算出其对应字母出现位置的 x，y 坐标的最小和最大值，便可以确定图像的位置和边长。

方法与技巧：

判断两个图像之间的关系，如果两个图像的位置不重叠，那么就无法判断上下之间的关系。如果两个图像的位置重叠，只需要判断在重叠的位置上，哪个能够看见，那么能看见的一定在上面。因此可以直接判断一些图像之间的上下关系：对于一个图像的边框上，如果是其他字母，那么这些字母代表的图像的位置一定在这些图像的位置之上。

由此根据两个图像上下关系可以建立一个有向图。如果 u 在 v 的上面，则连接一条 u 到 v 的边。在构建的有向图中只需要进行一次拓扑排序，就可以得到所有图像的叠放顺序了。

因此总的时间复杂度为 $O(HW+n(H+W))$，其中 n 为图像的个数。

9　动态规划

　　动态规划是一种重要的程序设计思想，具有广泛的应用价值。使用动态规划思想来设计算法，对于不少问题往往具有高时效，因而，对于能够使用动态规划思想来解决的问题，使用动态规划是比较明智的选择。

　　动态规划是解决多阶段决策最优化问题的一种思想方法。所谓"动态"，指的是在问题的多阶段决策中，按某一顺序，根据每一步所选决策的不同，将随即引起状态的转移，最终在变化的状态中产生一个决策序列。动态规划就是为了使产生的决策序列在符合某种条件下达到最优。动态规划思想近年来在各类型信息学竞赛中频繁出现，它的应用也越来越受人重视。因此，如何更深入地了解动态规划，从而更为有效地运用这个解题的有力武器，是一个值得深入研究的问题。

9.1　动态规划的本质

【学习目标】

　　能够用动态规划解决的问题，往往是最优化问题，且问题的最优解的局部往往是局部问题在相应条件下的最优解，而且问题的最优解与其子问题的最优解有一定的关联，能建立递推关系。子问题一般是互相重叠的，即很多不同的问题共享相同的子问题，即可利用动态规划减少重复计算。（如果子问题不重叠，则宜使用其他方法，如分治法等。）

　　动态规划一般可以通过两种手段比较高效地实现。其一是通过自顶向下记忆化的方法，即通过递归或不递归的手段，将对问题最优解的求解，归结为求其子问题的最优解，并将计算过的结果记录下来，从而实现结果的共享；另一种手段，也就是最主要的手段，通过自底向上的递推的方式。动态规划之所以具有高时效，是因为它在将问题规模不断减小的同时，有效地把解记录下来，从而避免了反复解同一个子问题的现象，因而只要运用得当，较之搜索而言，效率就会有很大的提高。

　　动态规划的思想，为我们解决与重叠子问题相关的最优化问题提供了一个思考方向：通过迭代考虑子问题，将问题规模减小而最终解决问题。适于用动态规划解决的问题，是十分广泛的。动态规划的思想本身是重要的，但更重要的是面对具体问题的具体分析。要分析问题是否具备使用动态规划的条件，确定使用动态规划解题的子问题空间和递推关系式等，以及在时空限制下实现这些算法。

【解题钥匙】

　　例题一　城市交通。

　　图 9 - 1 中给出了一个城市间的交通地图，地图中每个顶点代表一个城市，两个城市间的连线代表道路，连线上的数值代表道路的长度。现在，我们想从城市 A 到达城市 E，怎样走路程最短，最短路程的长度是多少？

　　解析：假设

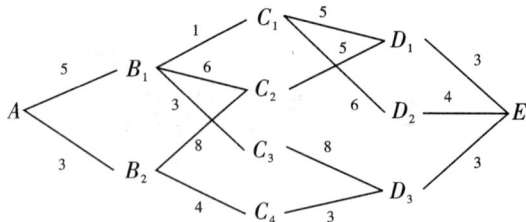

图 9-1 交通示意图

Dis [X] 为城市 X 到 E 的最短路线的长度（X 表示任意一个城市）。

Map [I, J] 表示 I, J 两个城市间的距离，若 Map [I, J] =0，则两个城市不连通。

这个问题我们可以用搜索法来做，程序很容易写出来：

```
var
        Se：未访问的城市集合；
    function Long（Who：当前访问城市）：Integer；：求当前访问城市与城市 E 的最短距离。
    begin
        if Who = E Then Search：=0
        else Begin
            min：= Maxint；
            for I 取遍所有城市 Do
                if（Map［Who, I］>0）And（I In Se）Then
                begin
                    Se：= Se –［I］；
                    J：= Map［Who, I］+ Long（I）；
                    Se：= Se +［I］；
                    if J < Min Then Min：= J；
                end；
            long：= Min；
        end；
    end；
begin
    Se：=除 A 外所有城市的集合；
    Dis［A］：= Long（A）；
end.
```

这个程序的效率如何呢？我们可以看到，每次除了已经访问过的城市外，其他城市都要访问，所以时间复杂度为 O（N!），这是一个"指数级"的算法，那么，还有没有更好的算法呢？

首先，我们来观察一下这个算法。在求从 B_1 到 E 的最短路径的时候，先求出从 C_2 到 E 的最短路径；而在求从 B_2 到 E 的最短路径的时候，又求了一遍从 C_2 到 E 的最短路径。也就是说，从 C_2 到 E 的最短路径我们求了两遍。同样可以发现，在求从 C_1、C_2 到 E 的最短路径的过程中，从 D_1 到 E 的最短路径也被求了两遍。而在整个程序中，从 D_1 到 E 的最短路径被求了四遍，这是多么大的一个浪费啊！如果在求解的过程中，同时将求得的最短路径的距离"记录在案"，随时调用，那会是多么方便啊！

于是，一个新的思路诞生了，即：由后往前依次推出每个 Dis 值，直到推出 Dis[A] 为止。这个思路的确很好。但究竟什么是"由后往前"呢？

所谓"后"、"前"是我们自己为城市编的序号，当两个城市 I，J 的前后顺序定为 I"前"J"后"时，必须满足这个条件：

或者 I，J 不连通，或者 Dis[I] + Map[I，J] ≥ Dis[J]。

因为如果 I，J 连通且 Dis[I] + Map[I，J] < Dis[J]，则说明 Dis[J] 存在更优的情况，可 J 位于 I 后，就不可能推出此情况，会影响最后的解。那么，我们如何划分先后次序呢？

如图 9－2 所示，可以用阶段表示每个城市的次序，因为阶段的划分有如下性质：

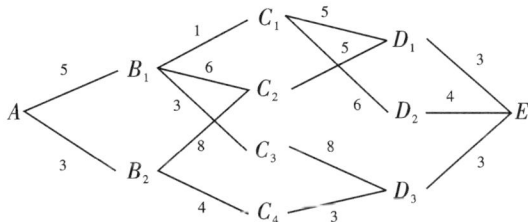

图 9－2 划分阶段示意图

（1）阶段 I 的取值只与阶段 I+1 有关，阶段 I 的取值只对阶段 I-1 的取值产生影响；

（2）每个阶段的顺序是确定的，不可以调换任两个阶段顺序。

通过这两个性质，可以推出阶段作为"前"、"后"顺序满足刚才提出的条件，所以我们可以用阶段作为每个城市的次序，然后从阶段 3 倒推至阶段 1，再推出 Dis[A]。

公式：Dis[X] = Min{Dis[Y]：Y 是下一个阶段中与 X 相连通的城市}

注：可以把 E 看成第 4 个阶段，A 看成第 0 个阶段。

这就是动态规划算法，时间复杂度比搜索算法的复杂度要优得多。

参考程序：

```
program dis
const
    max              =300;                {最多的城市数}
    inputfile        = 'input. Txt';      {输入文件名}
    outputfile       = 'output. Txt';     {输出文件名}
    big              =1000000;            {最大整数}
type
    maps             = Array [1.. Max] Of Integer;    {地图类型说明}
var
    so               : Set Of Byte;       {未访问过的城市集合}
    map              : Array [1.. Max] Of maps;       {地图变量}
    dis              : Array [1.. Max] Of Longint;    {某城市到终点城市的最短距离}
    fr               : Array [1.. Max] Of Byte;       {动态规划的标识数组}
```

```
    bo                        : Array [1.. Max] Of Boolean;      {访问过城市标识}
    N, M                      : Integer;                          {输入数据}
    F                         : Text;                             {文件变量}
procedure Init;              {初始化过程}
var
    I, J, K, W : Integer;
begin
    assign (F, Inputfile);  {读入数据}
      reset (F);
      readln (F, N, M);
      for I：=1 To N Do
        begin
           fillchar (Map [I], Sizeof (Map [I]), 0);
        end;
      for I：=1 To M Do
        begin
           readln (F, J, K, W);
           Map [J] [K]：=W;
        end;
    Close (F);
end;
procedure Main;              {"动态规划"递推过程}
    var
I, J, Who : Integer;
      Min : Longint;        {当前最小值}
    begin
      Dis [N]：=0;          {初始化动态规划数组}
      Who：=N;
      Fillchar (Fr, Sizeof (Fr), 0);
      Fillchar (Bo, Sizeof (Bo), True);
      Bo [N]：=False;
      while Who <>1 Do
      begin
        for I：=1 To N Do{利用"状态转移方程"递推结果}
          if Map [I] [Who] >0 Then
            if (Fr [I] =0) Or (Dis [I] >Dis [Who] +Map [I] [Who]) Then
              begin
              dis [I]：=Dis [Who] +Map [I] [Who];
              Fr [I]：=Who;
```

```
                end;
            Min：＝Big；
            for I：＝1 To N Do
               if Bo［I］And（Fr［I］＞0）And（Dis［I］＜Min）Then
                begin
                    Who：＝I；
                    Min：＝Dis［I］；
                end；
            Bo［Who］：＝False；
        end；
end；
procedure Print；           ｛输出结果｝
   var
   I：Integer；
   begin
       Assign（F，Outputfile）；
       Rewrite（F）；
         writeln（F，Dis［1］）；
         I：＝1；
         while I＜＞N Do Begin
            write（F，I，' '）；
            I：＝Fr［I］；
         end；
         writeln（F，N）；
      Close（F）；
      end；
begin
     Init；｛输入｝
     Main；｛求解｝
     Print；｛输出｝
end.
```

例题二 数字三角形。

如下所示的一个数字三角形：

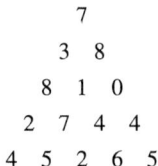

```
        7
       3 8
      8 1 0
     2 7 4 4
    4 5 2 6 5
```

请编写一个程序计算从顶至底的某处的一条路径，使该路径所经过的数字的总和最大。

每一步可沿直线向下或右斜线向下走。

0 < 三角形个数 < 100。

三角形中的数字为整数 0，1，…，99。

输入：

输入文件第一行为一个自然数，表示数字三角形的行数 n，接下来的 n 行表示一个数字三角形。

输出：

输出文件仅有一行包含一个整数（表示要求的最大总和）。

解析：假设从顶至数字三角形的某一位置的所有路径中，所经过的数字总和最大的那条路径称之为该路径的最大路径。由于问题规定每一步只能沿直线或右斜线向下走，若要走到某一位置，则其前一位置必为其左上方或正上方两个位置之一。由此可知，当前位置的最优路径必定与其左上方或正上方两个位置的最优路径有关，且来自于其中更优的一个。

我们以每行状态作为一个阶段，由第一行推出第二行，再推出第三行……最后即可得到答案。算法的时间复杂度为 O（N^2）。

参考程序：

```pascal
program triple
const
    fin = 'input. txt';
    fon = 'output. txt';
    maxn = 100;
var
    f, a : array [1. . maxn, 1. . maxn] of integer;
    n : integer;
procedure init;
var
    i, j : integer;
begin
  assign (input, fin); reset (input);
  readln (n);
  for i : = 1 to n do
    for j : = 1 to i do
      read (a [i, j]);
  close (input);
end;
procedure main;
var
  i, j : integer;
```

```
begin
  f [1, 1] : = a [1, 1];
  for i : = 2 to n do
  begin
  f [i, 1] : = f [i - 1, 1] + a [i, 1];
    for j : = 2 to i do
      if f [i - 1, j] > f [i - 1, j - 1] then f [i, j] : = f [i - 1, j] + a [i, j]
      else f [i, j] : = f [i - 1, j - 1] + a [i, j];
  end;
end;
procedure print;
var
  i, ans : integer;
begin
  ans : = 0;
  for i : = 1 to n do
    if f [n, i] > ans then ans : = f [n, i];
  assign (output, fon); rewrite (output);
  writeln (ans);
  close (input);
end;
begin
  init;
  main;
  print;
end.
```

【解题尝试】

第一题 打鼹鼠。

鼹鼠是一种很喜欢挖洞的动物，但每过一定的时间，它还是喜欢把头探出地面来透透气的。根据这个特点阿牛编写了一个打鼹鼠的游戏：在一个 $n * n$ 的网格中，在某些时刻鼹鼠会在某一个网格探出头来透透气。你可以控制一个机器人来打鼹鼠，如果 i 时刻鼹鼠在某个网格中出现，而机器人也处于同一网格的话，那么这个鼹鼠就会被机器人打死。而机器人每一时刻只能够移动一格或停留在原地不动。机器人的移动是指从当前所处的网格移向相邻的网格，即从坐标为 (i, j) 的网格移向 $(i-1, j)$，$(i+1, j)$，$(i, j-1)$，$(i, j+1)$ 四个网格，机器人不能走出整个 $n * n$ 的网格。游戏开始时，你可以自由选定机器人的初始位置。

现在知道在一段时间内，鼹鼠出现的时间和地点，请编写一个程序使机器人在这一段时间内打死尽可能多的鼹鼠。

输入格式：

文件第一行为 n（$n \leq 1000$），m（$m \leq 10000$），其中 m 表示在这一段时间内出现的鼹鼠的个数，接下来的 m 行中每行有三个数据 time，x，y 表示有一只鼹鼠在游戏开始后 time 个时刻，在第 x 行第 y 个网格里出现了一只鼹鼠。time 按递增的顺序给出。注意同一时刻可能出现多只鼹鼠，但同一时刻同一地点只可能出现一只鼹鼠。

输出格式：

仅包含一个正整数，表示被打死鼹鼠的最大数目。

样例输入：

2 2
1 1 1
2 2 2

样例输出：

1

第二题 最大连续子序列。

给出一个长度为 n 的整数序列 A，找出 i，j（$1 \leq i \leq j \leq n$），使得 $\sum\limits_{k=i}^{j} A_k$ 最大。

输入格式

第一行包含一个正整数 n（$n < 100000$），第二行包含 n 个正整数，即描述该序列 A。

输出格式

仅一个数 S，即 $\sum\limits_{k=i}^{j} A_k$。

样例输入：

6
3 -5 2 4 -1 6

样例输出：

11

9.2 动态规划算法的基本步骤

【学习目标】

设计一个动态规划算法，通常可以按以下几个步骤进行：

划分阶段：按照问题的时间或空间特征，把问题分为若干个阶段。注意这若干个阶段一定要是有序的或者是可排序的，否则问题就无法求解。

选择状态：将问题发展到各个阶段时所处的各种客观情况用不同的状态表示出来。当然，状态的选择要满足无后效性。

确定决策并写出状态转移方程：之所以把这两步放在一起，是因为决策和状态转移有着天然的联系，状态转移就是根据上一阶段的状态和决策来导出本阶段的状态。所以，如果我们确定了决策，状态转移方程也就写出来了。但事实上，我们常常是反过来做，根据相邻两段的各状态之间的关系来确定决策。

写出规划方程（包括边界条件）：在第一部分中，我们已经给出了规划方程的通用形式化表达式。一般说来，只要阶段、状态、决策和状态转移确定了，这一步还是比较简单的。

动态规划的主要难点在于理论上的设计，一旦设计完成，实现部分就会非常简单。大体上的框架如下：

对 $f_1(s_1)$ 初始化（边界条件）				
for $k < --2$ to n（这里以顺序求解为例）				
	对每一个 $s_k \in S_k$			
		$f_k(s_k) \leftarrow$ 一个极值（∞ 或 $-\infty$）		
		对每一个 $u_k(s_k) \in D_k(s_k)$		
			$s_{k-1} \leftarrow T_k(s_k, u_k)$	
			$t \leftarrow g(f_{k-1}(s_{k-1}), u_k)$	
			y　　　　t 比 $f_k(s_k)$ 更优　　　　n	
			$f_k(s_k) \leftarrow t$	
输出 $f_n(sn)$				

这个 $N-S$ 图虽然不能代表全部，但是可以概括大多数。少数的一些特殊的动态规划，其实现的原理也类似，可以类比出来。我们到现在对动态规划的分析，主要是在理论上、设计上，原因也就在此。

掌握了动态规划的模式性，我们在用动态规划解题时就可以把主要的精力放在理论的设计上，一旦设计成熟，问题也就基本上解决了，而且在设计算法时也可以按部就班地进行。

但是"物极必反"，太过拘泥于模式就会限制我们的思维，扼杀优良算法思想的产生。我们在解题时，不妨发挥一下创造性，去突破动态规划的实现模式，这样往往会收到意想不到的效果。

【解题钥匙】

例题一 街道问题。

如图 9-3 所示的一个 $n*m$ 的矩形，每条边上都有一个权值，表示路径长度。找出从左下角到右上角的最短路径，每步只能向右方或上方走。

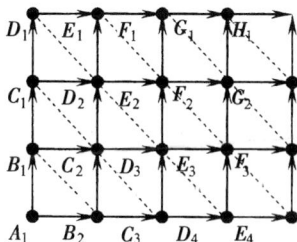

图 9-3 矩形图

解析：这是一道简单而又典型的动态规划题，许多介绍动态规划的书与文章都拿它来做例子。

最容易想到的方法是这样的：

按照图 9 - 3 中的虚线来划分阶段，即阶段变量 k 表示走过的步数，而状态变量 s_k 表示当前处于这一阶段上的哪一点（各点所对应的阶段和状态已经用 k_s 在地图上标明），这时的模型实际上已经转化成了一个特殊的多段图。用决策变量 $u_k = 0$ 表示向右走，$u_k = 1$ 表示向上走，则状态转移方程如下：

$$s_{k-1} = \begin{cases} s_k - 1 + u_k & (k \leqslant \mathrm{row}) \\ s_k + u_k & (k > \mathrm{row}) \end{cases}$$

（这里的 row 是地图竖直方向的行数。）

我们看到，这个状态转移方程需要根据 k 的取值分两种情况讨论，显得比较麻烦。相应地，把它代入规划方程而付诸实现时，算法也有点繁。因而我们在实现时，一般是不会这么做的，而代之以下面方法：

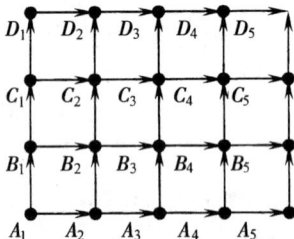

方法与技巧：

将地图中的点规则地编号如上，得到的规划方程如下：

$$f_{i,j} = \min \begin{cases} f_{i-1,j} + \mathrm{Distance}_{(i-1,j),(i,j)} \\ f_{i,j-1} + \mathrm{Distance}_{(i,j-1),(i,j)} \end{cases}$$

（这里 Distance 表示相邻两点间的边长。）

这样做确实要比上面的方法简单多了，但是它已经破坏了动态规划的本来面目，而不存在明确的阶段特征了。如果说这种方法是以地图中的行（A、B、C、D）来划分阶段的话，那么它的"状态转移"就不全是在两个阶段之间进行了。

也许这没什么大不了的，因为实践比理论更有说服力。但是，如果我们把题目扩展一下：在地图中找出从左下角到右上角的两条路径，两条路径中的任何一条边都不能重叠，并且要求两条路径的总长度最短。这时，再用这种"简单"方法就不太好办了。

如果非得套用这种方法的话，则最优指标函数就需要有四维的下标，并且难以处理两条路径"不能重叠"的问题。

而我们回到原先"标准"的动态规划法，就会发现这个问题很好解决，只需要加一维状态变量就成了，即用 $s_k = (a_k, b_k)$ 分别表示两条路径走到阶段 k 时所处的位置，相应地，决策变量也增加一维，用 $u_k = (x_k, y_k)$ 分别表示两条路径的行走方向。状态转移时将两条路径分别考虑：

$$\begin{cases} (k \leqslant \mathrm{row}) & \begin{cases} a_{k-1} = a_k - 1 + x_k \\ b_{k-1} = b_k - 1 + y_k \end{cases} \\ (k > \mathrm{row}) & \begin{cases} a_{k-1} = a_k + x_k \\ b_{k-1} = b_k + y_k \end{cases} \end{cases}$$

在写规划方程时，只要对两条路径走到同一个点的情况稍微处理一下，减少可选的决策个数：

$$f_k\ (s_k) = \begin{cases} \min\limits_{u_k=(0,1),(1,0)} (f_{k-1}\ (T_k\ (s_k,\ u_k))\ +两边边长), & a_k = b_k \\ \min\limits_{u_k=(0,0),(0,1),(1,0),(1,1)} (f_{k-1}\ (T_k\ (s_k,\ u_k))\ +两边边长), & a_k \neq b_k \end{cases}$$

从这个例子中可以总结出设计动态规划算法的一个技巧：状态转移一般是在相邻的两个阶段之间（有时也可以在不相邻的两个阶段间），也可以在同一个阶段内进行，但需要特别注意其先后关系。

参考程序：

program minline

这里给出求两条不重叠的最短路径的程序：

```
Const
    MaxSize = 90；{地图的最大尺寸}
type
    TPlanarArr = array [1..MaxSize, 1..MaxSize] of integer；
var
    Row，Col：byte；{地图的行数和列数}
    Best，B1：TPlanarArr；{动态规划中本阶段和上阶段的最优指标函数}
    Street：array [0..1] of TPlanarArr；{地图中横向和纵向的边}
procedure ReadIn；{读入}
var
    i，j：byte；
begin
    reset (input)；
    readln (Row，Col)；
    for i：= 1 to Row do
    begin
        for j：= 1 to Col - 1 do
            read (Street [0，i，j])；
        readln；
    end；
    for j：= 1 to Col do
    begin
        for i：= 1 to Row - 1 do
            read (Street [1，i，j])；
        readln；
    end；
    close (input)；
end；
procedure Work；{规划过程，和文章中不同，这里是逆序求解}
```

```
var
    k,                {阶段}
    s1, s2,           {状态（二维）}
    u1, u2,           {决策（二维）}
    t1, t2,           {由 s 和 t 导出的上阶段的状态（二维）}
    m,                {本阶段的状态总数}
    m1, m2    : byte; {Row 和 Col 当中较小的数和较大的数}
    e1, e2    : integer; {u1, u2 对应的两条边长}
function GetET（s, u：byte；var e：integer；var t：byte）：boolean；{求 e, t}
    begin
        GetET：= false；
        if（k > = Row）and（s = 1）and（u = 1）or
              （k > = Col）and（s = m）and（u = 0）then
                exit；{判断越界}
        GetET：= true；
        if k < Row {根据 k 分两种情况}
        then begin
            e：= Street［u，k + 1 - s，s］；
            t：= s + 1 - u；
        end；
        else begin
            e：= Street［u，Row + 1 - s，k - Row + s］；
            t：= s - u；
        end；
    end；
begin
    if Row < Col
    then begin
        m1：= Row；m2：= Col；
    end
    else begin
        m1：= Col；m2：= Row；
    end；
    Best［1，1］：= 0；
    for k：= Row + Col - 2 downto 1 do {逆序求解}
    begin
        if k < m1
        then m：= k
        else if k > m2
```

```
                    then m：= Row + Col － k
                    else m：= m1；
        B1：= Best；
        for s1：= 1 to m do
            for s2：= 1 to m do
            begin
                Best［s1，s2］：= ＄7000；｛初始化为一个较大的数｝
                for u1：= 0 to 1 do
                    if GetET（s1，u1，e1，t1）then
                        for u2：= 0 to 1 do
                        if（（s1 ＜ ＞ s2）or（u1 ＜ ＞ u2））and
                            GetET（s2，u2，e2，t2）and
                            （B1［t1，t2］+ e1 + e2 ＜ Best［s1，s2］）then
                            Best［s1，s2］：= B1［t1，t2］+ e1 + e2；｛更新最优解｝
            end；
        end；
end；
begin
    assign（input，'input. txt'）；
    assign（output，'output. txt'）；
    ReadIn；
    Work；
    rewrite（output）；
    writeln（Best［1，1］）；
    close（output）；
end.
```

例题二 花店橱窗。

有 F 束花，V 个花瓶，所有的花和花瓶都各不相同，且都按顺序排成一行。相同的花放在不同的花瓶里会得到不同的美学值，不同花插在相同的花瓶里也会得到不同的美学值。花 I 插入花瓶 J 中得到的美学值为 A_{ij}。给出一种插花的方案使得美学值之和最大，且保证对于任意的 I，J（$I ＜ J$），如果它们分别插入了花瓶 P_i，P_j 中，则 $P_i ＜ P_j$。

输入格式：

第一行为两个数 F，V。接下来是一个 $F * V$ 的矩阵，即美学值矩阵 A。

$1 \leqslant F \leqslant 100$，$F \leqslant V \leqslant 100$，$-50 \leqslant A_{ij} \leqslant 50$

输出格式：

第 行为最大美学值。第二行有 F 个数，第 I 个数 J 表示第 I 束花插入花瓶 J。

样例输入：

3 5

7 23 －5 －24 16

5 21 −4 10 23

−21 5 −4 −20 20

样例输出：

53

2 4 5

解析：以花束的数目来划分阶段。在这里，阶段变量 k 表示的就是要布置的花束数目（前 k 束花），状态变量 s_k 表示第 k 束花所在的花瓶。而对于每一个状态 s_k，决策就是第 $k−1$ 束花应该放在哪个花瓶，用 u_k 表示。最优指标函数 $f_k(s_k)$ 表示前 k 束花，其中第 k 束插在第 s_k 个花瓶中所能取得的最大美学值。

状态转移方程为 $s_{k−1} = u_k$。

规划方程为 $f_k(s_k) = \max\limits_{k \leqslant u_k < s_k}(f_{k−1}(u_k) + A(k, s_k))$。

（其中 $A(i, j)$ 是花束 i 插在花瓶 j 中的美学值。）

边界条件 $f_0(s_0) = 0$（$0 \leqslant s_0 \leqslant V$）（$V$ 是花瓶总数，事实上这是一个虚拟的边界）。

其时间复杂度为 $O(FV^2)$。

方法与技巧：

以花瓶的数目来划分阶段。在这里阶段变量 k 表示的是要占用的花瓶数目（前 k 个花瓶），状态变量 s_k 表示前 k 个花瓶中放了多少花。而对于任意一个状态 s_k，决策就是第 s_k 束花是否放在第 k 个花瓶中，用变量 $u_k = 1$ 或 0 来表示。最优指标函数 $f_k(s_k)$ 表示前 k 个花瓶中插了 s_k 束花，所能取得的最大美学值。

状态转移方程为 $s_{k−1} = s_k − u_k$。

规划方程为 $f_k(s_k) = \max\limits_{u = 0,1}(f_{k−1}(s_k − u_k) + u_k \cdot A(s_k, k))$。

边界条件为 $f_k(0) = 0$（$0 \leqslant k \leqslant V$）。

其时间复杂度为 $O(FV)$。

两种划分阶段的方法，引出了两种状态表示法，两种规划方式，但是都成功地解决了问题。只不过因为决策的选择有多有少，所以算法的时间复杂度也就不同。

这个例子具有很大的普遍性。有很多的多阶段决策问题都有着不止一种的阶段划分方法，因而往往就有不止一种的规划方法。有时各种方法所产生的效果是差不多的，但更多的时候，就像我们的例子一样，两种方法会在某个方面有些区别。

所以，在用动态规划解题的时候，可以多想一想是否有其他的解法。对于不同的解法，要注意比较，好的算法好在哪里，差一点的算法差在哪里。从各种不同算法的比较中，我们可以更深刻地领会动态规划的构思技巧。

参考程序：

下面给出方法二的程序，方法一的程序留给读者自己完成。

```
program IOI99_ Little Shop Of Flowers;
var
    F, V : byte; {花束和花瓶的数目}
    A : array [1..100, 1..100] of shortint; {A [i, j] 花束 i 放在花瓶 j 中的美学值}
    Best : array [0..100, 0..100] of integer;
```

```
                    {Best [i, j] 前 i 束花放在前 j 个花瓶中的最优解}
        Choice : array [0..100, 0..100] of boolean;
                    {Choice [i, j] 花束 i 是否放在花瓶 j 中}
procedure ReadIn; {读入}
var
    i, j : byte;
begin
    reset (input);
    readln (F, V);
    for i: = 1 to F do
    begin
        for j: = 1 to V do
            read (A [i, j]);
        readln;
    end;
    close (input);
end;
procedure Work; {规划主过程}
var
    i, j : byte;
begin
    fillchar (Best [0], sizeof (Best [0]), 0); {边界条件}
    for i: = 1 to F do
    begin
        Best [i, i]: = Best [i - 1, i - 1] + A [i, i]; {惟一的选择}
        Choice [i, i]: = true;
        for j: = i + 1 to V + i - F do
        begin
            Choice [i, j]: = Best [i - 1, j - 1] + A [i, j] > Best [i, j - 1];
            if Choice [i, j]
            then Best [i, j]: = Best [i - 1, j - 1] + A [i, j] {i 放在 j 中}
            else Best [i, j]: = Best [i, j - 1]; {i 不放在 j 中}
        end;
    end;
end;
procedure Print; {打印最优解}
var
    i, j : byte;
    Put : array [1..100] of byte; {Put [i] 花束 i 所在的花瓶}
```

```
begin
    rewrite (output);
    writeln (Best [F, V]);
    i: = F;
    for j: = V downto 1 do {倒推求 Put}
        if Choice [i, j] then
        begin
            Put [i]: = j;
            dec (i);
        end;
    for i: = 1 to F do
    begin
        write (Put [i]);
        if i < F then write ('  ');
    end;
    writeln;
    close (output);
end;
begin
    assign (input, 'flower. inp');
    assign (output, 'flower. out');
    ReadIn;
    Work;
    Print;
end.
```

【解题尝试】

第一题 排队买票。

一场演唱会即将举行。现有 N（$0 < N \leqslant 200$）个歌迷排队买票，一个人买一张，而售票处规定，一个人每次最多只能买两张票。假设第 i 位歌迷买一张票需要时间 T_i（$1 \leqslant i \leqslant n$），队伍中相邻的两位歌迷（第 j 个人和第 $j+1$ 个人）也可以由其中一个人买两张票，而另一位就可以不用排队了，则这两位歌迷买两张票的时间变为 R_j，假如 $R_j < T_j + T_j + 1$，则这样做就可以缩短后面歌迷等待的时间，加快整个售票的进程。现给出 N，T_j 和 R_j，求使每个人都买到票的最短时间和方法。

输入格式：

文件共有三行。第一行为一个正整数 n。第二行为 n 个正整数，第 I 个正整数为 T_i。第三行为 $n-1$ 个正整数，第 i 个正整数为 R_i。

输出格式：

仅一个数，即最短时间。

样例输入：

4

2 3 1 4

6 5 3

样例输出：

8

第二题 打砖块。

在一个凹槽中放置了 n 层砖块，最上面的一层有 n 块砖，第二层有 $n-1$ 块，…，最下面一层仅有一块砖。第 i 层的砖块从左至右编号为 1，2，…，i，第 i 层的第 j 块砖有一个价值 $a[i, j]$（$a[i, j] \leqslant 50$）。下面是一个有 5 层砖块的例子：

14	15	4	3	23
	33	33	76	2
		2	13	11
			22	23

如果要敲掉第 i 层的第 j 块砖的话，若 $i=1$，可以直接敲掉它，若 $i>1$，则必须先敲掉第 $i-1$ 层的第 j 和第 $j+1$ 块砖。

你的任务是从一个有 n（$n \leqslant 50$）层的砖块堆中，敲掉 m（$m \leqslant 500$）块砖，使得被敲掉的这些砖块的价值总和最大。

输入格式：

数据的第一行为两个正整数，分别表示 n，m，接下来的第 i 每行有 $n-i+1$ 个数据，分别表示 $a[i, 1]$，$a[i, 2]$，…，$a[i, n-i+1]$。

输出格式：

输出文件中仅有一个正整数，表示被敲掉砖块的最大价值总和。

输入样例：

4 5

2 2 3 4

8 2 7

2 3

49

输出样例：

19

9.3　动态规划的应用

【学习目标】

动态规划是一种很灵活的解题方法，要掌握动态规划的技巧，有两条途径：一是要深刻理解动态规划的本质，这也是我们为什么一开始就探讨它的本质的原因；二是要多实践，不但要多解题，还要学会从解题中探寻规律，总结技巧。该节将通过一些实例来讲解动态规划的一些常见方法。

【解题钥匙】

例题一　奶牛运输。

有一个奶牛运输公司，设在农场 A 中，它有一个用来在七个农场 A，B，C、D、E、F、G 之间运输奶牛的运输车。七个农场之间的距离由下表给出：

	B	C	D	E	F	G
A	56	43	71	35	41	36
B	43	54	58	36	79	31
C	71	58	30	20	31	58
D	35	36	20	38	59	75
E	41	79	31	59	44	67
F	36	31	58	75	67	72

每天早晨，运输公司都要决定运输奶牛的顺序，使得总路程最少。下面是规则：

（1）运输车总是从位于农场 A 的公司总部出发，而且当所有的运输任务完成之后还要返回总部；

（2）运输车一次只能运送一头奶牛；

（3）每个运输任务是由一对字母给出的，分别代表奶牛将从哪个农场被运向另一个农场。

你的任务是写一个程序，对一组给定的任务，求出一条完成所有任务的最短路线（从农场 A 出发，最后返回农场 A）。

输入格式：

输入文件的第一行是任务的总数 N（$1 \leqslant N \leqslant 12$），从第二行开始，每个任务由一对被一个空格隔开的字母给出，第一个字母代表奶牛所在的农场，第二个字母代表奶牛将被运向的农场。

输出格式：

输出最短路线的长度，并显示运输车经过的农场的顺序。

输入样例：

5

F C

G B

B D

A E

G A

输出样例：

368

A E F C G B D G A

解析：我们先分析这个问题的解决方法。我们的目的是完成一些任务，由于运输车每次只能

○ 解题金钥匙系列 · 信息学

运送一头奶牛，所以我们只能一个接一个地处理这些任务。由于题目求的是一条完成这些任务的最短路线，所以在完成任务的过程中，我们走的路线都是最短路线，也就是说，一旦我们确定了完成任务的顺序 P1 – P2 – ⋯ – PN，那么这条路线的最短时间也就确定了。我们的目的就是确定这 N 个任务的完成顺序。所以，这个问题的研究对象就是某些任务的集合 S。那么，状态该如何定义呢？

方法与技巧：

既然研究对象是集合，所以很自然地就想起了描述集合中元素关系的方法。我们可以把状态定义为一个数组 $(t_1, t_2, \cdots, t_N)$，每一个 t_i 或者为 0，表示任务 i 不在当前集合中，或者为 1，表示任务 i 在当前集合中。但如果这样定义状态，我们会发现，无法写出状态转移方程，因为涉及前后两个任务的"接口"的最短路线长度。所以我们还需要一个量 x 来限定当前这个任务集合中首先要执行任务，则一个状态定义为 $(x, t_1, t_2, \cdots, t_N)$，其中 t_x 必为 1。那么，一个状态对应的权值就是完成这个状态描述的任务集合中任务的最短路线长度。则状态转移方程为：

$$(x, t_1, t_2, \cdots, t_N) = \text{Min} \ \{ (y, p_1, p_2, \cdots, p_n) + \text{Dis} (x, y) \}$$

其中，y 是不等于 x 且 $t_y = 1$ 的值，若 $i \neq x$，则 $p_i = t_i$；$p_x = 0$。假设 $\text{Dis} (x, y)$ 为由任务 x 的终点城市到任务 y 的起点城市的最短距离。这个转移方程的初始条件为：

$$(x, t_1, t_2, \cdots, t_N) = \{ 任务 x 的终点城市到 A 的距离 \}，其中 t_x = 1，其余的 t_i 均为 0。$$

在实际处理中，用这样一个最大可能为 12 维的数组显然是不方便的，既然每一位只能是 0 或 1，所以就把 $(t_1, t_2, \cdots, t_N)$ 看作一个十进制数的二进制表示，于是，状态数组为一个二维数组。

从这个问题中我们可以看出，一个"动态规划"问题的状态选定实质上就是选择描述这个问题中事物的最贴切、最简洁的方法。状态的选定不是一蹴而就的，而是一个在思考过程中逐步调整、逐步完善的过程。

当状态选定后，我们面对的问题就是如何存储状态了。从理论上讲，每一个状态都应该存储两个值，一个是此状态的最优的权值，一个是决策标识值。但实际中，我们面对的"动态规划"问题很多都是状态数目十分庞大，这就要求我们在存储上必须做一定的优化才可以实现这个算法的程序化。主要的优化就是：舍弃一切不必要的存储量。

参考程序：

```
program runshu
Const
  Map: Array ['A'..'G', 'A'..'G'] Of Byte =      {每两个农场之间的距离}
    ((0, 56, 43, 71, 35, 41, 36), (6, 0, 54, 58, 36, 79, 31),
    (43, 54, 0, 30, 20, 31, 58), (71, 58, 30, 0, 38, 59, 75),
    (35, 36, 20, 38, 0, 44, 67), (41, 79, 31, 59, 44, 0, 72),
    (36, 31, 58, 75, 67, 72, 0));
  Inputfile          = 'd1. Inp';            {输入文件名}
  Outputfile         = 'sol_ 4_ 1. Txt';      {输出文件名}
Type
  Kus              = Array [0..4095] Of Word;   {权值数组类型说明}
  Dirs             = Array [0..4095] Of Byte;   {标记数组类型说明}
```

```pascal
    Ses                    = Set Of 1..12;                    {集合类型}
Var
    F                    : Text;                              {文件变量}
    N                    : Integer;                           {任务数目}
    Wu                   : Array [0..12, 1..2] Of Char;       {记录任务的数组}
    Dis                  : Array [0..12, 0..12] Of Integer;   {每两个任务的连接费用}
    Ku                   : Array [1..12] Of kus;              {动态规划中记录权值的数组}
    Dir                  : Array [1..12] Of dirs;             {动态规划的标记数组}
procedure Init;                                               {初始化过程}
  Var
I : Integer;
Ch : Char;
begin
    Assign (F, Inputfile);
    Reset (F);
        Readln (F, N);
        For I: = 1 To N Do                                    {读入数据}
            Readln (F, Wu [I, 1], Ch, Wu [I, 2]);
    Close (F);
  end;
procedure Prepare;                                            {准备过程}
  var
    I, J              : Integer;
    begin
      Wu [0, 1]: = 'A'; Wu [0, 2]: = 'A';                    {求出每两个任务的连接费用}
      for I: = 0 To N Do
        for J: = 0 To N Do
          Dis [I, J]: = Map [Wu [I, 2], Wu [J, 1]];
      end;
procedure Main;                                               {动态规划过程}
  var
    Last, I, K, What: Word;
    S                : Ses;
    function Num (S: Ses): Word;                              {将集合转化为整数的函数}
      Var
        X              : Word Absolute S;
        begin
            Num: = X Div 2;
          end;
```

```
procedure Did (Dep, From: Byte; S: Ses);              {为动态规划中记录权值的数组赋值}
        var
        I            : Byte;
        begin
          if Dep > K Then
            begin
              for I: = 1 To N Do
              if (I In S) And (Ku [I] [Num (S - [I])] + Dis [What, I] < Ku [What]
[Num (S)]) then
                  begin          {如果更小，改变现有权值与表示变量}
                    Ku [What] [Num (S)]: = Ku [I] [Num (S - [I])] + Dis [What,
I];
                    Dir [What] [Num (S)]: = I;
                  end;
              end
          else
              for I: = From + 1 To N Do
                if I < > What Then
                  Did (Dep + 1, I, S + [I]);
          end;
        begin
        for I: = 1 To N Do                             {初始化动态规划记录数组}
          begin
            Fillchar (Ku [I], Sizeof (Ku [I]), $ ff);
          end;
        for I: = 1 To N Do
          Ku [I] [0]: = Dis [I, 0];
        for K: = 1 To N - 1 Do                         {为动态规划数组赋值}
            for What: = 1 To N Do
              Did (1, 0, [ ]);
        S: = [1.. N];
        K: = 60000;
        for I: = 1 To N Do
          of Dis [0, I] + Ku [I] [Num (S - [I])] < K Then
            begin
              K: = Dis [0, I] + Ku [I] [Num (S - [I])];
              What: = I;
            end;
```

```
      for I：= 1 To N Do
         inc (K, Map [Wu [I, 1], Wu [I, 2]]);
   assign (F, Outputfile);                              {输出结果}
   rewrite (F);
      writeln (F, K);
      write (F, 'A');
      Last：= 0;
      for I：= 1 To N Do
         begin
            if Wu [Last, 2] < > Wu [What, 1] Then Write (F, Wu [What, 1],'');
               write (F, Wu [What, 2], ' ');
            exclude (S, What);
            Last：= What;
            What：= Dir [What] [Num (S)];
         end;
      if 'A' < > Wu [Last, 2] Then Write (F, 'A');
   Close (F);
end;
begin
   Init; {初始化}
   Prepare; {准备}
   Main; {计算}
end.
```

例题二　染色。

齐弗森把 n 个白球放成一行，他想将其中某些球染成黑色，保证任意连续的 m 个球都至少有两个被染色。他知道给第 i 个球染色要 C_i 升油漆，请你帮他求出他最少需要多少升油漆才能染完色。

输入格式：

第一行为两个数 n，m（$2 \leqslant n \leqslant 10000$，$2 \leqslant m \leqslant 100$，$m \leqslant n$）。第二行则有 n 个数即 C_i，（$1 \leqslant Ci \leqslant 10000$）。

输出格式：

仅一个数，即最少需要的油漆升数。

样例输入：

6 3

1 5 6 2 1 3

样例输出：

9

解析：因为需要满足连续的 m 个球中至少需要两个被染色，那么按照普通动态规划的思想，可以枚举最后被染色的两个球的位置，然后与前面状态进行转移。因为 m 显然比 n 要小，所以当确定了最后一个球的位置后，倒数第二个球的取值范围马上缩减到 m 的级别。

方法与技巧：

得到如下状态：

$F[i, j]$ 表示最后一个染色的球为球 i，而且倒数第二个被染色的球为球 $i-j$ 到 $i-1$ 中的一个。

边界条件：$F[i, j] = C[i]$，$i \leqslant j$

状态转移：$F[i, j] = \begin{cases} F[i-j, m-j] + C[i], & j-1 \\ \min\{F[i, j-1], F[i-j, m-j] + C[i]\}, & j>1 \end{cases}$

目标：$\min\{F[i, j]\}$，$n-m+2 \leqslant i \leqslant n$，$1 \leqslant j \leqslant m-1$，$1-j \geqslant n-m+1$

该算法的时间复杂度为 $O(nm)$。

参考程序：

```
program dye
const fin = ";
      fon = ";
      MaxN = 10001;
      MaxM = 101;
var  f : array [0..127, 0..MaxM] of integer;
     v : array [0..MaxN] of integer;
     n, m : integer;
procedure Init;
var i : integer;
begin
  assign (input, fin); reset (input);
  readln (n, m);
  for i : = 1 to n do read (v [i]);
  close (input);
end;
procedure Main;
var i, j : integer;
begin
  for i : = 1 to n do
    for j : = 1 to m - 1 do
      if i < = j then f [i and 127, j] : = v [i] else begin
        if j < m then f [i and 127, j] : = f [ (i - j) and 127, m - j] + v [i]
        else f [i and 127, j] : = maxint;
        if (j > 1) and (f [i and 127, j - 1] < f [i and 127, j]) then
          f [i and 127, j] : = f [i and 127, j - 1];
      end;
  end;
```

```
procedure Print;
var i, j, ans : integer;
begin
  ans : = maxint;
  for i : = n - m + 2 to n do
    for j : = 1 to m - 1 do
      if i - j > = n - m + 1 then
          if f [i and 127, j] < ans then ans : = f [i and 127, j];
  assign (output, fon); rewrite (output);
  writeln (ans);
  close (output);
end;
begin
  Init;
  Main;
  Print;
end.
```

例题三 寻宝。

最近，游戏公司为喜爱冒险的人们推出了一款寻宝游戏。在游戏开始时，公司将发给每位参加者一份"藏宝图"，参加者必须根据这份"藏宝图"以及不同地点给出的提示信息，在尽量短的时间内找到埋藏在某处的"宝物"。其中，使用时间最短者将获得公司的特别奖励。

游戏中的提示都由数列组成，而"藏宝图"则是一个 $N*M$ 个数的表格。只要找出数列与表格的"接近程度"，就找到了当前位置与宝藏埋藏点的距离。"接近程度"的定义为：假设提示数列为 $\{a_i\}$，那么"藏宝图"中找出与其最为接近的数列 $\{b_i\}$（数列项数同为 Len），这两数列的接近程度就是数列与表格的接近程度，其中数列的接近程度 $D = \sum (a_i - b_i)^2$（$i \in [1, \text{Len}]$），D 越小就表示越接近。除此以外，数列 $\{b_i\}$ 还有以下的限制：用 (x_i, y_i) 表示数列 $\{b_i\}$ 中第 i 项在表格中的位置，则要求 $|x_i - x_{i+1}| + |y_i - y_{i+1}| = 1$（$i \in [1, \text{Len} - 1]$），且同一位置可能在数列中出现多次。

为获得此大奖，你需要编写一个程序，求出表格和数列的接近程度。

输入格式：

文件第一行有两个数 N，M，接下来 N 行是一个 $N*M$ 的矩阵，与题中的"藏宝图"相对应。第 $N+2$ 行是一个数 Len，表示数列 $\{a_i\}$ 的项数。而第 $N+3$ 行则给出了序列 $\{a_i\}$。

$2 \leqslant N$，$M \leqslant 100$，$1 \leqslant \text{Len} \leqslant 250$。表格和数列中的每一项都小于 100。

输出格式：

输出文件仅有一个数 D，是你的程序得出数列与表格的接近程度。

样例输入：

5 5

0 0 0 1 0

1 0 0 0 0

```
0 1 0 0 0
0 0 0 2 0
0 0 0 0 0
6
1 0 1 2 1 1
```

样例输出:

3

解析: 此题最容易想到的算法是枚举 B 数列在矩阵中的位置。但是显然其满足条件的 B 数列是巨大的, 所以简单的枚举肯定是无法实现的, 就算加入一些剪枝也无法从根本上降低算法的时间复杂度, 给效率带来实质性的优化。

方法与技巧:

使用动态规划是最佳选择。

设 $P[I, x, y]$ 表示数列 B 第 I 项的位置为 (x, y) 时数列 A 的前 i 项与数列 B 的前 i 项最小接近程度。

边界条件: $P[1, x, y] = (map[x, y] - a[1])^2$

状态转移: $P[i, x, y] = \min \begin{Bmatrix} P[i-1, x-1, y], & P[i-1, x, y+1], \\ P[i-1, x-1, y], & P[i-1, x+1, y] \end{Bmatrix} + (map[x, y] - a[i])^2$

目标: $\min\{P[Len, x, y]\}$

算法的时间复杂度为 $O(Len * n * m)$。

参考程序:

```pascal
program xanbao
const st1 = 'input. txt';      {输入文件名}
     st2 = 'output. txt';      {输出文件名}
     maxn = 100;
     maxl = 250;
     c: array [1..4, 1..2] of shortint = ( (0, 1), (1, 0), (0, -1), (-1, 0));
type arr = array [0..maxn + 1] of longint;
var min, n, m, len: longint;
    table: array [1..maxn, 1..maxn] of integer;  {记录表格}
    p: array [1..maxl] of word;   {对应序列 {bi}}
    a, b: array [0..maxn + 1] of arr;  {a [x, y] 表示 P [i - 1, x, y], b [x, y] 表示 P [i, x, y]}
procedure readp;  {读入数据}
var f: text;
    st: string;
    i, j: integer;
begin
    assign (f, st1); reset (f);
```

```
        readln (f, n, m);
        for i: =1 to n do
            for j: =1 to m do
                read (f, table [i, j]);
        read (f, len);
        for i: =1 to len do read (f, p [i]);
        close (f);
    end;
procedure main; {求解并输出}
var i, j, k, l, o: longint;
    f: text;
begin
    for i: =1 to n do begin
        a [i] [0]: =99999999; a [i] [m+1]: =99999999;
    end;
    for i: =1 to m do begin
        a [0] [i]: =99999999; a [n+1] [i]: =99999999;
    end;
    {最外面一圈设为∞, 避免序列 {bi} 包含表格以外的数}
    for i: =1 to n do
        for j: =1 to m do
            a [i] [j]: =0;
    {其他位置都可作为序列起点}
    for i: =1 to len do begin {阶段}
        for j: =0 to n+1 do {将 P [i] 初始化}
            for k: =0 to m+1 do
                b [j] [k]: =99999999;
        for j: =1 to n do {状态}
            for k: =1 to m do begin {决策, 求出 P [i, j, k]}
                o: =sqr (table [j, k] -p [i]);
                for l: =1 to 4 do
                if a [j+c [l, 1]] [k+c [l, 2]] +o<b [j] [k] then
                    b [j] [k]: =a [j+c [l, 1]] [k+c [l, 2]] +o;
            end;
            for j: =0 to n+1 do a [j]: =b [j];
    end;
    min: =99999999;
    for i: =1 to n do
        for j: =1 to m do
```

```
            if a [i] [j] ＜min then min：=a [i] [j];
        {找出最小接近程度}
        assign (f, st2); rewrite (f);
        writeln (f, min); {输出到文件}
        close (f);
    end;
begin
    readp;
    main;
end.
```

【解题尝试】

第一题　多米诺骨牌（DOMINO）。

有一种多米诺骨牌是平面的，其正面被分成上下两部分，每一部分的表面或者为空，或者被标上 1 至 6 个点。现有一行排列在桌面上：

顶行骨牌的点数之和为 $6+1+1+1=9$，底行骨牌点数之和为 $1+5+3+2=11$。顶行和底行的差值是 2。这个差值是两行点数之和的差的绝对值。每个多米诺骨牌都可以上下倒置转换，即上部变为下部，下部变为上部。

现在的任务是，以最少的翻转次数，使得顶行和底行之间的差值最小。对于上面这个例子，我们只需翻转最后一个骨牌，就可以使得顶行和底行的差值为 0，所以例子的答案为 1。

输入格式：

第一行为一个正整数 n，表示多米诺骨牌的个数。

接下来有 n 行，每行两个数，第一个为骨牌顶部的数，第二个为骨牌底部的数。

输出格式：

第一行为经过翻转后能得到的顶部和底部数和之差的最小值。

第二行为得到最小差值的最少翻转次数。

样例输入：

4

6 1

1 5

1 3

1 2

样例输出：

0

1

第二题　传送带。

某公司运进一批箱子，总数为 N（$1 \leqslant N \leqslant 1000$），由"传送带"依次运入，然后在仓库内至多排成 P（$1 \leqslant P \leqslant 4$）列。

现已知运来的箱子最多为 M（$1 \leqslant M \leqslant 20$）种，想把同一种类的箱子尽量排在一起，以便美观。"美观程度" T 定义为：$T = \Sigma$（每列依次看到的不同种类数）。所谓"依次看到的不同种类数"即为：如果某一列中第 K 个箱子与第 $K-1$ 个箱子种类不同，则"美观程度"的值加 1。求一种调动安排，使各列的"美观程度"值的和最小。

输入格式：

第一行为 N，P，M。

接下来 N 行，每行一个数 C（$1 \leqslant C \leqslant M$），表示依次运来的箱子的种类。

输出格式：

第一行为美观程度和。

接下来 N 行，每行一个数 X（$1 \leqslant X \leqslant P$），表示依次运来的箱子放入哪一列。

样例输入：

4 2 3

1

2

3

2

样例输出：

3

1

2

1

2

9.4　动态规划的优化技巧

【学习目标】

经过前面几节的介绍，相信读者对动态规划已经有了一定的了解。对于很多题目，动态规划往往是一种高效算法，但有时候并不能完全满足题目的要求，比如空间耗费大，时间复杂度偏高等，而且此时算法仍然存在较大的优化空间，可以进行优化得到更加优秀的算法。本节就将通过几道例题讲解一些基本的动态规划优化技巧。

【解题钥匙】

例题一　Raucous Rockers 演唱组。

现有 n 首由 Raucous Rockers 演唱组录制的珍贵的歌曲，计划从中选择一些歌曲来发行 m 张唱片，每张唱片至多包含 t 分钟的音乐，唱片中的歌曲不能重叠。按下面的标准进行选择：

（1）这组唱片中的歌曲必须按照它们创作的顺序排序；

（2）包含歌曲的总数尽可能多。

输入格式：

第一行为 3 个正整数 n，t，m（$1 \leqslant n$，t，$m \leqslant 20$）。接下来 n 行即为 n 首歌曲的长度，它们按照创作顺序排序，而且没有一首歌超出一张唱片的长度。

输出格式：

输出所能包含的最多的歌曲数目。

样例输入：

3 12 1

5

10

6

样例输出：

2

解析：本题要求唱片中的歌曲必须按照它们创作顺序排序，这就满足了动态规划的无后效性要求，启发我们采用动态规划进行解题。

分析可知，该问题具有最优子结构性质，即：设最优录制方案中第 i 首歌录制的位置是从第 j 张唱片的第 k 分钟开始的，那么前 $j-1$ 张唱片和第 j 张唱片的前 $k-1$ 分钟是前 $1..i-1$ 首歌的最优录制方案，也就是说，问题的最优解包含了子问题的最优解。

方法与技巧：

设 n 首歌曲按照写作顺序排序后的长度为 long $[1..n]$，则动态规划的状态表示描述为：

$g[i,j,k]$，$0 \leqslant i \leqslant n$，$0 \leqslant j \leqslant m$，$0 \leqslant k < t$，表示前 i 首歌曲，用 j 张唱片另加 k 分钟来录制，最多可以录制的歌曲数目，则问题的最优解为 $g[n,m,0]$。由于歌曲 i 有发行和不发行两种情况，而且还要分另加的 k 分钟是否能录制歌曲 i。这样我们可以得到如下的状态转移方程和边界条件：

当 $k \geqslant$ long $[i]$，$i \geqslant 1$ 时：

$g[i,j,k] = \max\{g[i-1,j,k-$long$[i]]$，$g[i-1,j,k]\}$

当 $k <$ long $[i]$，$i \geqslant 1$ 时：

$g[i,j,k] = \max\{g[i-1,j-1,t-$long$[i]]$，$g[i-1,j,k]\}$

规划的边界条件为：

当 $0 \leqslant k < t$ 时：$g[0,0,k] = 0$

我们来分析上述算法的时间复杂度，上述算法的状态总数为 $O(n*m*t)$，每个状态转移的状态数为 $O(1)$，每次状态转移的时间为 $O(1)$，所以总的时间复杂度为 $O(n*m*t)$。由于 n，m，t 均不超过 20，所以可以满足要求。

算法优化：当数据规模较大时，上述算法就无法满足要求，我们来考虑通过改进状态表示提高算法的时间效率。

本题的最优目标是用给定长度的若干张唱片录制尽可能多的歌曲，这实际上等价于在录制给定数量的歌曲时尽可能少地使用唱片。所谓"尽可能少地使用唱片"，就是指使用的完整的唱片数尽可能少，或是在使用的完整的唱片数相同的情况下，另加的分钟数尽可能少。分析可知，在这样的最优目标之下，该问题同样具有最优子结构性质，即：设 D 在前 i 首歌中选取 j 首歌录制的最少唱片使用方案，那么若其中选取了第 i 首歌，则 $D-\{i\}$ 是在前 $i-1$ 首歌中选取 $j-1$ 首歌录制的最少唱片使用方案，否则 D 前 $i-1$ 首歌中选取 j 首歌录制的最少唱片使用方案。同样，问题的最优解包含了子问题的最优解。

改进的状态表示描述为：

$g[i, j] = (a, b)$, $0 \leq i \leq n$, $0 \leq j \leq i$, $0 \leq a \leq m$, $0 \leq b \leq t$, 表示在前 i 首歌曲中选取 j 首录制所需的最少唱片为：a 张唱片另加 b 分钟。由于第 i 首歌分为发行和不发行两种情况，这样我们可以得到如下的状态转移方程和边界条件：

$g[i, j] = \min \{g[i-1, j], g[i-1, j-1] + \text{long}[i]\}$

其中 $(a, b) + \text{long}[i] = (a', b')$ 的计算方法为：

当 $\text{long}[i] \leq t - b$ 时：$a' = a$, $b' = b + \text{long}[i]$；

当 $\text{long}[i] > t - b$ 时：$a' = a + 1$, $b' = \text{long}[i]$；

规划的边界条件：$g[i, 0] = (0, 0)$ $0 \leq i \leq n$

这样题目所求的最大值是：$\text{ans} = \max \{k \mid g[n, k] \leq (m-1, t)\}$

改进后的算法，状态总数为 $O(n^2)$，每个状态转移的状态数为 $O(1)$，每次状态转移的时间为 $O(1)$，所以总的时间复杂度为 $O(n^2)$。值得注意的是，算法的空间复杂度也由改进前的 $O(m*n*t)$ 降至优化后的 $O(n^2)$。

通过对本题的优化，我们认识到：应用不同的状态表示方法设计出的动态规划算法的性能也迥然不同。改进状态表示可以减少状态总数，进而降低算法的时间复杂度。在降低算法的时间复杂度的同时，也降低了算法的空间复杂度。

参考程序：

```
program sing
const
        fin = '';
        fon = '';
        maxn = 601;
type
        node = object
                a, b : integer;
                procedure add (x : node; long : integer);
                function compare (x : node) : boolean;
            end;
var
        f : array [0..maxn] of node;
        long : array [1..maxn] of integer;
        n, m, t : integer;
procedure node.add (x : node; long : integer);
begin
    a := x.a;
    b := x.b + long;
    if b > t then begin
        inc (a);
        b := long;
    end;
```

```
end;
function node. compare (x : node) : boolean;
begin
   exit ( (x. a < a) or (x. a = a) and (x. b < b));
end;
procedure init;
var
   i, temp : integer;
begin
   assign (input, fin); reset (input);
   readln (temp, t, m);
   for i : = 1 to temp do begin
     inc (n);
     read (long [n]);
     if long [n] > t then dec (n);
   end;
   readln;
   close (input);
end;
procedure main;
var
   i, j : integer;
   temp : node;
begin
   fillchar (f, sizeof (f), 0);
   for i : = 1 to n do begin
     f [i] . add (f [i − 1], long [i]);
     for j : = i − 1 downto 1 do begin
       temp. add (f [j − 1], long [i]);
       if f [j] . compare (temp) then f [j] : = temp;
     end;
   end;
end;
procedure print;
var
   i : integer;
begin
   assign (output, fon); rewrite (output);
   for i : = n downto 1 do
```

```
        if f [i] . a < m then begin
            writeln (i);
            break;
        end;
      close (output);
   end;
begin
   init;
   main;
   print;
end.
```

例题二 最长单调上升子序列。

给出一个由 n 个数组成的序列 $x [1..n]$，找出它的最长单调上升子序列，即求最大的 m 和 $a_1, a_2, \cdots, a_m$，使得 $a_1 < a_2 < \cdots < a_m$ 且 $x [a_1] < x [a_2] < \cdots < x [a_m]$。

输入格式：

第一行为一个正整数 n（$n \leqslant 30000$）。接下来 n 行，第 $i+1$ 为序列中的元素 $x [i]$。

输出格式：

仅一行，即最长单调上升子序列的长度。

样例输入：

5

3

6

2

7

9

样例输出：

4

解析：这也是一道动态规划的经典应用。动态规划的状态表示描述为：

$m [i]$，$1 \leqslant i \leqslant n$，表示以 $x [i]$ 结尾的最长上升子序列的长度，则问题的解为 $\max \{ m [i], 1 \leqslant i \leqslant n \}$，状态转移方程和边界条件为：

$m [i] = 1 + \max \{ 0, m [k] \mid x [k] < x [i], 1 \leqslant k < i \}$

同时当 $m [i] > 1$ 时，令 $p [i] = k$，表示最优决策，以便在计算出最优值后构造最长单调上升子序列。

上述算法的状态总数为 $O (n)$，每个状态转移的状态数最多为 $O (n)$，每次状态转移的时间为 $O (1)$，所以算法总的时间复杂度为 $O (n^2)$。

方法与技巧：

我们先来考虑以下两种情况：

①若 $x [i] < x [j]$，$m [i] = m [j]$，则 $m [j]$ 这个状态不必保留。因为，可以由状态 $m [j]$ 转移得到的状态 $m [k]$（$k > j$，$k > i$），必有 $x [k] > x [j] > x [i]$，则 $m [k]$ 也能由

$m[i]$转移得到；另一方面，可以由状态$m[i]$转移得到的状态$m[k]$ $(k>j, k>i)$，当$x[j]>x[k]>x[i]$时，$m[k]$就无法由$m[j]$转移得到。

由此可见，在所有状态值相同的状态中，只需保留最后一个元素值最小的那个状态即可。

②若$x[i]<x[j]$，$m[i]>m[j]$，则$m[j]$这个状态不必保留。因为，可以由状态$m[j]$转移得到的状态$m[k]$ $(k>j, k>i)$，必有$x[k]>x[j]>x[i]$，则$m[k]$也能由$m[i]$转移得到，而且$m[i]>m[j]$，所以$m[k]\geq m[i]+1>m[j]+1$，则$m[j]$的状态转移是没有意义的。

综合上述两点，我们得出了状态$m[k]$需要保留的必要条件：不存在i使得：$x[i]<x[k]$且$m[i]\geq m[k]$。于是，我们保留的状态中不存在相同的状态值，且随着状态值的增加，最后一个元素的值也是单调递增的。

也就是说，设当前保留的状态集合为S，则S具有以下性质D：

对于任意$i\in S$，$j\in S$，$i\neq j$有：$m[i]\neq m[j]$，且若$m[i]<m[j]$，则$x[i]<x[j]$，否则$x[i]>x[j]$。

下面我们来考虑状态转移：假设当前已求出$m[1..i-1]$，当前保留的状态集合为S，下面计算$m[i]$。

①若存在状态$k\in S$，使得$x[k]=x[i]$，则状态$m[i]$必定不需保留，不必计算。因为，不妨设$m[i]=m[j]+1$，则$x[j]<x[i]=x[k]$，$j\in S$，$i\neq k$，所以$m[j]<m[k]$，则$m[i]=m[j]+1\leq m[k]$，所以状态$m[i]$不需保留。

②否则，$m[i]=1+\max\{m[j]\mid x[j]<x[i], j\in S\}$。我们注意到满足条件的$j$也满足$x[j]=\max\{x[k]\mid x[k]<x[i], k\in S\}$，同时我们把状态$i$加入到$S$中。

③若②成立，则我们往S中增加了一个状态，为了保持S的性质，我们要对S进行维护，若存在状态$k\in S$，使得$m[i]=m[k]$，则我们有$x[i]<x[k]$，且$x[k]=\min\{x[j]\mid x[j]>x[i], j\in S\}$。于是状态$k$应从$S$中删去。

于是，我们得到了改进后的算法：

```
for i: =1 to n do
  {
      找出集合 S 中的 x 值不超过 x[i]的最大元素 k；
      if x[k] < x[i] then
        {
          m[i]: =m[k]+1；
            将状态 i 插入集合 S；
            找出集合 S 中的 x 值大于 x[i]的最小元素 j；
            if m[j]=m[i] then 将状态 j 从 S 中删去；
        }
  }
```

从性质D和算法描述可以发现，S实际上是以x值为关键字（也是以m值为关键字）的有序集合。若使用一个有序线性表来维护集合S，并且用二分查找来找集合中x值不超过$x[i]$的最大元素k，则该算法的时间复杂度为$O(n*\log_2 n)$。这样每个状态转移的状态数仅为$O(1)$，而每次状态转移的时间变为$O(\log_2 n)$。虽然每个状态转移的时间复杂度升高了，但由于状态数降低了，所以总的时间复杂度降低了。

回顾本题的优化过程，首先通过状态之间的分析，减少需要保留的状态数，同时发现需要保留状态的单调性，从而减少了每个状态可能转移的状态数，实现算法的优化。

参考程序：

```
program ex
const
        fin = '';
        fon = '';
        maxn = 30000;
var
        a, q : array [1..maxn] of longint;
        n, m : longint;
procedure init;
var
  i : longint;
begin
  assign (input, fin); reset (input);
  readln (n);
  for i : = 1 to n do
    readln (a [i]);
  close (input);
end;
procedure main;
var
  i, x, l, r, mid : longint;
begin
  m : = 1; q [1] : = 1;
  for i : = 2 to n do begin
    x : = a [i];
    if x > q [m] then begin
        inc (m);
        q [m] : = x;
    end else begin
      l : = 1; r : = m;
      while l < r do begin
        mid : = (l + r) shr 1;
        if q [mid] < x then l : = mid + 1 else r : = mid;
      end;
      q [l] : = x;
```

```
        end；
      end；
    end；
  procedure print；
  begin
    assign（output, fon）；rewrite（output）；
    writeln（m）；
    close（output）；
  end；
  begin
    init；
    main；
    print；
  end.
```

例题三　Divide。

有价值分别为 1．．6 的大理石各 a［1．．6］块，现要将它们分成两部分，使得两部分价值和相等，问是否可以实现，其中大理石的总数不超过 20000。

输入格式：

共 6 行，第 I 行描述 a［i］，即价值为 i 的大理石块数。

输出格式：

输出仅一行。如果可以分成两个部分价值和相等则输出 YES，否则输出 NO。

样例输入：

2
1
2
1
2
1

样例输出：

YES

解析：令 $S = \sum (i * a［i］)$，若 S 为奇数，则不可能实现，否则令 Mid = $S/2$，则问题转化为能否从给定的大理石中选取部分大理石，使其价值和为 Mid。

这实际上是母函数问题，用动态规划求解也是等价的。

$m［i, j］$，$0 \leqslant i \leqslant 6$，$0 \leqslant j \leqslant$ Mid，表示能否从价值为 1．．i 的大理石中选出部分大理石，使其价值和为 j，若能，则用 true 表示，否则用 false 表示。则状态转移方程为：

$m［i, j］ - m［i, j］$ or $m［i-1, j-i*k］$ $(0 \leqslant k \leqslant a［i］)$

规划的边界条件为：$m［i, 0］$ = true；$0 \leqslant i \leqslant 6$

若 $m［i,$ Mid］ = true，$0 \leqslant i \leqslant 6$，则可以实现题目要求，否则不可能实现。

我们来分析上述算法的时间性能，上述算法中每个状态可能转移的状态数为 a［i］，每次状态

转移的时间为 $O(1)$，而状态总数是所有值为 true 的状态的总数，实际上就是母函数中项的数目。

方法与技巧：

实践发现：本题在 i 较小时，由于可选取的大理石的价值品种单一，数量也较少，因此值为 true 的状态也较少。但随着 i 的增大，大理石价值品种和数量的增多，值为 true 的状态也急剧增多，使得规划过程的速度减慢，影响了算法的时间效率。

另一方面，我们注意到我们关心的仅是能否得到价值和为 Mid 的值为 true 的状态，那么，我们能否从两个方向分别进行规划，分别求出从价值为 1..3 的大理石中选出部分大理石所能获得的所有价值和，和从价值为 4..6 的大理石中选出部分大理石所能获得的所有价值和。最后判断两者中是否存在和为 Mid 的价值和，由此，可以得出问题的解。

状态转移方程改进为：

当 $i \leq 3$ 时：

$m[i,j] = m[i,j]$ or $m[i-1, j-i*k]$ $(1 \leq k \leq a[i])$

当 $i > 3$ 时：

$m[i,j] = m[i,j]$ or $m[i+1, j-i*k]$ $(1 \leq k \leq a[i])$

规划的边界条件为：$m[i,0] =$ true；$0 \leq i \leq 7$

这样，若存在 k，使得 $m[3,k] =$ true，$m[4, Mid-k] =$ true，则可以实现题目要求，否则无法实现。

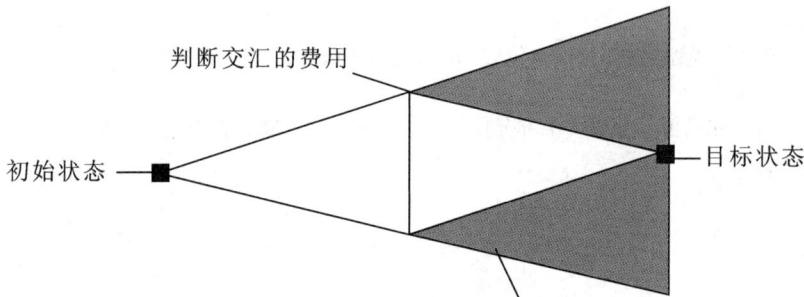

图 9-4 规划方案

从图 9-4 中可以看出双向动态规划与单向动态规划在计算的状态总数上的差异。

回顾本题的优化过程可以发现：本题的实际背景与双向搜索的背景十分相似，同样有庞大的状态空间，有确定的初始状态和目标状态，状态量都迅速增长，而且可以实现交汇的判断。因此，由本题的优化过程，我们认识到，双向扩展以减少状态量的方法不仅适用于搜索，同样适用于动态规划。这种在不同解题方法中寻找共通的属性，从而借用相同的优化思想，可以使我们不断创造出新的方法。

参考程序：

```
program divide
const
        fin = ";
```

```pascal
        fon = '';
var
        a : array [1..6] of longint;
        f, g : array [0..120006] of boolean;
        tot : longint;
procedure init;
var
  i : longint;
begin
  assign (input, fin); reset (input);
  for i : = 1 to 6 do begin
    read (a [i]);
    tot : = tot + a [i] * i;
  end;
  close (input);
end;
procedure print (ans : longint);
begin
  assign (output, fon); rewrite (output);
  if ans = 0 then writeln ('NO') else writeln ('YES');
  close (output);
  halt;
end;
procedure main;
var
  i, j, k, low, high, count : longint;
begin
  if odd (tot) then print (0);
  f [0] : = true;
  low : = a [1] + a [2] * 2 + a [3] * 3;
  for i : = 1 to a [1] do f [i] : = true;
  for i : = 2 to 3 do
    for j : = low downto 0 do
      if f [j] then begin
          k : = j + i; count : = 1;
          while not f [k] and (count < = a [i]) do begin
            f [k] : = true;
            inc (k, i);
            inc (count);
```

```
            end;
        end;
    g [0] : = true;
    high : = a [4] * 4 + a [5] * 5 + a [6] * 6;
    for i : = 1 to a [6] do g [i * 6] : = true;
    for i : = 5 downto 4 do
        for j : = high downto 0 do
            if g [j] then begin
                k : = j + i; count : = 1;
                while not g [k] and (count < = a [i]) do begin
                    g [k] : = true;
                    inc (k, i);
                    inc (count);
                end;
            end;
        for i : = 0 to low do
            if f [i] and g [tot － i] then print (1);
    end;
begin
    init;
    main;
end.
```

【解题尝试】

第一题　拴马。

齐弗森有 n 匹马，其中有一些是黑色的，而另一部分是白色的。每天他都要牵着他的 n 匹马出去玩耍，然后带着它们排着一条长队回到马圈。今天他想重新安排他的马，把这些马合理地放入 m 个马圈，使得没有马圈是空的，也没有马留在外面。

为了不弄混，他的马编号为 $1..n$，而马圈也同样编号为 $1..m$。他决定将马按照顺序依次关入马圈中，即对于马 i, j $(i<j)$，马 j 只能和马 i 住同一个马圈或者住编号更大的马圈。

马儿不太喜欢和太多的马住同一个马圈，所以每一个马圈都有一个马儿们的不满意值。假设该马圈有 a 只白马，b 只黑马，则不满意值为 $a * b$。总的不满意值是所有马圈的不满意值之和。

齐弗森要怎样安排他的马才能让其总不满意值最小呢？

输入格式：

第一行为 n, m $(n \leqslant 1000, m \leqslant n)$。接下来有 n 行，每行一个数字 0 或者 1，第 $i+1$ 行为 0，则表示马 i 是白马，为 1 则表示马 i 为黑马。

输出格式：

仅一行，最小不满意值之和。

样例输入：

```
6 3
1
1
0
1
0
1
```

样例输出：

2

第二题 数据生成器。

小明在做 NOI2003 练习赛的《幸福的老鼠》时觉得题目太简单了，于是对原题做了一些扩展：

（1）将原题的 N 从 20 扩展到 200000。

（2）将原题经过一条街道需要的时间改为 T_i（$1 \leq T_i \leq 1000000000$）分钟（$i$ 为街道的编号）。

增加了一个条件：小狗家 Y 离老鼠家 X 的距离小于等于大狗家 Z 离老鼠家 X 的距离。

即使这样，他仍然很快地做了出来。于是，小明打算做一些输入文件来测试他的程序。现在他已经生成了一些符合题意的图，不过为了增大测试数据的难度，他希望你能帮他选取一组 X、Y、Z，使老鼠拿到礼物的时间尽可能地大。

小明扩展的题目（注意，你并不需要解决此题）：

幸福的老鼠 Jerry 要过生日了，小狗大狗分别送了它一份生日礼物。现在 Jerry 打算从自己家 X 出发，先到小狗家 Y（因为小狗家 Y 离老鼠家 X 的距离小于等于大狗家 Z 离老鼠家 X 的距离），再到大狗家 Z，将两份礼物取回。

卡通城由 N（$3 \leq N \leq 200000$）个居住点和 $N-1$ 条连接居住点的双向街道组成，经过第 i 条街道需花费 T_i（$1 \leq T_i \leq 1000000000$）分钟的时间，可以保证，任两个居住点间都存在通路。

不妨设 Jerry 家在点 X，小狗家在点 Y，大狗家在点 Z。现在，请你计算，Jerry 最快需要耗费多长时间才能拿到生日礼物？

任务描述

定义：令 $|AB|$ 表示卡通城中从 A 点走到 B 点需要的最少时间。

给出卡通城的地图，找到一组 X、Y、Z，使得：

$|XY| \leq |XZ|$

$|XY| + |YZ|$ 最大。

并求出此时 $|XY| + |YZ|$ 的值。

输入文件：

输入文件 jerrygen.in 第一行是两个整数 N（$3 \pounds N \pounds 200000$）和 M（$M = N-1$），分别表示居住点总数和街道总数。从第 2 行开始到第 N 行，每行给出一条街道的信息。第 $i+1$ 行包含整数 U_i、V_i、T_i（$1 \leq U_i$，$V_i \leq N$，$1 \leq T_i \leq 1000000000$），表示街道 i 连接居住点 U_i 和 V_i，并且经过街道 i 需花费 T_i 分钟。

输出文件：

输出文件 jerrygen.out 仅包含一个整数 T，即 $|XY| + |YZ|$ 的最大值。

样例输入：

4 3

1 2 1

2 3 1

3 4 1

样例输出：

4

第三题 压缩。

齐弗森最近在思考如何压缩由大写字母构成的字符串，他想用数字来结合表示连续的重复子串，比如字符串 AAAAAAAAAABABABCCD 可以压缩为 10（A）2（BA）B2（C）D。于是他设计出了一种压缩的方式：

（1）一个单独的字母"A".."Z"是一个合法的压缩字符串，它扩展开后得到的字符串即是它本身。

（2）如果 S 和 Q 都是合法的压缩字符串，则 SQ 也是一个合法的压缩字符串。如果字符串 S 扩展得到 S′，字符串 Q 扩展得到 Q′，则字符串 SQ 扩展得到 S′Q′。

（3）如果字符串 S 是一个合法的压缩字符串，X（S）也是一个合法的压缩字符串，其中 X 是一个十进制的正整数，且大于 1。如果字符串展开后得到 S′，则字符串 X（S）展开后得到连续的 X 个 S′串接起来。

齐弗森想知道，对于给定的一个字符串，经过压缩能得到最短的字符串是什么呢？

输入格式：

仅一行，全部由大写字母组成的给定字符串，其长度不超过 200。

输出格式：

也只有一行，即经过压缩后的长度最短的字符串。

样例输入 1

AAAAAAAAAABABABCCD

样例输出 1：

9（A）3（AB）CCD

样例输入 2：

NEERCYESYESYESNEERCYESYESYES

样例输出 2：

2（NEERC3（YES））

附录：解题尝试答案及解题提示

2　计算机基础知识

第一题　选择题

1. C；2. B；3. A；4. A；5. D；6. A；7. A；8. C；9. A；10. B；

11. C；12. A；13. B；14. D；15. D；16. B；17. C；18. A；19. A；20. B；

21. D；22. A；23. B；24. B；25. C；26. C；27. C；28. C；29. C；30. C；

31. C；32. A；33. A；34. B；35. D；36. B；37. A；38. A；39. C；40. C；

41. A；42. D；43. ACDE；44. BCE；45. BD；46. AB；47. ABC

第二题　填空题

1. 512；2. 100101.01；3. 机器；4. 解释；5. 垂直分辨率；6. 系统属性；

7. 二进制；8. 内部，外部；9. 用户；10. 硬盘；11. 一个；12. 环绕；

13. CTRL + S；14. 定时；15. 互联网

3　基本算法设计

3.1　枚举策略

第一题：破碎的项链（Broken Necklace）

枚举断开点，然后分别向两边收集。注意以下几点：

（1）断开点两边可能是白珠；

（2）注意不要收集重复了（从左边收集了一次，从右边又收集一次）；

（3）注意全都是白珠的数据。

第二题：等差数列（Arithmetic Progressions）

任取两个合法的数，然后以第 1 个数为 a，两个数的差为 b，再判断一下长度能否达到 n。最后再排一下序（最多只有 10000 个）。

优化：

（1）可以做一张表格记录是否一个数可以表示为两个数的平方和；

（2）先把所有可表示的数都列出来，放入一个表格，以待枚举。

第三题：环行公路

对环行公路上的每个出发点都进行枚举，模拟汽车的行驶过程，判断是否可行。算法的时间复杂度为 $O(n_2)$，因为 $n < 1000$，所以枚举方法完全可行。

3.2　归纳策略

第一题：二进制数的分类

输出结果为：A 类 = 538　　B 类 = 462

第二题："王"棋子遍历问题

分 n 为奇数和偶数两种情况进行小数据找规律。

第三题：棋盘游戏（Shuttle Puzzle）

由几个小数据的结果观察归纳可发现，移动有一定的规律：

（1）把空位旁边的 W 向右移，再把 1 个 B 跳到左边；

（2）把空位旁边的 B 向左移，再把 2 个 W 跳到右边；

（3）把空位旁边的 W 向右移，再把 3 个 B 跳到左边；

（4）把空位旁边的 B 向左移，再把 4 个 W 跳到右边；

　　……

（执行到第 n 步）

以后的步骤就是跟上面的 n 步反一下，是完全对称的。

3.3　分治策略

第一题：循环赛问题

将运动员分成两组：1，2，…，$N/2$ 和 $N/2+1$，$N/2+2$，…，N。给第一组运动员安排一个比赛日程，得到一个 $N/2$ 阶的方阵 A_1；同时给第二组的运动员安排一个比赛日程，同样会得到一个 $N/2$ 阶的一个方阵 A_2。

考虑到比赛的性质，设定第 I 个运动员在某一天的比赛对手为第 K 个运动员，则第 K 个运动员在同一天的比赛对手必然是第 I 个运动员，即若有 $A[I,J]=K$，则 $A[I,K]=I$。因此原问题的解（一个 N 阶方阵）可以由分解后的两个子问题的解，按下列所示形式合并起来。

A_1	A_2
A_2	A_1

同时每一个子问题又可以按照上述的二分法分解下去，直至每个组中仅有 2 个运动员时为止。

第二题：剔除多余括号

从最外层处理起，一层一层地去掉括号，分而治之。

第三题：大整数的乘法

将 n 位的二进制整数 X 和 Y 各分为 2 段，$X=A2n/2+B$，$Y=C2n/2+D$。这样，X 和 Y 的乘积为：

$XY=（A2n/2+B）（C2n/2+D）=AC2n+（AD+CB）2n/2+BD=AC2n+[（A-B）（D-C）+AC+BD]2n/2+BD$

这样处理的结果是：仅需做 3 次 $n/2$ 位整数的乘法（AC，BD 和（$A-B$）（$D-C$）），6 次加、减法和 2 次移位。相比小学所学的方法计算乘积 XY 的算法，要做 $O(n2)$ 步运算才能求出乘积，显然用分治法来设计更有效。

3.4　贪心策略

第一题：删数问题

高精度的正整数 N 保存到数组 A 中，贪心策略：从最高位开始向后查找，找到第一个 $A[i]$ 使得 $A[i]>A[i+1]$，删之，反复 S 次，剩下的数必然最小。

第二题：合并果子

贪心策略：每次合并当前所有堆中体力耗费值最小的两堆。

第三题：海明码（Hamming Codes）

采用贪心＋搜索。

测试数据：

输入	16 7 3	10 8 4	20 6 2	16 8 3	15 8 4
输出	0 7 25 30 42 45 51 52 75 76 82 85 97 102 120 127	0 15 51 60 85 90 102 105 150 153	0 3 5 6 9 10 12 15 17 18 20 23 24 27 29 30 33 34 36 39	0 7 25 30 42 45 51 52 75 76 82 85 97 102 120 127	0 15 51 60 85 90 102 105 150 153 165 170 195 204 240

3.5　模拟策略

第一题：两只塔姆沃斯牛（The Tamworth Two）

模拟他们的行为（牛和 John），直到他们在某格子相遇，那么追捕结束。

第二题：DAM 语言

按 DAM 指令模拟执行进程。

4　数值问题

4.1　基础数值问题

第一题：任意进制间的互化

参考程序：

```
program ex1
var s、n、k：longint；m：string [20]；
    a：array [1..100] of byte；
procedure first（m：string；n：integer）；{把数 m 化成十进制}
var cf, i, j：longint；
begin
    for i：=1 to length（m）do begin
        if（m [i] <= '9'）and（m [i] >= '0'）then a [i]：=ord（m [i]）－48；
        if（upcase（m [i]）<= 'F'）and（upcase（m [i]）>= 'A'）then
            a [i]：=ord（upcase（m [i]））－55；
        if a [i] >= n then begin writeln（'Error, Invaild m !'）；halt；end；
    end；
    cf：=1；s：=a [length（m）]；
    for i：=length（m）－1 downto 1 do begin
        cf：=cf * n；
        s：=s+a [i] * cf；
    end；
    write（'（', m, '）', n）；write（' = （', s, '）10'）；
end；

procedure second（m，n：longint）；{把十进制的数化成 k 进制}
var i，j：longint；
begin
```

```
        i: = 0;
        repeat
                i: = i + 1;
                a [i]: = m mod n;
                m: = m div n;
        until m = 0;
        write ( ' = (');
        for j: = i downto 1 do
            if a [j] > 9 then write (chr (a [j] + 55))
                    else write (a [j]);
        writeln (')', n); readln;
    end;


    begin
        fillchar (a, sizeof (a), 0);
        writeln ('input m, n, k:'); {m: 数, n: 原先进制, k: 化成什么进制}
        readln (m, n, k);
        first (m, n); {把 n 进制的 m 化成十进制数 S}
        second (s, k); {把 S 化成 k 进制}
    end.
```

第二题：分解素数因子

求解一个数的素数因子，其实就是用试除法，先用 2 除，看余数是否为零。若为零，说明 2 是这个数的一个素数因子，继续对商进行同样的处理，如果余数不为零，则用下一个素数去试除，直到被除数为 1 为止。

本题中，由于已经告知是若干个不大于 100 的正整数相乘，为提高效率，可先利用筛选法求出 2 到 100 之间所有的素数，依次用素数去除被除数。

4.2 高精度算法

第一题：阶乘

用数组存放结果，模拟人工计算过程，逐位去乘，注意进位情况的处理。

参考程序 1：

```
program ex2
const max = 1000;
var n, i, j, jinwei, weishu: integer;
    result: array [1..max] of integer; {result 数组放结果}
begin
    writeln ('input n:'); readln (n); {输入 n}
    fillchar (result, sizeof (result), 0);
    result [1]: = 1; {从 1 开始乘起}
    jinwei: = 0; {jinwei: 进位}
```

```
      weishu：= 1；{weishu：结果的位数}
      for i：= 2 to n do
         begin {从 2 开始，一直乘到 n}
            jinwei：= 0；{进位预置为 0}
            for j：= 1 to weishu do
               begin {×i，用 result 数组逐位去乘}
                  result [j]：= result [j] * i + jinwei；{加上上一次的进位}
                  jinwci：= result [j] div 10；{逢 10 进位，生成新的进位}
                  result [j]：= result [j] mod 10；{result 数组只放 10 以内的数字}
               end；
            while jinwei < >0 do
            begin        {一轮算完后，有新的进位时}
               weishu：= weishu + 1；{位数加 1}
               result [weishu]：= jinwei mod 10；{循环处理进位，直到为 0}
               jinwei：= jinwei div 10；{因为进位可能不止一位数}
            end；
         if weishu > max then
            begin writeln（'error!'）；halt；end；{超过预定位数，出错}
         end；
      write（n，'! ='）；
      for i：= weishu downto 1 do write（result [i]）；readln；{输出}
end.
```

参考程序 2：
```
program ex3
var a：array [1..10000] of integer;
    b，c，d，t，x：integer;
begin
    write（'input number：'）；
    readln（x）；
    if（x < 0）then begin writeln（'error!'）；readln；halt；end；
    for t：= 1 to 10000 do a [t]：= 0；
    d：= 1；a [1]：= 1；
    for c：= 1 to x do              {一直乘到 x}
    begin
       t：= 1；b：= 0；             {t：第几位数 b：进位 d：总位数}
       repeat
          a [t]：= a [t] * c + b；       {数组每位均乘上 c，同时加上进位}
          b：= a [t] div 10；        {分离出进位}
```

```
        if a [t] > = 10 then if (t = d) then d: = d + 1;{假如最后一位乘时有进位,则总位
数加 1}
        a [t]: = a [t] mod 10;
        inc (t);{数组下一位}
      until (t > d);{直到乘完数组的每一位数字}
    end;
    write (x, '! = ');
    for t: = d downto 1 do write (a [t]);{输出}
  end.
```

4.3　排列组合问题

第一题：全排列

此题已经给出了具体的算法,但是没有给出例子,我们可以自己设定一个具体的值,与实例进行对照理解后,思路就很明确了。

参考程序：

```
program ex4
program pailie;
const S = 7;
var
  n, I, s, k, J, i1, t: Integer;
  a: array [1..r] of Integer;
procedure printl;
var
  ik: integer;
begin
  for ik: = 1 to r do write (a [ik]: 8); writeln;
end;
begin
  for i: = 1 to r do a [i]: = i;
  printl;
  s: = 1;
  for i: = 2 to r do s: = s * i;
  s: = s - 1 ;
  for i: = s downto 1 do
    begin
      j: = r;
      while a [j - 1] > a [j] do j: = j - 1;
      k: = j;
      for i1: = j + l to r do
        if (a [i1] > a [j - 1]) and (a [i1] < a [k]) then k: = i1;
```

```
            t: = a [j-1]; a [j-1]: = a [k]; a [k]: = t;
         for i1: = j to r-1 do
            for k: = i1+1 to r do
               if a [i1] > a [k] then
                  begin
                     t: = a [i1]; a [i1]: = a [k]; a [k]: = t;
                  end;
            printl;
         end;
end.
```

4.4　递归问题

第一题：基本数运算

参考程序：

```
program n235713;
const b: array [1..5] of integer = (2, 3, 5, 7, 13);
      y: array [1..3] of char = ( ' + ', ' - ', ' * ');
var n, i, min: integer; f: boolean;
    s, mins: string;
procedure make (jg: integer; sz: string; bs: integer);
var a: array [1..3, 1..5] of integer;
    s: array [1..3, 1..5] of string;
    i, j: integer;
begin
  for i: = 1 to 3 do for j: = 1 to 5 do
    begin
      case i of
        1: a [i, j]: = jg + b [j];
        2: a [i, j]: = jg - b [j];
        3: a [i, j]: = jg * b [j];
      end;
      if j = 5 then s [i, j]: = sz + y [i] + '13'
             else s [i, j]: = sz + y [i] + chr (b [j] + ord ( '0'));
      if (a [i, j] = n) and (bs < min) then
        begin f: = false; min: = bs; mins: = s [i, j]; end;
    end;
  for i: = 1 to 3 do for j: = 1 to 5 do
    if (a [i, j] < >n) and (bs <5) then make (a [i, j], s [i, j], bs+1);
end;
begin {main}
```

```
readln（n）；min：=6；f：=true；
for i：=1 to 5 do if n=b［i］then
    begin
      writeln（n，'='，n，'Step=0'）；f：=false；
    end；
if f then
begin
  for i：=1 to 5 do
    begin
      if i=5 then s：='13' else s：=chr（ord（'0'）+b［i］）；
      make（b［i］，s，1）；
    end；
  if f then writeln（'Setp>5'）
    else writeln（n，'='，mins，'Step='，min）；
end；
end.
```

5　排序算法

第一题：略。

第二题：切巧克力

对于所有平行于 y 轴的切线而言，横坐标最小的切线应先被切割。对于所有平行于 x 轴的切线而言，纵坐标最小的切线应先被切割。因此在排序后可以得到一个简单的动态规划算法。关于动态规划的详细介绍，请参见《动态规划》一章。

第三题：接水

设打水的顺序为 a_1，a_2，a_3，$\cdots$，a_n。若存在 $1 \leqslant i < j \leqslant n$ 满足 $Ta_i > Ta_j$，则将 a_i 和 a_j 的位置调换，可以使得平均等待时间变小。这是因为可以使 $a_i + 1$ 到 a_j 的人少等 $Ta_i - Ta_j$ 的时间。因此只要按照 T 排序就可以得到解了。

第四题：最小整数

本题是一道有关统计的问题。要找到 N 个数中的第 K 小个整数的方法有多种，但题目给定的时限却很苛刻，因此提高算法效率是本题的关键。可以采用线性表的数据结构将当前读取的数据按升序存储在线性表中，采用边读边处理的方法，读到一个整数，将其插入到表中适当位置，如果表中已经存在该数则不做处理。这样，当读取完 N 个数以后，如若此时的线性表中没有 K 个数则必定无解，否则输出第 K 个数。

第五题：竞赛排名

这是一道基础的排序问题，但是读题时一定要细心。

6　深度与广度优先搜索

6.1　简单的搜索回溯

第一题：货箱装船

本题可以直接对每一种货物进行试探，当不满足条件时（装载货物超重）即往上回溯，直到找到一种装填方案或输出问题无解。

第二题：寻找国都名

用深度优先搜索，对每一个国家首都都进行一次深度优先搜索。假设当前搜索的是第 i 个国家的首都，这个国家的首都用字符串 $S[i]$ 表示，先从矩阵中找到一个字符与 $S[i][1]$ 相等，以这个字符为起点，依次搜索 $s[i][2]$，$s[i][3]$ … $s[i][length(s[i])]$。如果其中有一个环节不能再往下搜就回溯，直到搜索到整个字符串为止。

第三题：序关系计数问题

我们分析对于一个字符串 "abced"，其中 a 与 b，b 与 c，c 与 e 之间既可以填 "="，又可以填 "<"，而 e 与 d 之间就只能填 "<"，为什么呢？因为 a＊b＊c＊e＝d 与 a＊b＊c＊d＝e（"＊"表示既可以是 "="，又可以是 "<"）是同一种情况，我们只需要考虑后一种情况就可以了。而在后一种情况中亦包含了 a＊b＊c＊d＜e 这一情况。因此，只需要先计算 n 个字符的所有排列中，逆序数分别为 1，2，3，…，n 的排列是多少。

令 S 表示一个排列，则 S 的逆序数为 $\sum\limits_{i=1}^{n-1} \text{ord}(S[i] > S[i+1])$，用 $a[i]$ 表示逆序数为 i 的排列的个数，则最终结果应是 $\sum\limits_{i=1}^{n-1} 2^{n-i-1} a[i]$。

6.2　产生式系统

第一题：翻币

本题可以用一个数组 a 描述当前的状态，当元素 $a[i] = "＊"$ 时，第 i 枚硬币朝上，$a[i] = "o"$，第 i 枚硬币朝下。

移动规则：根据题意每次翻动 $N-1$ 枚硬币，相当于固定一枚硬币，把其他各枚硬币翻个，所以每次有 n 种操作方案：固定第 $i\{i \in 1..n\}$ 枚硬币，使其他硬币翻个。

搜索策略：把初始状态（即每一枚硬币正面朝上）作为当前状态。

（1）从当前状态出发，运用条移动规则，产生新的状态；

（2）判断新的状态是否达到目标状态（即每一枚硬币反面朝上），如果是，转（4）；

（3）把新的状态记录下来，取出下一个中间状态作为当前状态，返回（2）；

（4）输出从初始状态到目标状态的路径，结束。

第二题：邮票问题

先从一张邮票出发，在它的上、下、左、右分别连接上一张邮票，删去其中重复的。然后在剩下的二联票的基础上，在它们的上下左右再分别连上一张邮票，删去重复的，依此类推就可以得到问题的 19 个解。

第三题：中国象棋

可以用一个一维数组 $A[1..9]$ 记录每一步跳到的位置 (X, Y)。马最多有 4 个方向，若原来的横坐标为 i、纵坐标为 j，则四个方向的移动可表示为：1：$(i, j) \rightarrow (i+1, j+2)$（$i<4, j<7$）；2：$(i, j) \rightarrow (i+2, j+1)$（$i<3, j<8$）；3：$(i, j) \rightarrow (i-1, j+2)$（$i>0, j<7$）；4：$(i, j) \rightarrow (i-2, j+1)$；（$i>1, j<8$）。搜索策略为：

S_1：$A[1]: = (0, 0)$；

S_2：从 $A[1]$ 出发，按移动规则依次选定某个方向，如果到达的是 $(8, 4)$ 则转 S_3，否则继续搜索下一个到达的顶点；

S_3：打印路径。

6.3　深度优先搜索

第一题：货物问题

因为题目要求输出所有可能的登记顺序，而数据的范围也不大，不难看出它是一个搜索题目。由于方案数可能会比较大，如果要保存下所有的方案也是没有必要的，因此宜采用深度优先搜索而放弃广度优先搜索。

深度优先搜索最大的缺点就是时间效率极为低下，虽然这一道题目用没有经过任何优化的搜索就能出解，但我们还是可以对其作一些优化。一般来讲，要确定某个顺序第 I 位上的字母，我们是从"a"到"z"循环，依次查找，看哪个字母还可以再选，当可选字母比较少，且可选字母中每一个字母又可以选多次时，每一重循环就有很多扫描是多余的。可以对这种情况作如下优化：在输入完毕后，先统计出各种字母的总个数，并且将可选的字母按字典顺序依次放入到一个字符串数组中（每个字母最多放一次），搜索的时候，将从"a"到"z"的循环改为从头到尾扫描字符串数组，由于该字符串数组中的各字母都是可选的，所以我们每扫到一个字母，就将它插入到当前方案的序列中，并将它的可选次数减一，如果一个字母已经不能再选（可选次数为0），则暂时将它从字符串数组中删去，等到当前过程递归调用完毕后再将其插入该字符串数组。这样一来，就可以保证每一次循环扫描到的字母都是可选的，搜索中几乎没有了多余的运算，要想再对搜索做更大的优化也不太可能了。

第二题：矩形问题

本题本质上是给出集合 S，和定义在 S 上的一个等价关系集 R，试求 S 中不同等价类的数目。

我们可以把所有的矩形看作一个集合。由于划分块的方法是具有传递性和自反性的，故可以把它们看作一种等价关系。

这样，由于它具有传递性，故对于集合 S 中的某一个元素来说，我们应该把直接和该元素等价的元素与它标在同一个等价类中，再把与这些元素等价的元素标在同一个等价类中，依此类推，最后就可以得到该元素所在的等价类中的所有元素。我们可以对集合中的每个元素都应用该算法，就可以得出所有的等价类。该算法很容易证明是正确的，并且由于不同的等价类不会超过 $|S|$ 个，而一个等价类中不同的元素也不会超过 $|S|$ 个，故也将在有限步后结束。

更直观地说，可以用图论的方法来描述这个问题：可以把集合中的元素作为点，而在等价的点之间连上边从而形成一个图 $G<S, R>$。可以知道，图中的一个连通块实际上就相当于要求的一个等价类，这样问题就变成了找连通分量。对于这个图论的标准问题，我们可以在 $O(|S|^2)$ 的时间内使用图遍历法得出答案。在空间上，无论用什么方法存这个图都需要至少 $O(|S|^2)$ 的空间，但这对于这道题来说太大了一些。不过考虑到图遍历法是不会对同一边访问两次以上的，而该题中的边还是可以计算出来的，故可以只用 $O(|S|)$ 的空间保存各个矩形的信息，然后在访问边的时候动态计算出来就可以了。

6.4 广度优先搜索

第一题：倒水

本题要求最少步数，显然应采用广度优先搜索。设 A 水壶内有 a 升水，B 水壶内有 b 升水，则最多会有五种产生规则：

（1）当 $a>0$ 且 $b<y$ 时，可以从水壶 A 倒 MIN $(a, y-b)$ 升水给水壶 B。这时水壶 A 内有 a - MIN $(a, y-b)$ 升水；水壶 B 内有 b + MIN $(a, y-b)$ 升水。（2）当 $b>0$ 且 $a<x$ 时，可以从水壶 B 倒 MIN $(b, x-a)$ 升水给水壶 A，这时水壶 A 内有 a + MIN $(b, x-a)$ 升水，水壶 B 内有 b + MIN $(b, x-a)$ 升水。（3）当 $a>0$ 时，可以从水壶 A 倒 a 升水给水缸，4. 当 $a<x$ 时，可以

从水缸倒 $x-a$ 升水给水壶 A，这时水壶 A 内有 0 升水，这时水壶 A 内有 x 升水，水壶 B 内有 b 升水。（4）当 $b>0$ 时，可以从水壶 B 倒 b 升水给水缸，水壶 B 这时水壶 A 内有 a 升水，水壶 B 内有 0 升水。（5）当 $b<y$ 时，可以从水缸倒 $y-b$ 升水给这时水壶 A 内有 a 升水，水壶 B 内有 y 升水。

初始时，水壶 A 内有 x 升水，水壶 B 内有 0 升水。

综合数据库，可用一个记录类型描述一个状态：

atype = record

　　　father，a，b：word；

　　　end；

father 记录当前节点的父亲节点的编号，a、b 表示当前状态中，水壶 A 和水壶 B 里各有多少水。

整个数据库可用一个以为数组 DATA［1..10000］of atype；另外用一个标志数组 bool，当 bool［I，j］为真，表示水壶 A 为 I 升，水壶 B 为 j 升的状态还没有产生过，反之则表示已产生过。

第二题：土地问题

以四周边界的点为初始值，每次找最低的点扩展，直到扩展所有点为止。

第三题：追赶游戏

可以转化成图论中的最短路问题求解。还要求圈。

7　搜索优化策略

7.1　搜索剪枝

第一题：埃及分数

迭代加深度优先搜索。本题由于搜索层数不明，用深度优先搜索极易陷入死胡同，用广度优先搜索空间又吃不消，这时迭代加深度优先搜索索就成了考虑的对象。确定了搜索模式之后，容易得到以下两个基本思路：

（1）枚举对象：分母。

$a/b = 1/a_1 + 1/a_2 + \ldots + 1/a_{n^n}$

不妨设 $a_1 < a_2 < \ldots < a_n$。

（2）剪枝手段：定分母的上下界。

设限定的搜索层数为 D，当前搜到第 C 层，当前正要枚举分母 ak，还需枚举总和为 x/y 的分数。answer［D］表示当前最优解中的第 D 个分母，如果还没有得到解则表示正无穷。则必然有：

Max（（y/x（，a_{k-1}）+ 1 ≤ a_k ≤ Min（（（$D-C+1$）* y/x（，（Maxlongint / x（，answer［D］ -1）

枚举的初值容易得出，但终值的确定则要用到我们一开始对分母有序性的假设了。值得注意的是，直接限界避免了搜索过程中屡次使用可行性剪枝，在一定程度上可以提高程序的运行速度。

第二题：传染病控制

枚举切断的边（可以用随机化），即时更新和重置被感染的人，加上最优性剪枝即可。

最优性剪枝：求出剩下的人最好情况下的感染人数，加上已感染的人数，如果比当前的最优解还要大，则无需继续搜索。

本题用多次随机化贪心的效果也不错。

第三题：旅行

这道题目描述非常简单，但是它所蕴含的剪枝信息却是较多而隐蔽的。有时候仅仅套用一些基本的剪枝模式来分析问题是理不出什么头绪的，这就需要先人为地进行搜索模拟，再在模拟的过程中找到一些常识性的判断条件。

设当前待扩展节点为 γ，它的四周未扩展节点为 α，已扩展节点为 β。

剪枝一：对节点度的判断。

当前待扩展节点的四周如果有度小于 2 或者两个或两个以上的度大于 2 的点，则无需再扩展下去。

当前待扩展点的四周如果存在度为 2 的点，则此点当仁不让地成为下次扩展时应选择的点。

剪枝二：对边界附近位置的考虑。

若当前待扩展节点是第二行或倒数第二行或第二列或倒数第二列上的点，并且存在下面所示的四种情况之一，或者提前到达终点 $(n, 1)$，或者提前将路径封死，即已扩展了点 $(n-1, 1)$ 和 $(n, 2)$，则可以进行可行性剪枝。

α βγ γ 在第 2 行	γβ α γ 在第 $n-1$ 行	αβ γ γ 在第 2 列	βα γ γ 在第 $n-1$ 列

剪枝三：对可行性的预见性判断。

当得出下面中的任何一个情况时都无需继续扩展下去。

αγ　γα　αβ　βα βα　αβ　γα αγ	β αγα β	α βγβ α

三种剪枝共同使用可以使程序很快出解。

7.2　搜索与其他算法的结合

第一题：生日蛋糕

本题是比较典型的求最优解问题，首先考虑的当然是动态规划解题。可以得到一个状态转移方程：

$$f(n, i, j, k) = \underset{1 \leq x \leq i-1, 1 \leq y \leq j-1}{\text{Min}} \{f(n-x^2y, x, y, k-1) + i^2 - x^2 + 2x + y\} \quad f(n, i, j, k)$$

表示总体积为 N 的 K 层的最底层的半径为 i，高为 j 的蛋糕的最小表面积，显然要用动态规划解决该试题，在空间上是不可能承受的。因此采用搜索算法。这样，上面的动态规划转移方程也就成了搜索算法的基本框架。下面给出搜索算法的主过程：

```
procedure Find (N, i, j, K, S : Integer);
  var X, Y : Integer;
      Begin
      if K = 0 then
      begin
        S：= S + i * i;
        if (S < Min) and (N = 0) then Min：= S;
```

```
        exit
      end；
    for X： = i – 1 downto K do
      for Y： = j – 1 downto K do
        if N > = X ∗ X ∗ Y then Find（N – X ∗ X ∗ Y，X，Y，K – 1，S + i ∗ i – X ∗ X + 2 ∗ X ∗
Y）
    end.
```

其中，N 表示目前要搜索的蛋糕的剩余体积，K 表示目前搜索到了蛋糕的第 K 层，i、j 分别表示上一层的半径和高，S 表示已经搜索完毕的前面 $M – K$ 层的表面积。

单是这样一个过程，算法效率是极低的，它没有任何剪枝，因此需要遍历整个搜索树。下面对问题进行剪枝。

（1）最优化剪枝。首先可根据 Min 来进行剪枝，可看出：如果目前搜索到的面积 $S >$ Min，则无论如何都不可能得到一个优于 Min 的解，因此不需要继续向下搜索。

（2）可行性剪枝。前面是根据 Min 来进行剪枝，下面根据 N 来进行剪枝。如果 $\sum_{i=1}^{k} i^3 > n$，也就是说体积为 N 的层数为 K 的满足要求的蛋糕是不存在的，因为 $\sum_{i=1}^{k} i^3$ 是表示一个有 K 层的最小的蛋糕，即从第一层开始每一层的半径和高都取满足要求的最小值。这里是确定 N 的下界，自然也可以确定 N 的上界。如果当前体积大于 $\sum_{x=1}^{k} (i - x)^2 (j - x)$（$i$，$j$ 分别表示 $K + 1$ 层蛋糕的半径和高），也就是说体积为 N、层数为 K 且满足要求的蛋糕是不存在的，因为 $\sum_{x=1}^{k} (i - x)^2 (j - x)$ 表示一个满足最下一层蛋糕半径小于 i，高小于 j 的一个有 K 层的最大的蛋糕的体积。

第二题：木棒游戏

本题中 6、7、8、9 这些数字的木棒移走之后可以得到 5、1、（0、6、9）、3，2、3、5 这些数字可以通过自身之间的移动分别成为 3、（2、5）、3，3、5、6、9、0 可以通过新增一根木棒分别得到 9、（6、9）、8、8、8。

由上述关系建立数字转换表，每次枚举这些数字中的可移动木棒，移到可放置的数中，然后判断等式是否成立。当然，也可以事先依据数字转换表通过比较详尽的预处理来判断某一类等式是否有成立的可能。

8 图论算法

8.1 图的基本概念

第一题：

每条有向边占据了一个点的入度和一个点的出度，因此点的出度之和与入度之和都等于边数。任意两点之间最多有两条不同的有向边，因此有向图中最多有 $n (n - 1)$ 条边。

第二题：

根据无向图性质 1 有 $\sum_{u=1}^{n} d_u = 2e$。式子的右边是整除 2 的，因而式子的左边也是整除 2 的，所以左边是不可能有奇数个奇数度点。

第三题：

反设图 G 中既不含有度数为 1 的顶点也不存在环。既然图 G 中不存在环，则图 G 是一个森林，

即 $e < n$。而没有度数为 1 的顶点，又可以得 $e = \frac{1}{2}\sum d > \frac{1}{2} \times 2n = n$。矛盾。

8.2 图的表示法及存储结构

请读者自行编写。

8.3 图的遍历法

第一题：

可以修改求无向图的块的算法得到，这里略。

第二题：

按照 DFS 的顺序遍历图中的每一条边。按照遍历的顺序给每条边进行标号。对于第一个点，与标号为 1 的边相邻，因此第一个顶点是满足条件的。而对于其他的点，由于是连通图且按照 DFS 遍历，所以一定存在两个编号相邻的两条边，即所有边编号的最大公约数为 1。

第三题：

先找到起点到终点的任意一条路径 path，必经点一定在这条路径 path 上。枚举路径 path 上的每个点 u，将 u 从图 G 中删去，得到新图 G'，判断 G' 中是否仍然存在从起点到终点的路径。如果仍存在路径，那么说明点 u 不是必经点，否则说明点 u 是必经点。

8.4 图的基本算法

8.4.1 最小生成树

第一题：包裹寄送

直接求最小生成树。

第二题：高速公路建设

计算出任意两点之间连边的长度，然后求最小生成树即可。利用 Voronoi 图，可以加速到 $O(n\log n)$ 的时间复杂度。

8.4.2 最短路径

第一题：

利用 Floyed 先求出任意两点之间的最短路。然后枚举其中所有边 (i, j)，将 (i, j) 的边权减少一半，看 dis $(1, i)$ + $w(i, j)/2$ + dis (j, n) 是否 1 到 N 最短的路径。

第二题：路由选择问题

先用 Dijkstra 找出一条最短路径 P_1。由于第二最短路至少有一条边和 P_1 不同，所以可以这样求第二短路：枚举 P_1 中的每一条边 e_1，将 e_1 从图 G 中删除得到 G'，然后在 G' 求最短路，所有这些 G' 最短路中最短的为第二短路 P_2。同理第三最短路径至少有一条边与 P_1 和 P_2 不同，可以枚举删除 P_1 和 P_2 中的各一条边，然后在残图中求最短路，其中最短的路径为第三最短路。

第三题：图的直径

利用 Floyed 求出任意两点之间的最短路，然后枚举所有点对求出最远的两个点对即可。

9 动态规划

9.1 动态规划的本质

第一题：打鼹鼠

设 T_i 表示第 i 个鼹鼠出现的时刻，$Dist_{i,j}$ 表示鼹鼠 i 到鼹鼠 j 的距离。F_i 表示 T_i 时刻在第 i 个鼹鼠出现的位置上，最多能打到前 i 个鼹鼠中的多少个鼹鼠。可得方程 $F_i = \max\{F_j\} + 1$（$T_i - T_j \geqslant Dist_{i,j}$）。复杂度为 $O(n^2)$。

第二题：最大连续子序列

设 F_i 表示以 A_i 为最后一个元素的最大连续子序列。可得方程 $F_i = \max\{F_{i-1}, 0\} + A_i$。复杂度为 $O(n)$。

9.2 动态规划算法的基本步骤

第一题：排队买票

设 F_i 表示前 i 个人都买到票的最少时间。可得方程 $F_i = \min\{F_{i-1} + T_i, F_{i-2} + R_{i-1}\}$。复杂度为 $O(n)$。

第二题：打砖块

直接观察会觉得没有太多思路，将砖块顺时针方向旋转 60 度，这样选某个砖块就是要选以它为顶点的向右的一个三角形。这样设 $F_{i,j,k}$ 表示选了第 i 行从右数第 j 个砖块，前面共选了 k 个砖块得到的最大价值。方程的设计有很多，这里不详细介绍。复杂度为 $O(n^3m)$ 以及 $O(n^2m)$。

9.3 动态规划的应用

第一题：多米诺骨牌

用每个骨牌上部的数减去下部的数得到一个序列 A。问题转化成将序列 A 中某些元素取相反数，使得改变后 $|\sum_{i=1}^{n} A_i|$ 最小。设 $F_{i,j}$ 表示序列 A 中前 i 个元素之和为 j 的最少修改次数。方程很简单，复杂度为 $O(nm)$，m 为元素之和。其实 A_i 的取值范围是 $[-5..5]$，很小，是否可利用这个来得到更好的算法呢？请读者思考。

第二题：传送带

用 (I, C_1, C_2, C_3, C_4) 来记录状态，表示当前放了 I 个箱子，顶端的箱子种类为 C_1, C_2, C_3, C_4。显然有 $C_i \neq C_j$ $(i \neq j)$，而且其 C 的顺序无关，所以状态实际上是所有颜色中选 4 个的组合，这样很容易得到方程。时空效率也能够接受。

9.4 动态规划的优化技巧

第一题：拴马

用 $F_{i,j}$ 表示前 j 个元素分成 i 段得到的最小不满意值。$S_{i,j}$ 表示第 $i+1$ 到第 j 个元素作为一段的不满意值，则有 $F_{i,j} = \min\{F_{i-1,k} + S_{k,j}\}$。时间复杂度为 $O(n^3)$，分析方程可知其满足四边形不等式，优化后时间复杂度为 $O(n^2)$。

第二题：数据生成器

先从下到上遍历一次，得到以每个结点为根的子树中最长的两条互不相交的链。然后再从上往下遍历一次，得到每个结点父结点方向的最长链，这样枚举每个结点作为题目中的 Y 点即可求得答案。其复杂度为 $O(n)$。

第三题：压缩

用 $F_{i,j}$ 表示原串中第 i 位开始的连续 j 位经压缩后的最短长度。枚举决策，即压缩后每个循环节的长度，再检查是否合法，得到的算法时间复杂度为 $O(n^4)$。但预处理时，可记录 $R_{i,j}$ 表示从第 i 位起连续 j 位为一个循环节，最长重复位置。这样检查是否合法的时间复杂度为 $O(1)$，总的时间复杂度降为 $O(n^3)$。

图书在版编目（CIP）数据

解题金钥匙系列. 信息学 / 吴耀斌主编. —长沙：湖南师范大学出版社，2006.4

（奥赛经典丛书）

ISBN 978 - 7 - 81081 - 540 - 6

Ⅰ. 解… Ⅱ. 吴… Ⅲ. 计算机课—中学—解题 Ⅳ. G634

中国版本图书馆 CIP 数据核字（2005）第 090488 号

解题金钥匙·信息学

◇主　　编：吴耀斌　向期中　曹利国

◇丛书策划：陈宏平　周玉波　何海龙
◇丛书组稿：何海龙
◇责任编辑：何海龙
◇责任校对：刘琼琳
◇出版发行：湖南师范大学出版社
　　　　　　地址/长沙市岳麓区　邮编/410081
　　　　　　电话/0731 - 88873071　88873070　传真/0731 - 88872636
　　　　　　网址/https://press. hunnu. edu. cn
◇经销：湖南省新华书店
◇印刷：长沙印通印刷有限公司
◇开本：730mm×960mm　1/16
◇印张：18. 5
◇字数：496 千字
◇版次：2006 年 4 月第 1 版　2022 年 6 月第 4 次印刷
◇书号：ISBN 978 - 7 - 81081 - 540 - 6
◇定价：35. 00 元